À tous les frères et sœurs de la Famille cistercienne.

TERRYL N. KINDER

L'EUROPE CISTERCIENNE

Traduit de l'anglais par Divina Cabo

ZODIAQVE

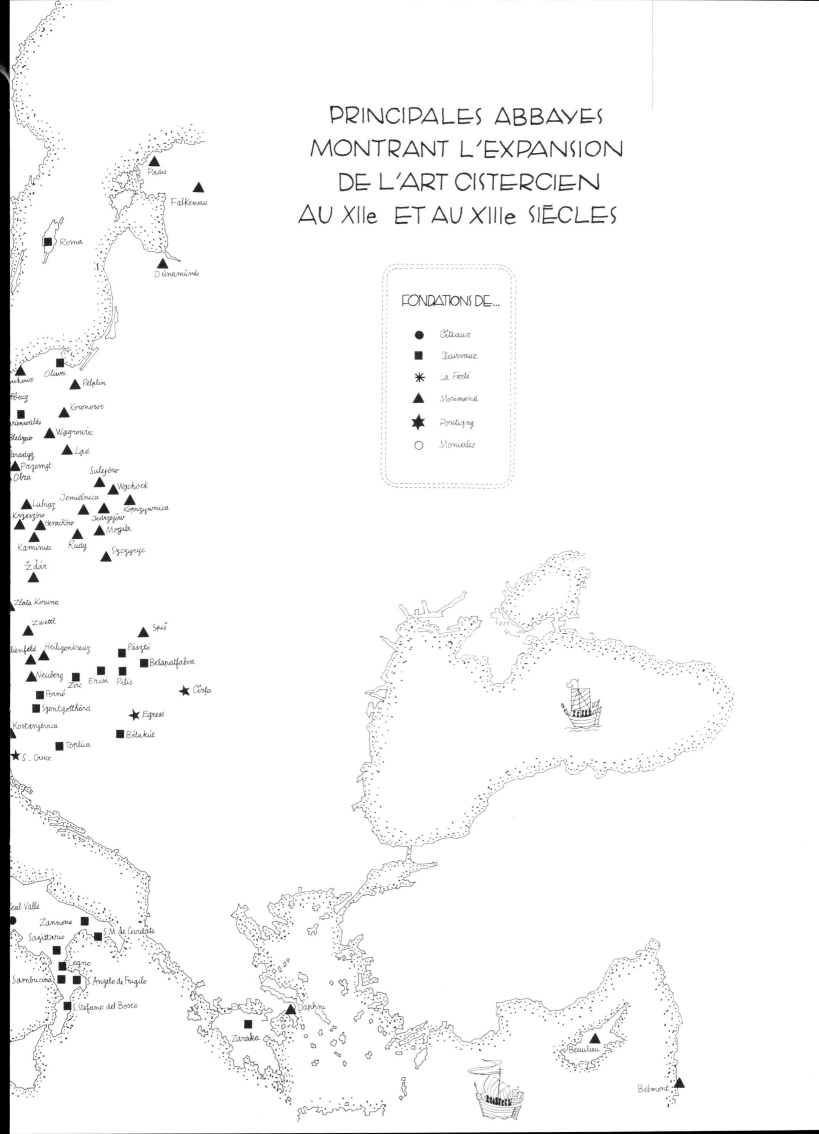

PRINCIPALES ABBAYES
MONTRANT L'EXPANSION
DE L'ART CISTERCIEN
AU XIIe ET AU XIIIe SIÈCLES

FONDATIONS DE...

● Cîteaux
■ Clairvaux
✳ La Ferté
▲ Morimond
★ Pontigny
○ Moniales

Padis
Falkenau
Roma
Dünamünde

ukowo Oliwa Pelplin
tbacz Koronowo
rienwalde Wągrowiec
Bledzew
Paradyż Lad
Przemęt Sulejów
Obra Wąchock
Jemielnica
Lubiąż Koprzywnica
Krzeszów Jedrzejów
Henrików Mogiła
Kamieniec Rudy Szczyrzyc
Žďár

Zlata Koruna
Zwettl Spiš
lienfeld Heiligenkreuz Pásztó
Neuberg Belapatfalva
Porno Zirc Ercsi Pilis
Szentgotthárd Corța
Egress
Kostanjevica
Toplica Bélakút
S. Crux

eal Valle
Zannone S.M. de Caritate
Sagittario
Legno
Sambucina S. Angelo de Frigilo
S. Stefano del Bosco
Daphni
Zaraka Beaulieu
Belmont

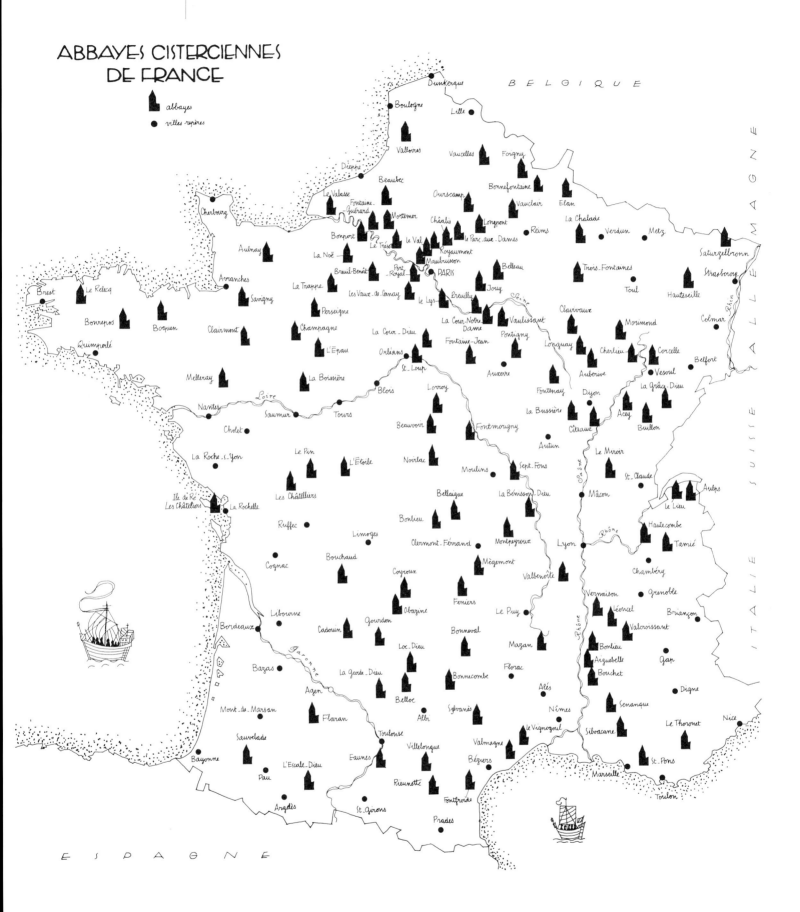

ABBAYES CISTERCIENNES DE FRANCE

▲ abbayes
● villes repères

Préface

Lorsque le visiteur se rend aujourd'hui dans une ancienne abbaye, il lui est difficile d'imaginer l'ambiance qui y régnait à l'époque où les cisterciens habitaient ces bâtiments dont il ne reste que des ruines ou qui ont été transformés en ferme, fabrique, ou bien restaurés pour un usage moderne. Pourtant ces sites idylliques et la beauté des bâtiments nous captivent et donnent libre cours à notre imagination. Les visiteurs qui se ruent de nos jours vers les abbayes évoquent les chroniques décrivant la vague d'hommes attirés au XIIe siècle par l'Ordre nouvellement fondé. Même s'ils ne sont pas toujours conscients de ce parallèle historique, les promoteurs touristiques ont remarqué l'intérêt suscité par les monastères. Aussi les efforts de "développement" de certaines abbayes laissent planer une atmosphère moins spirituelle que commerciale, sans oublier que dans les restaurations l'idéal cistercien imaginaire ou les modèles empruntés ailleurs l'ont trop souvent emporté sur la réalité même du site. L'équilibre entre les trois P – piété, politique et pragmatisme (comme nous le verrons au chapitre 4, ils étaient les garants du succès de la fondation) – devrait peut-être guider les responsables de la restauration et du développement des sites cisterciens, car ces aspects sont tous trois nécessaires pour préserver et présenter les bâtiments dans leur intégrité.

Le présent ouvrage ne se veut pas un atlas des monastères cisterciens en Europe. L'architecture et les objets sont plutôt étudiés en relation avec les besoins particuliers à un mode de vie, en tenant compte des traditions dont ils sont issus, de leur création et de leur évolution. Nous avons utilisé des sources primitives ainsi que des textes cisterciens : en premier lieu, la *Règle de saint Benoît*, qui régit la vie des moines et des moniales, puis les coutumiers et les décisions édictées au cours du Chapitre Général annuel auquel participaient tous les abbés. La description de l'architecture, effectuée de façon vivante pour chaque bâtiment et chaque salle, est agrémentée d'explications sur le lieu : activités et personnes chargées des tâches, évolution de l'emplacement ou de la forme. Cette approche permet de présenter un grand nombre d'abbayes situées dans toute l'Europe. Nous avons en particulier essayé de faire une place à des monastères méconnus qui, malgré les outrages du temps et des événements, offrent encore quelques joyaux, témoins d'un passé représenté de façon plus spectaculaire dans d'autres monuments.

L'histoire des moniales cisterciennes est moins bien connue que celle des moines, mais rien ne permet de penser que leurs règles de vie étaient, dans leur ensemble, différentes de celles de leurs confrères. Leur zèle a été tout aussi ardent, comme le prouve le nombre de vocations de siècle en siècle ; selon des études récentes, à certaines époques il y aurait eu autant de femmes (voire plus) que d'hommes obéissant aux coutumes cisterciennes. Les ouvrages traitant de "l'architecture cistercienne" sont essentiellement consacrés aux abbayes d'hommes. Les monastères de femmes ont été très peu étudiés : comme ils étaient, à de rares exceptions près, plus pauvres et leurs bâtiments plus petits, on en a déduit que leur architecture devait présenter un intérêt moindre. Si ce déséquilibre commence à s'estomper en raison de l'intérêt actuel pour l'histoire des femmes, nos connaissances sur la vie des moniales et sur l'architecture de leurs abbayes restent encore limitées.

La première prémisse sur laquelle se fonde la structure de cet ouvrage est que l'architecture cistercienne, de même que les objets à usage liturgique, pédagogique ou domestique, ont été conçus pour servir la vie monastique. Par conséquent, forme et fonction sont deux éléments indissociables. Nous avons donc choisi de décrire les objets en même temps que le bâtiment ou la salle dans lesquels ils se trouvaient, plutôt que de les reléguer dans une rubrique consacrée aux "objets d'art". Le lieu d'utilisation de certains objets est imprécis ou inconnu ; d'autres sont utilisés à différents endroits ; il arrive également que l'utilisation de certains objets et le lieu où ils sont rangés varient au cours du temps. Nous avons décrit ces objets dans leur contexte le plus courant.

Une deuxième prémisse est qu'il a existé des divergences à propos des modèles acceptés à l'intérieur de l'Ordre. Il est toujours difficile d'arriver à un consensus, en particulier dans des périodes d'expansion rapide. Ainsi, les tentatives de simplification non fondées sur des preuves précises n'ont pas vraiment contribué à approfondir notre compréhension sur la question. Il est incontestable, par exemple, qu'Etienne Harding, troisième abbé de Cîteaux (1109-1133) et un des pères fondateurs de l'Ordre, n'était guère opposé à l'enluminure recherchée des manuscrits, alors que dans d'autres domaines, il semble qu'il ait préconisé une plus grande simplicité, suivant en cela les prescriptions de Bernard de Clairvaux et d'autres cisterciens. Il est fort probable que dès le début de l'abbatiat d'Etienne en 1109, le nouveau monastère ait attiré des recrues issues de familles riches et influentes (Bernard ne fut pas le premier dans ce domaine) ; étant donné le lieu et l'époque, tout porte à croire que les parents de ces nouvelles recrues aient fait don au monastère de vases somptueux pour la célébration de la liturgie, de vêtements splendides pour les prêtres et de croix en or et en argent. Les statuts interdisant ces ornements dispendieux remontent probablement aux premières années de l'Ordre, peut-être entre 1109 et 1119. Un statut similaire, qui interdit la présence dans les églises cisterciennes de livres comportant des reliures ornés ou des couvertures en or, en argent ou avec des dorures, date sans doute de la même époque. Il est cependant incontestable que la diffusion au début des années 1120 de l'*Apologie* de Bernard joua un rôle essentiel dans le renforcement du principe préconisant le dépouillement.

L'*Apologie* a souvent été mal interprétée. Il ne s'agit pas d'un traité sur l'art, mais d'un traité sur la spiritualité monastique et c'est dans cette perspective qu'il convient de considérer les idées qui y sont exprimées. Les choses ne sont pas jugées en termes d'esthétique, concept étranger au Moyen Age, mais par rapport à la progression de l'être humain vers la restauration de l'*imago Dei* et le salut de son âme. Ainsi, est bon ce qui contribue à cette progression et mauvais ce qui l'entrave. Comme la quête de soi et de Dieu est essentiellement une recherche intérieure – même si elle est entreprise en communauté –, tout ce qui peut détourner l'être humain de ce processus d'intériorisation doit être écarté. C'est pour cette raison que Bernard désapprouve les sculptures représentant des singes, des lions et des tigres, des centaures et des bêtes fabuleuses, des soldats au combat et des chasseurs qui soufflent dans leur cor. Cette extraordinaire variété de formes nous conduit à lire sur les marbres plutôt que dans les livres, nous dit saint Bernard, et de passer toute la journée à admirer une à une ces sculptures merveilleuses plutôt que de méditer sur la loi de Dieu. Si toutes ces prescriptions n'étaient pas suffisantes, il s'élève enfin contre de telles dépenses, qui seraient mieux employées à soulager les pauvres et les nécessiteux.

En fait, Bernard ne s'attaque pas à l'art en soi, d'ailleurs ce terme n'est à aucun moment mentionné dans l'*Apologie*, mais à tout ce qui pourrait détourner le moine de la quête intérieure qui mène à la vision intérieure. Bernard ne s'oppose pas non plus à la beauté ; il s'oppose aux manifestations qui incitent les yeux de l'âme à délaisser l'*imago Dei* (image de Dieu) pour se porter vers les *imagines mundi* (images du monde). On retrouve à peu près les mêmes idées dans les écrits d'autres cisterciens du XIIe siècle, tels qu'Aelred de Rievaulx, qui reprend l'argument de Bernard et insiste sur le fait que la décoration somptueuse n'est qu'argent mal employé, et Idung de Prüfening, qui écrit vers 1155 que les belles sculptures et peintures, les manteaux somptueux, les tapisseries bariolées, les vitraux peints, les chapes et chasubles brodées d'or, les calices en métal précieux et les livres décorés à la feuille d'or ne sont d'aucune utilité. Tous ces ornements ne contribuent qu'à délecter les sens et à satisfaire l'homme dans ce que saint Jean appelle "la convoitise des yeux" (1 Jn 2,16).

De toute évidence ces critiques concernaient aussi bien les objets somptueux que les images figuratives et le message était catégorique : tous ces ornements devaient être écartés. Cependant cette question n'est pas si simple, car d'autres facteurs sont à prendre en compte, tels que les goûts particuliers, les traditions locales, le pouvoir d'observation, le style littéraire hyperbolique et l'évolution du sens des mots au cours des siècles. Ce qui était "somptueux" pour certains, pouvait paraître moins dispendieux pour d'autres, étant donné qu'il n'existe pas de vocabulaire universel pour décrire la réalité visuelle. Par conséquent, il nous est bien difficile de comprendre les brèves prescriptions édictées par le Chapitre Général au cours des siècles, car les opinions des abbés présents n'étaient pas toujours unanimes et les statuts prononcés étaient soumis à des interprétations variées, comme le prouve la diversité de l'architecture et de l'art cisterciens.

Cette question est encore plus délicate et complexe, mais non moins intéressante, dans la mesure où il s'agit de sculptures ou de peintures non figuratives. Beaucoup d'éléments considérés aujourd'hui comme "décoratifs" étaient en fait perçus d'une tout autre façon par les femmes et les hommes du Moyen Age qui vivaient à l'intérieur du monastère, comme par ceux qui étaient à l'extérieur. Dans une série d'articles publiés sous le titre *The Forgotten Symbols of God* [1], Patrik Reuterswärd, historien de l'art suédois, a contribué de façon significative à éclairer la compréhension des motifs décoratifs présents dans toute la Chrétienté médiévale, que ce soit sur des chapiteaux, des frises, des boucles de ceinture, des fenêtres, des portes, des peintures murales, des enluminures, des dalles funéraires ou des sarcophages. Le professeur Reuterswärd a utilisé une documentation et une iconographie considérables pour expliquer un large éventail de créations dans toute l'Europe et au long de tout le Moyen Age. La synthèse de tous ces exemples permet d'interpréter des échantillons moins importants d'œuvres similaires, qu'on considère aujourd'hui comme de la "décoration" ou de "l'art pour l'art". M. Reuterswärd montre la grande variété des motifs géométriques et végétaux employés : volutes, roues, roses, étoiles, croissants, arbres, vignes, parfois des animaux. Il arrive que plusieurs éléments (une fenêtre, un chapiteau sculpté et la peinture murale) aient un sens plus large s'ils sont lus ensemble que lorsqu'ils sont pris séparément. Les éléments qui sont qualifiés aujourd'hui de "décoratifs" étaient vraisemblablement des codes picturaux, des symboles non figuratifs des différentes manifestations de l'omniprésence de Dieu. Les répercussions de cette thèse sur la compréhension des peintures, sculptures, céramiques et vitraux cisterciens (pl. 1 I-VIII) sont d'une portée considérable et nous recommandons ce recueil d'articles à tous ceux qui veulent approfondir leur connaissance de l'ornementation cistercienne.

1. Stockholm Studies in History of Art 35, Uppsala, 1986.

1

Introduction

Qui fut le premier cistercien ? La réponse spontanée à cette question est Robert de Molesmes, même si certains optent plutôt pour Etienne Harding. On évoque très souvent Bernard de Clairvaux, bien que son rôle dans la fondation de l'Ordre soit moins important que la renommée dont il jouit. Cependant, les idées et les écrits du pape Grégoire le Grand (590-604) ont contribué pour beaucoup à la pensée et à la spiritualité de l'ordre monastique fondé presque cinq siècles après sa mort. Les œuvres de Grégoire, ardent défenseur du monachisme à son époque, étaient présentes dans les bibliothèques de la plupart des monastères. Les *Moralia* sont un commentaire exhaustif du livre de Job, qui donne les interprétations littérale, historique, morale et mystique de chaque verset, l'interprétation morale étant l'aspect le plus important. Grégoire s'était intéressé à l'enseignement que ce livre pouvait apporter pour mener la vie chrétienne et suivre les pas du Christ. La plupart des bibliothèques cisterciennes en possédaient une copie. Les *Homélies* et *Dialogues* étaient également très répandus. C'est dans les écrits populaires et largement diffusés du pape Grégoire, par lesquels se transmettait aussi l'enseignement de saint Augustin, que s'est nourrie, comme d'un "lait maternel", la spiritualité cistercienne.

Le pape Grégoire nous a également laissé de précieux renseignements sur saint Benoît (v. 480-v. 550), "père du monachisme occidental", dont la *Règle* constitue la base de la réforme cistercienne. Le but de l'Ordre de Cîteaux ne fut pas de proposer une nouvelle spiritualité, mais de revenir aux sources d'une ancienne spiritualité – celle de la *Règle de saint Benoît* et, avant Benoît, des pères du désert – qui, d'après les fondateurs cisterciens, avait été altérée et était devenue inopérante. Ils désiraient revenir à la *Règle* dans ce qu'ils pensaient être son interprétation la plus pure et la plus stricte, en la dépouillant de tous les éléments superflus qui étaient venus s'y greffer au cours des siècles. La devise cistercienne était la simplicité en tout : aussi bien dans la liturgie, le vêtement, la nourriture et la boisson, la vie et le travail, que dans la dévotion et la spiritualité. L'un des objectifs du présent ouvrage est de montrer dans quelle mesure cet idéal a été réalisé à travers les œuvres en pierre, en bois, en métal et les parchemins.

Il convient de rappeler que l'abbaye de Cîteaux ne fut pas conçue comme chef d'un nouvel ordre. Robert de Molesmes, son fondateur, voulait établir une abbaye bénédictine réformée pour permettre aux moines de suivre la *Règle* comme nulle part ailleurs. Cependant ses successeurs avaient des vues différentes et le cours des événements (voir le chapitre 2) aboutit à l'établissement d'un nouvel ordre caractérisé par une organisation propre. Comme dans toute structure sociale des règles et

des règlements furent établis, ce qui condui-
sit à des interprétations divergentes, à des
visions différentes de la nature et des objectifs de l'Ordre et, inévitablement, à des
désaccords et à des conflits. Ainsi à mesure
que l'Ordre s'étendait, et ce de façon fulgu-
rante, il dut, sous peine de disparaître, évoluer et s'adapter en fonction des changements d'époque, de la grande variété des
établissements, avec chacun leurs traditions
locales, et des événements politiques. Saint
Benoît lui-même était conscient que le
monachisme statique ne pouvait survivre. Il
a donc fallu, au fil des siècles, apporter des
remaniements et des adaptations aux
idéaux des fondateurs de Cîteaux du XIIe
siècle. Malheureusement la plupart des universitaires modernes estiment que ces
adaptations sont synonymes d'échec ou de
décadence.Mais, malgré certains cas, il est
absurde et inexact de condamner globale-
ment ces changements.

Quiconque ayant élaboré un projet du
début jusqu'à la fin sait qu'il se produit un
processus d'évolution inévitable entre
l'idée initiale et sa réalisation pratique. Le
résultat final diffère toujours de la première ébauche ; il est influencé par de nouvelles informations et des possibilités
insoupçonnées, mais également par des
problèmes et des événements externes. S'il
s'agit d'un projet se déroulant sur plusieurs
siècles, il sera en contact, et peut-être en
conflit, avec les forces complexes de l'histoire, il sera soumis à leur influence et
devra donc en tenir compte. L'Ordre cistercien était composé d'hommes et de femmes
ordinaires, certes éclairés par la sainteté de
quelques-uns, et ne pouvait donc échapper
aux aléas de la condition humaine.

L'évolution qui eut lieu dans les premières
décennies du XIIe siècle fut accompagnée
par le développement d'un style artistique
et architectural d'une grande perfection,
qui se caractérise généralement par la simplicité, l'harmonie des proportions et un
travail très soigné. Par certaines caractéristiques, ces arts visuels ne sont pas vraiment
différents de leurs équivalents non cisterciens, mais derrière les murs simples et nus
des bâtiments cisterciens du Moyen Age se
cache un message spirituel. En effet, l'architecture est un reflet direct et immédiat
de la vie qui se déroule à l'intérieur de ces
murs et elle enseigne les principes fondamentaux de cette vie aux hommes de l'extérieur qui ont des yeux pour voir et des
oreilles pour entendre. Aujourd'hui, cette
tradition est au service des visiteurs et son
message est encore éloquent. Nombreux
sont les ouvrages, photographies, bro-
chures et études qui peuvent nous servir de
guide, mais il n'est nul besoin d'explications écrites pour ressentir le message originel ; il suffit de se tenir en silence, de
regarder et d'écouter, car les sources qui
ont inspiré ces œuvres jaillissent du plus
profond de l'être humain.

Parfois la beauté des abbayes cisterciennes
nous saisit d'emblée. Il arrive que l'on se
sente transporté, dès le premier regard,
comme à Sénanque, Tintern ou Chorin.
Plus souvent, l'effet produit par la simplicité des lignes et l'absence de couleur est
moins soudain et plus subtil : il nous enva-
hit progressivement jusqu'à déclencher un
léger changement dans notre conscience,
pour peu que l'on soit ouvert, qui nous fait
comprendre profondément quelle était et
quelle est la quête des moines et des

moniales de l'Ordre. Ce ne sont pas la mesquinerie, les politiques anti-artistiques, la pénurie, l'ignorance ni le dogme qui sont à l'origine de l'absence d'ornementation et de couleur dans les édifices cisterciens. Elle découle d'une simple évidence : la couleur attire le regard et perturbe l'âme. Les églises cisterciennes, qui ont été conçues pour la prière et la méditation, devaient être des espaces "neutres". Le regard peut être attiré par une simple tâche de couleur, sur un vitrail ou une peinture, et se détourner des lignes sobres de l'édifice qui sont un moyen et une aide pour le développement de la vie intérieure. Une fois l'œil attiré par quelque chose, nous sommes forcés de lire et de déchiffrer ; le mental s'empresse alors de revenir à son mode de fonctionnement habituel et la contemplation est annihilée par la logique.

Ce qui anime l'architecture cistercienne ce n'est pas la couleur mais la lumière. Dieu est lumière et le Christ la lumière du monde. La lumière qui resplendit à travers les vitraux blancs d'une église cistercienne en est le reflet terrestre. Pour comprendre et ressentir cela, nous devons être silencieux ; nous devons nous efforcer d'atteindre un équilibre intérieur en apaisant l'agitation de notre esprit. L'architecture est là pour nous aider à effectuer ce travail, en créant un environnement propice à la prière et une atmosphère qui peut agir sur nous et nous transformer. Le processus risque d'être long, à l'image de la lumière elle-même qui se déplace lentement, illuminant tantôt une arête, tantôt une moulure. C'est cela que voit une moniale ou un moine, assis dans sa stalle huit fois par jour, saison après saison

et année après année. La lumière et la pierre s'associent pour révéler à l'âme, ouverte à l'inspiration, l'impermanence du monde et la beauté éternelle du Créateur.

L'architecture cistercienne est fondée sur un précepte simple, qui est le processus d'intériorisation. L'oracle du temple de Delphes, bien connu des pères de Cîteaux, résume ce principe : "Connais-toi toi-même". Pour les cisterciens, se connaître soi-même c'était se connaître à l'image de Dieu (*imago Dei*), un niveau légèrement inférieur à celui des anges. Mais où trouver l'image de Dieu ? ni dans le monde, ni sur les murs peints d'une église, ni sur des vitraux raffinés, mais dans l'âme humaine. La quête cistercienne était une recherche intérieure ; tout ce qui y contribuait était utile, tout ce qui l'entravait devait être écarté. Ainsi lorsque Bernard de Clairvaux, Aelred de Rievaulx et d'autres écrivains du XIIe siècle attaquent l'or, l'argent, les sculptures et la couleur, fruits de la prodigalité des bénédictins, sous prétexte que l'argent aurait été mieux dépensé pour les pauvres, il ne s'agit là que du revers de la médaille. La raison principale est que tous ces ornements ne servent qu'à détourner le moine du but de la vie monacale : ils tirent le mental à l'extérieur, vers le monde, au lieu de l'attirer à l'intérieur, vers l'âme, alors que le chemin qui mène à l'image de Dieu et à la vie éternelle ne peut être trouvé que dans son propre cœur. "Arrêtez, connaissez que moi je suis Dieu" (Ps 46,11), dit le psalmiste. L'art et l'architecture de l'Ordre de Cîteaux ont été conçus afin d'offrir à l'homme l'environnement le plus propice pour qu'il puisse réaliser cet objectif.

1

I

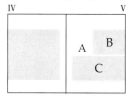

Sénanque. Détail d'une frise, galerie sud du cloître.

II   III

A. Kirkstall. Culot
de la salle des moines.
B. Chorin. Culot en terre cuite
de l'église.
C. Zehdenick. Culot en terre cuite
de la galerie nord du cloître.

A
C
B

Byland. Chapiteaux de l'église.

IV   V

Chorin. Décor de chapiteau
en terre cuite dans l'église.

A. Acey. Chapiteau (l'emplacement
d'origine n'est pas connu).
B. Longuay. Culot du dortoir
des convers.
C. Sénanque. Décor de chapiteau,
galerie sud du cloître.

VI   VII

A. Clairvaux. Carreau en terre cuite à damiers.
B. Pontigny. Carreau à entrelacs.
C. Pontigny. Carreau orné d'un lion rampant. D.
Strata Florida. Pavement de carreaux monochromes
disposés en diagonale. E. Pontigny. Carreau orné
d'un aigle bicéphale.

A B C
D E

Strata Florida. Pavement de carreaux
en terre cuite à motifs géométriques
imbriqués.

VIII

Zehdenick. Clef de voûte en terre cuite
de la galerie nord du cloître.

2

Présentation historique

L'architecture et les objets utilisés par les cisterciens étaient destinés à ceux qui menaient la vie cistercienne. Pour comprendre les principes fondamentaux de cette vie, il est nécessaire de revenir, ne serait-ce que rapidement, aux Pères du désert et à la *Règle de saint Benoît*.

Le monachisme oriental

Traditionnellement, le fondateur du monachisme est saint Antoine d'Egypte, mort en 356 alors qu'il était âgé de plus de cent ans. Lorsqu'il était encore jeune, Antoine entendit le passage de l'Evangile selon saint Matthieu : "Si tu veux être parfait, va, vends ce que tu possèdes et donne-le aux pauvres, et tu auras un trésor dans les cieux" (Mt 19,21). Le jeune homme suivit ces paroles et se retira dans la solitude du désert égyptien où il mena une vie ascétique consacrée à la prière. Il n'était certainement pas le premier à rechercher la solitude absolue, mais c'est lui que l'histoire a retenu.

La forme de monachisme pratiquée par Antoine était la vie érémitique. On retrouve dans sa spiritualité l'austérité, la solitude et le caractère individualiste de la vie d'ermite. Bien que disposé à aider ceux qui le souhaitaient à établir des formes monastiques plus communautaires, le chemin d'Antoine était celui de l'ermite. Mais ce chemin n'est pas fait pour tous, car on peut facilement s'y fourvoyer et tomber dans le désespoir. La plupart de ceux qui entendaient l'appel du désert préféraient avoir le support d'une communauté et un guide ou père spirituel pour les conseiller et les édifier.

Selon la tradition, le fondateur du cénobitisme, ou vie communautaire, forme de monachisme plus populaire, est un autre Egyptien appelé Pacôme (v. 290-346). Ce païen, qui fut soldat dans l'armée romaine, se convertit au christianisme après avoir quitté la vie militaire. Il fut pendant trois ans le disciple d'un ermite, puis il fonda en l'an 320 un monastère à Tabennesi, près de Thèbes. Ce premier établissement allait être suivi d'une série de fondations qui reprendront toutes le même schéma : une église, un réfectoire, une infirmerie, une hôtellerie et des maisons qui accueillaient chacune une vingtaine de moines sous la direction d'un prieur. L'établissement, qui devait ressembler à un campement de légionnaires, était entouré d'un mur d'enceinte.

En dehors des offices et des repas, qui se tenaient en commun, les moines vivaient dans la solitude. Leur journée était consacrée à la méditation, à la prière et au travail manuel. Ils tressaient des paniers, des cordes ou tissaient des tapis et des tissus et ces tâches simples et répétitives, au lieu de les distraire, servaient de trame à la prière et à la méditation. Pour Pacôme, comme pour Benoît, l'oisiveté était l'ennemie de l'âme.

Au IVe siècle la vie cénobitique connut un formidable essor. Des monastères surgissaient partout, dans les villes et dans le désert, et le nombre croissant de moines inquiétait quelque peu les évêques. Les moines devaient à leur abbé une obéissance totale ; Pacôme avait suffisamment insisté sur ce point. Par conséquent, si l'abbé et l'évêque étaient en désaccord sur des questions théologiques ou politiques, ce qui n'était pas rare, la situation pouvait très vite devenir explosive. Basile le Grand (330-379), évêque de Césarée, qui était un homme érudit et dont la conduite ascétique montrait son attrait pour la vie monastique, tenta de parer à ce genre de situation en énonçant deux règles monastiques : les *Grandes* et les *Petites Règles,* qui sont à la base du monachisme oriental et ont également exercé une grande influence en Occident.

Les *Règles* de Basile instituaient de petites communautés, viables, qui pussent donner naissance à un véritable esprit communautaire. Elles recommandaient la pratique de la miséricorde, de la charité et de l'amour du prochain, ainsi qu'un ascétisme équilibré et humain. A l'instar de Pacôme, Basile insistait sur la place prédominante du travail manuel et exigeait une obéissance absolue et inconditionnelle vis-à-vis de l'abbé, mais également de l'évêque. Les deux règles, modifiées et adaptées, constitueront les fondements du monachisme oriental. L'Occident, pour sa part, allait connaître une évolution sensiblement différente.

Le monachisme occidental et saint Benoît

Nous ne disposons pas d'informations précises sur la façon dont les idées et les idéaux monastiques ont été transmis en Occident. Quoi qu'il en soit, nous savons qu'après des débuts obscurs le monachisme fut introduit en France par saint Martin de Tours (v. 316-387), puis par Jean Cassien (v. 366-v. 435). Cassien, né en Roumanie, passa dix ans dans un monastère à Bethléem et fit de longs séjours en Egypte. Lorsqu'enfin il décida de s'établir à Marseille, vers l'an 415, il fonda deux monastères, un pour les hommes et un autre pour les femmes. Saint Martin et Jean Cassien n'étaient pourtant pas les seuls à œuvrer dans ces premiers temps du monachisme occidental, qui vit surgir tant d'hommes et tant de règles. Au VIe siècle le monachisme était bien établi en France, en Italie, en Espagne, en Afrique du Nord et en Irlande, sans qu'on puisse dégager des pratiques monastiques homogènes, ni une règle qui fasse vraiment autorité.

La première moitié du VIe siècle marque un tournant décisif. Un abbé italien, Benoît de Nursie, compila le document le plus important de l'histoire du monachisme occidental, qui allait servir de base à la réforme cistercienne : la *Regula Sancti Benedicti* ou *Règle de saint Benoît.*

Nous connaissons la vie de Benoît principalement par les écrits que nous a laissés son biographe, le pape Grégoire le Grand. Benoît serait né dans le Centre de l'Italie vers l'an 480, à une époque agitée. On l'envoya à Rome pour parfaire son éducation, mais la vie de péché de la ville lui fit horreur et vers l'an 500 il se retira à Subiaco, à une cinquantaine de kilomètres à l'est de Rome, où il vécut trois ans en ermite. De nombreux disciples le rejoignirent et Benoît les regroupa dans de petites communautés, composées de douze moines et d'un abbé à l'image du Christ et de ses disciples. Une trentaine d'années plus tard, autour de l'an 529, l'antagonisme du clergé local, ainsi que ses propres progrès spirituels, obligèrent Benoît à quitter Subiaco pour aller s'installer au Mont-Cassin, une colline située à mi-chemin entre Rome et Naples. Il y établit un monastère qu'il dirigea jusqu'à sa mort (survenue entre 546 et 550). L'abbaye fut détruite à plusieurs reprises, en particulier en 585, 884, 1046 et 1944, mais elle fut reconstruite à chaque fois et reste aujourd'hui un important monastère bénédictin.

Benoît doit sa postérité à la *Règle* qui porte son nom et qu'il rédigea probablement entre 530 et 540, plus qu'à sa biographie (pl. 2 II A). Il ne s'agit pas d'un texte entièrement original, car Benoît s'est inspiré d'auteurs plus anciens, y compris Cassien, Basile le Grand et un abbé italien, dont on ne connaît pas le nom, qui avait rédigé une quarantaine d'années plus tôt un document connu aujourd'hui sous le nom de *Règle du Maître* (*Regula magistri*). Que Benoît se soit largement inspiré de ce texte, cela ne fait aucun doute : il l'a adapté, paraphrasé et plagié ; mais sa *Règle* dépasse toutes les sources antérieures par sa structure, ses qualités littéraires, son humanité et son bon sens.

Tout d'abord, la *Règle de saint Benoît* exige des aspirants à la vie monastique qu'ils aient la ferme intention de renoncer au monde pour suivre les pas de leur Sauveur. La stabilité est une autre condition, car les moines étaient supposés vivre et mourir dans leur monastère et ne le quitter que pour des questions religieuses importantes. Comme chez Pacôme, l'obéissance aveugle vis-à-vis de l'abbé est exigée, mais ici l'abbé tient la place du Christ et le moine doit lui obéir comme il obéirait au Seigneur. Contrairement à ce qu'on pourrait croire, pauvreté et chasteté ne sont pas deux conditions explicitement exigées dans la *Règle*, mais elles sont de toute évidence sous-jacentes.

Le cœur de la vie monastique est l'accomplissement de l'*opus Dei*, "l'œuvre de Dieu", qui comprend en premier lieu la célébration des huit offices liturgiques (sept le jour et un la nuit) qui rythment la journée monastique. En dehors des offices, les moines sont occupés par le travail, la lecture, les repas ou le sommeil, car Benoît, qui avait appris de Pacôme que "l'oisiveté est ennemie de l'âme", considérait qu'il était imprudent de laisser un quelconque moment libre, une brèche ouverte dans laquelle le Tentateur s'empresserait de s'engouffrer avec délectation. La nourriture devait être simple mais substantielle, car la *Règle* exigeait des moines sept heures de travail manuel par jour en été, ce qui demande un effort considérable. Le menu principal était composé de deux mets cuits, accompagnés de fruits et de légumes de saison, et comme boisson, les moines disposaient d'environ une demi-pinte (une hémine) de vin par jour. Nous étudierons ultérieurement comment les cisterciens ont adopté, et adapté, ces règlements.

Après le Nouveau Testament, la *Regula Sancti Benedicti* est l'un des ouvrages les plus copiés au cours du haut Moyen Age. Elle est consignée dans un grand nombre de manuscrits ; la copie complète la plus ancienne qui soit parvenue jusqu'à nous date probablement des premières années du VIIIe siècle (Oxford, bibliothèque Bodleian, Hatton 48). Cependant, malgré la sagesse et les qualités humaines qu'elle renferme, la *Règle* ne commença à se développer réellement que deux siècles après sa rédaction, grâce à Charlemagne (v. 742-814) et à son fils, Louis le Pieux (778-840).

Charlemagne, après avoir conquis et pacifié une grande partie de l'Europe du Tibre jusqu'aux Pyrénées, voulut uniformiser les principes et les pratiques en matière de droit, coutumes, administration, organisation (séculière et ecclésiastique), éducation et liturgie à travers son nouvel empire. Louis poursuivit l'œuvre de son père en appliquant l'uniformisation au monachisme. Lors des deux synodes d'Aix-la-Chapelle qui se sont tenus en 816 et 817 (peu de temps après la mort de Charlemagne), Louis, accompagné de son conseiller ecclésiastique Benoît d'Aniane (v. 750-821), décréta que désormais tous les monastères de l'empire obéiraient à une seule règle, la *Regula Sancti Benedicti*, établie par le premier Benoît et qui occupa une grande partie de la vie du second, Benoît d'Aniane.

Benoît d'Aniane était un moine d'un ascétisme ardent, d'une piété austère et d'une dévotion certaine, mais c'était un homme qui extériorisait toute sa dévotion dans la célébration de la liturgie. Il suivait en cela son époque, car au IXe siècle la plupart des monastères d'Europe avaient con-sidérablement augmenté le temps consacré à la liturgie et diminué d'autant celui alloué au travail manuel. La réforme de la règle bénédictine menée par Benoît d'Aniane ne faisait donc qu'exacerber cette tendance. Le développement de la liturgie et de la musique se traduisait par une recherche croissante dans les vêtements, les vases et le décor des églises. Rien n'était trop splendide pour Dieu et cette quête du paradis sur terre atteindra son point culminant dans la grande église de Cluny.

L'année 910, date de la fondation de Cluny près de Mâcon, dans le sud de la Bourgogne, marque le début d'un renouveau du monachisme occidental. En effet, après la mort de Benoît d'Aniane la vie monastique avait connu une décadence due à l'instabilité économique et politique ; dans la plupart des monastères bénédictins, on assistait à un relâchement dans la célébration de l'office divin et dans la pratique de la vie religieuse. Cluny représentait une tentative courageuse, et réussie, de remonter cette mauvaise pente et de redonner à la vie monastique l'esprit véritable de la *Règle de saint Benoît*, ou plutôt l'esprit de la *Règle* selon l'interprétation de Benoît d'Aniane.

Bernon, premier abbé de Cluny, imposa aux moines la discipline monastique la plus exigeante, et ses successeurs (Odon, Odilon, Hugues, Pierre le Vénérable, pour ne citer que les plus connus) continuèrent dans cette voie. Les abbés de Cluny étaient des hommes intelligents et lettrés qui alliaient spiritualité et sens pratique, puissance et humilité, et qui étaient admirés et considérés dans toute la Chrétienté. Hugues, abbé de 1049 à 1109, était l'un des hommes les plus respectés d'Europe, rien d'étonnant lorsque l'on sait qu'il fut le conseiller de neuf papes. Pendant son abbatiat, les monastères, proches ou éloignés, furent nombreux à adopter la réforme clunisienne ; c'est le cas par exemple du vieux monastère fondé par Benoît de Nursie sur le Mont-Cassin. Au milieu du XIIe siècle, l'Europe comptait plus de trois cents maisons clunisiennes sous l'autorité de l'abbé de Cluny, qui lui même n'avait de comptes à rendre qu'au pape.

Malgré ses abbés, sa piété, sa dévotion à la *Règle de saint Benoît*, sa stricte observance et sa rigueur, qui contribuaient à faire de la réforme clunisienne un exemple pour tous les autres monastères, par certains aspects Cluny était tout le contraire de l'idéal cénobitique du désert. Au fil des années, des dons fréquents et généreux avaient afflué. La grande église dépassait en splendeur et en dimensions tous les édifices de l'époque et ce fut le pape Urbain II en personne (ancien moine de l'abbaye) qui la consacra. La liturgie était longue et très développée. Enfin, les abbés, puissants et respectés, étaient trop impliqués à l'extérieur de la clôture, dans le siècle.

Peut-être les clunisiens n'étaient-ils pas devenus aussi décadents qu'on le prétend, mais il est certain que nombreux étaient les moines et les abbés de l'époque qui manifestaient leur mécontentement. Les XIᵉ et XIIᵉ siècles ont d'ailleurs été marqués par différents mouvements qui voulaient appliquer une observance plus stricte de la *Règle de saint Benoît* ou revenir aux idéaux oubliés du désert. On voit surgir des centres à Camaldoli, Fonte Avellana et Vallombreuse ; Bruno de Cologne fonde la Chartreuse, alors que l'on assiste à la naissance des Grandmontains, des Prémontrés, des Gilbertins, de la congrégation de Savigny et de bien d'autres.

Molesmes et la fondation de Cîteaux

Ce mouvement fut également à l'origine de l'abbaye de Molesmes, en Bourgogne, fondée en 1075 par saint Robert (pl. 2 iii c). Ce dernier avait été moine, prieur et abbé dans trois maisons différentes, toutes trois bénédictines, mais aucune n'avait comblé sa soif d'ascétisme. Ainsi, en 1074 Robert quitta son abbaye pour se joindre à un groupe d'ermites installés dans la forêt de Collan tout près de Tonnerre, dans le nord de la Bourgogne. Il considérait en effet que le désert était l'idéal de la vie monastique et son établissement de Molesmes peut apparaître comme un écho au XIᵉ siècle de l'œuvre de Pacôme.

La nouvelle abbaye, fondée sur des terres offertes par Hugues, seigneur de Maligny, connut un succès (trop) retentissant. La sincérité indiscutable de l'abbé et la discipline des moines attirèrent de nombreux adeptes et des dons en abondance et, une quinzaine d'années après sa fondation, Molesmes ressemblait à n'importe quelle abbaye bénédictine prospère de son époque. Comme nous pouvons nous en douter, cela n'était pas du tout du goût de Robert, qui quitta l'abbaye pour rejoindre un autre groupe d'ermites à Aux, près de Riel-les-Eaux en Côte-d'Or. Sa fuite provoqua un grand trouble parmi les moines ; Robert fut contraint de revenir et, s'il s'exécuta à contrecœur, son retour ne permit pas pour autant de régler le problème. Les querelles, les divisions et le mécontentement ne firent qu'augmenter. Devant l'impossibilité d'arriver à un compromis, Robert, accompagné de quelques-uns de ses partisans, dont Albéric et Etienne Harding, se rendit auprès de Hugues de Die, archevêque de Lyon et légat du pape en France, pour lui proposer l'établissement d'une nouvelle fondation. L'entretien se déroula selon toute probabilité à l'automne 1097 ; pour justifier son projet, Robert invoqua le relâchement qui régnait à

Molesmes et son intention de garder, ailleurs, une observance plus parfaite de la *Règle de saint Benoît*.

Robert fit forte impression et obtint la bénédiction de l'archevêque. C'est ainsi que dans les premiers mois de l'année 1098, accompagné de vingt-et-un moines, il quitta Molesmes pour s'installer sur des terres situées dans la vallée de la Saône, à vingt-deux kilomètres au sud de Dijon (pl. 2 III B). Au départ, la nouvelle fondation était simplement appelée le nouveau monastère (*Novum monasterium*), puis en 1119 elle prit le nom du site qui l'avait accueillie, Cîteaux (*Cistercium* en latin). L'origine de ce nom est incertaine : on peut le rattacher au latin *cisterna*, qui signifie marais ou terrain marécageux et renvoie donc à la nature géographique du site ; une autre origine possible est l'ancien français *cistel* (roseau ou ajonc), un type de plante qui se plaît dans les marais et qui, selon la légende, envahissait le site et lui aurait donné son nom ; une dernière hypothèse est sa situation "de ce côté de la troisième borne" (*cis tertium lapidem miliarium*) de l'ancienne voie romaine reliant Langres à Chalon-sur-Saône. Quelle que soit l'étymologie, l'abbaye de Cîteaux allait devenir le chef de l'Ordre contemplatif réformé le plus connu de tout le Moyen Age.

Pourtant, Robert n'allait pas profiter longtemps de Cîteaux. A l'automne 1099, le légat du pape lui enjoignit de retourner à Molesmes, pour des raisons diverses dont certaines n'ont pas encore été élucidées. Certains moines, qui tenaient plus à l'homme qu'au lieu, revinrent avec lui. Robert reprit sa charge d'abbé et gouverna avec succès jusqu'à sa mort en 1111.

A Cîteaux, l'abbatiat du nouveau monastère fut confié à Albéric. Il faisait partie des ermites de la forêt de Collan qui avaient suivi Robert jusqu'à Molesmes et était l'un des fondateurs de Cîteaux ; Robert l'avait nommé prieur du nouveau monastère. Albéric décida de transférer le nouveau monastère à environ deux kilomètres au sud et d'y construire une petite église en pierre (consacrée en 1106) et un cloître, à la place des anciennes constructions en bois. C'est à peu près tout ce que nous savons sur son abbatiat, mais il semble qu'il ait été un administrateur compétent et efficace. C'est grâce à lui que le nouveau monastère obtint le 19 octobre 1100 la bulle *Desiderium quod* qui place Cîteaux sous la protection du pape. Selon la tradition cistercienne, c'est également sous son abbatiat que les moines adoptèrent l'habit en laine écrue qui leur valut le surnom de moines blancs.

A la mort d'Albéric, le 26 janvier 1109, l'anglais Etienne Harding prit sa succession. Etienne, issu d'un noble lignage anglo-saxon, avait été promis dès son enfance au monastère de Sherborne, dans le Sud-Ouest de l'Angleterre, où il fut élevé. Cependant les troubles politiques de son temps (il devait avoir six ans lors de la conquête normande en 1066) l'obligèrent à fuir en Ecosse, puis en France, et sans doute poursuivit-il ses études à Paris. Après un pèlerinage à Rome, il rejoignit vers l'année 1085 la nouvelle communauté à Molesmes, puis en 1098 il accompagna Robert au nouveau monastère de Cîteaux, dont il devint le sous-prieur. Lorsque Robert retourna à Molesmes, Etienne fut nommé prieur et à la mort d'Albéric il devint abbé et gouverna jusqu'en 1133, date à laquelle il aurait remis sa démission au cours du Chapitre Général. Il mourut le 28 mars 1134.

Etienne était un homme lettré et érudit, un habile organisateur et un administrateur expérimenté qui entretenait en outre d'excellents rapports avec les nobles seigneurs des environs, ce qui s'avérait fort utile pour les donations de terres. Sous son abbatiat quatre abbayes-filles virent le jour, entre 1113 et 1115, et c'est à partir de ce moment que nous pouvons vraiment parler de la fondation d'un nouvel "Ordre" (pl. 2 I).

En 1113, alors qu'on entreprenait la fondation de la première abbaye-fille, La Ferté-sur-Grosne (pl. 2 IV B), un jeune homme de noble famille appelé Bernard arriva à Cîteaux, en provenance de Fontaines-lès-Dijon. Il amenait avec lui trente compagnons, dont ses propres frères, car Bernard était on ne peut plus persuasif. On a prétendu à tort que cet événement majeur avait eu lieu en avril 1112. En fait, les documents furent subtilement falsifiés afin de faire croire que Bernard avait sauvé Cîteaux d'une probable extinction et que sans lui La Ferté n'aurait jamais pu voir le jour. Ce mensonge pieux n'est rien d'autre qu'une calomnie sur l'œuvre d'Etienne Harding.

En 1114, une deuxième maison fut établie à Pontigny (pl. 2 IV A) avec à sa tête Hugues de Mâcon, un des compagnons de Bernard. Il s'agissait de la première fondation cistercienne située hors du diocèse de Chalon, ce qui n'était pas sans importance du point de vue de la politique ecclésiastique. L'abbaye de Clairvaux, dont le premier abbé fut Bernard alors âgé de vingt-cinq ans, et l'abbaye de Morimond, près de Langres, furent toutes deux fondées en 1115 (pl. 2 IV C-D). Après un répit de trois ans, on assiste à une nouvelle vague d'établissements : Preuilly et Trois-Fontaines en 1118, puis La Cour-Dieu, Bonnevaux, Bouras, Cadouin et Fontenay en 1119. L'Ordre de Cîteaux était en passe de devenir une institution monastique influente, très loin des objectifs de saint Robert et de ses compagnons, dont la seule ambition semble avoir été de vivre selon la *Règle de saint Benoît*, avec l'esprit de réforme qui caractérisait leur époque.

Chaque nouvelle maison devait être économiquement indépendante, mais avait des comptes à rendre à l'abbaye qui l'avait fondée. Ainsi, l'abbé-père devait visiter une fois par an ses abbayes-filles pour s'assurer de leur bon fonctionnement. Alors que l'abbé de Cluny était un véritable chef d'ordre exerçant son autorité suprême et unique sur les autres établissements cluniens, l'Ordre cistercien se caractérise par une organisation arborescente. Cîteaux est le tronc principal d'où partent quatre branches mères : La Ferté, Pontigny, Clairvaux et Morimond. Toutes les maisons fondées par la suite seront issues d'une de ces cinq abbayes et la filiation de chaque établissement dépendra de la maison qui l'a fondé. Les nouveaux monastères établis par Cîteaux feront partie de sa filiation et n'auront pas le statut particulier accordé aux quatre premières fondations. Jusqu'à la Révolution, tous les monastères de l'Ordre appartenaient donc à la lignée de Cîteaux, de La Ferté, de Pontigny, de Clairvaux ou de Morimond. Chaque monastère était comme un nouveau rameau sur une branche mère qui pouvait à son tour fonder des abbayes, mais ces dernières seront toujours rattachées à l'une des cinq lignées primitives. La racine de cet arbre était bien entendu la

Règle de saint Benoît, telle qu'elle fut interprétée par les cisterciens, puis définie et redéfinie par des règlements postérieurs.

Les moniales cisterciennes

L'histoire des moniales cisterciennes est moins évidente et plus complexe, avec encore de nombreuses zones d'ombre. Robert de Molesmes accueillit des femmes sous sa direction spirituelle, le fait est attesté par le cartulaire de Molesmes. Si ces femmes étaient toutes sous l'autorité de Robert, elles étaient cependant dispersées dans différentes maisons et ce n'est qu'après la mort de Robert en 1111 qu'elles trouvèrent un endroit bien à elles. Le successeur de Robert à Molesmes, Guy de Châtel-Censoir, trouva un accord avec le comte de Bar afin d'établir les moniales au château de Jully et la charte de fondation fut dressée en 1113. Bien que la charte stipulât que les moniales devaient suivre un mode de vie proche de celui des cisterciens, elles n'étaient considérées pourtant que comme bénédictines-clunisiennes et la supérieure du monastère avait le titre de prieure. La première supérieure fut Elisabeth, l'épouse de Guy, l'aîné des frères de saint Bernard qui était entré à Cîteaux. La deuxième prieure fut la sœur même de Bernard, Humbeline.

Le premier monastère de moniales véritablement cisterciennes a été fondé à l'initiative d'Etienne Harding, dont le projet fut soumis à Josserand, évêque de Langres, au chapitre de la cathédrale de Langres et à la famille du duc de Bourgogne. La première abbesse fut une moniale de Jully nommée Elisabeth, fille de la comtesse Elisabeth de Vergy, la grande bienfaitrice de Cîteaux.

L'évêque Josserand avait donné son autorisation vers 1120, mais la nouvelle fondation fut retardée pendant plusieurs années par une série de négociations concernant les terres et les dîmes. L'abbaye fut finalement établie au Tart, à une douzaine de kilomètres au nord-est de Cîteaux, et sa charte rédigée en 1132. Une charte plus tardive, émise entre 1196 et 1200, déclare que Le Tart est la "maison-fille de Cîteaux" et que l'abbé de Cîteaux est responsable de l'observance de la *Règle* et de la vie monastique de l'abbaye. A l'époque l'abbesse n'était pas élue, mais nommée par l'abbé de Cîteaux qui pouvait la déposer, s'il y avait lieu.

La vie religieuse au Tart était régie, comme à Cîteaux, par la *Règle de saint Benoît* et la Charte de charité (*Carta caritatis*). Dans la charte de 1132, on ne trouve aucune mention des usages de l'abbaye, mais il est fort probable qu'ils aient été très proches de ceux des moines cisterciens, y compris l'obligation d'exercer des travaux manuels. Le temps passant, l'abbaye devint la maison-mère de dix-huit couvents et, comme l'exigeait l'organisation de l'Ordre, l'abbesse devait les visiter. Cependant, cette visite régulière était faite au nom de l'abbé de Cîteaux qui déléguait son autorité à l'abbesse du Tart.

L'abbaye du Tart semble avoir été le projet personnel d'Etienne Harding. En effet, il n'est fait mention de la participation d'aucun autre abbé cistercien, ni du Chapitre Général, à la fondation d'Etienne. En revanche, d'autres abbés ont été favorables à l'établissement d'autres maisons et au cours du XIIᵉ siècle les fondations de moniales cisterciennes ont connu une croissance rapide. Les abbés n'étaient d'ailleurs pas les seuls à s'intéresser à la question ; en Espagne, le roi Alphonse VIII, à la demande de sa femme Eléonore (la fille d'Henri II d'Angleterre et d'Aliénor d'Aquitaine), décida de fonder un monastère d'observance cistercienne, qui serait la maison-mère de tous les établissements de moniales cisterciennes en Espagne. Ce monastère devait également accueillir les tombeaux du roi et de son épouse. Sur le tombeau d'Alphonse, qui se trouve toujours dans le chœur des moniales de Las à côté de celui d'Eléonore, est représentée la scène où le roi remet à la première abbesse la bulle de fondation du monastère. C'était en 1187 dans un petit village au bord de la rivière Arlanzon nommé Las, situé à environ un kilomètre de Burgos.

Parmi les nombreux monastères de cisterciennes fondés au XIIe siècle, certains seront affiliés au Tart, les abbayes espagnoles dépendront de Las Huelgas, tandis que beaucoup resteront sous la juridiction épiscopale et sous l'autorité de différents abbés cisterciens. L'uniformité ne semble pas avoir été imposée car les coutumes et l'horaire étaient très variés. Dans certains cas, il devait être difficile de déterminer s'il s'agissait de maisons cisterciennes ou bénédictines. Cette confusion apparaît d'ailleurs dans quelques cartulaires qui emploient indifféremment les deux désignations.

L'attrait qu'exerçait l'Ordre cistercien sur les femmes et les congrégations de moniales s'explique de plusieurs façons. Si les raisons varient d'un pays à l'autre et au cours du temps, on retrouve toutefois certaines constantes : le désir de suivre une tradition spirituelle florissante et apparemment efficace ; le désir de mener une vie religieuse non entravée par l'intervention permanente du clergé séculier ; et, d'un point de vue pratique, le désir de ne pas avoir à payer de dîmes, car l'Ordre en avait été exempté en 1132 par une bulle d'Innocent II (ce qui, soit dit en passant, suscita beaucoup de jalousies et l'hostilité des milieux ecclésiastiques). Au début du XIIIe siècle, les maisons de moniales qui avaient un quelconque lien avec l'Ordre étaient si nombreuses qu'une méthode d'incorporation et d'administration plus organisée et officielle s'imposait.

Un statut de 1213 établit ainsi que, "par l'autorité du Chapitre Général", les moniales ne peuvent pas sortir sans l'autorisation de leur abbé-père et que dorénavant les couvents ne pourront être incorporés à l'Ordre qu'à la condition qu'ils adoptent une clôture stricte. En outre, aucune abbaye de femmes ne pourra établir de nouvelles fondations sans l'accord du Chapitre Général. Dans les années suivantes ce statut fut repris et complété, mais malgré son apparente sévérité – sur laquelle nous allons revenir – un nombre croissant de maisons de moniales manifestèrent le désir de devenir cisterciennes. Ce succès poussa le Chapitre Général de 1228 à émettre un décret interdisant l'affiliation ou la création de nouvelles maisons. Le Chapitre Général ne pouvait pas empêcher un couvent d'observer les règles de vie cisterciennes, mais il ne s'engageait ni à lui offrir un soutien spirituel, ni à assurer les visites régulières. En fait, des statuts postérieurs indiquent que cette interdiction n'était pas vraiment respectée et qu'à la demande du pape, ou "pour d'autres besoins", des maisons de femmes continuaient d'être incorporées à l'Ordre.

Les universitaires ont été nombreux à voir dans ces statuts une opposition pure et simple du Chapitre Général à l'incorporation de maisons de femmes et une volonté de mettre en œuvre tous les moyens susceptibles de faire barrage. La vérité est un peu plus subtile. Les femmes et les communautés de femmes qui cherchaient une quelconque reconnaissance officielle étaient très nombreuses au XIII\ siècle. L'ampleur considérable du mouvement des *mulieres religiosae* y est pour beaucoup et Jacques de Vitry ne semble pas exagérer lorsqu'il dit que les maisons de moniales cisterciennes dans le diocèse de Liège "se multiplient comme les étoiles dans le ciel". Le Chapitre Général voulait donc s'assurer que parmi les nombreux couvents de religieuses qui demandaient leur incorporation, seuls seraient admis ceux qui répondaient aux exigences cisterciennes. La clôture stricte n'était pas un exemple flagrant de misogynie mais répondait à deux nécessités pratiques. La première était d'ordre économique, car une vie de clôture n'était possible qu'à la condition que le monastère disposât d'une solide assise économique et des propriétés et des bâtiments nécessaires. La seconde raison pour laquelle le Chapitre Général exigeait la clôture stricte et interdisait aux moniales de mendier dans la rue et de travailler aux champs était pour distinguer ces religieuses des sœurs béguines, qui pratiquaient couramment ces deux activités. Les moniales cisterciennes devaient être de vrais "cisterciens".

L'incorporation de maisons de femmes connut sa période de gloire entre 1230 et 1250, puis elle déclina en même temps que le mouvement des *mulieres religiosae*, auquel ce phénomène était étroitement lié. Les demandes refusées étaient en général acceptées par les franciscains ou les dominicains, lesquels commencèrent à se montrer plus conciliants vis-à-vis des femmes à partir du milieu du XIII\ siècle. Cependant, un nombre important d'établissements suivaient malgré tout l'observance cistercienne sans avoir été incorporés. Le Chapitre Général ne pouvait donc exercer aucun contrôle sur ces maisons qui n'étaient soumises qu'à l'autorité diocésaine. Nous ne connaissons pas leur nombre exact, mais il est fort probable qu'à l'époque la plus faste les couvents de cisterciennes plus les couvents d'observance cistercienne non officiels aient dépassé – et peut-être de beaucoup – le nombre de monastères d'hommes.

Expansion et réforme

L'Ordre s'étendit à une vitesse étonnante. Nous ne pouvons ici faire un récit détaillé de son expansion, mais il suffit pour notre propos d'évoquer les principales dates. Ainsi, dès 1120 des moines de La Ferté traversèrent les Alpes pour se rendre en Italie où ils fondèrent Tiglieto en Ligurie ; en 1123 des moines de Morimond se rendirent en Allemagne et établirent le monastère de Camp, près de Cologne ; Waverley, en Angleterre, fut fondé en 1129 ; Rein, en Autriche, en 1130 ; Bonmont, en Suisse, en 1131 ; et Mellifont, en Irlande, en 1142. La première fondation espagnole remonte sans doute à 1140 et Alcobaça, au Portugal, à 1153. L'essaimage ne s'arrêta pas là et des maisons cisterciennes surgirent partout, en Scandinavie, en Bohême, en Pologne, en Hongrie, en Transylvanie, en Grèce, en Syrie…, mais l'administration d'un Ordre s'étendant du Portugal à la Suède, de l'Irlande à l'Estonie et de l'Ecosse jusqu'en Sicile était une tâche qui prenait des proportions effrayantes. Il fallait tenir compte des différences géographiques, politiques, économiques et culturelles et avec le temps, et l'évolution dans ces domaines – et jusque dans les techniques, l'enseignement, les modes littéraires et les mentalités – l'Ordre n'avait d'autre choix que celui de s'adapter à l'époque et aux conditions nouvelles. Cette adaptation n'est pourtant pas synonyme de décadence. Ainsi, la division de l'Ordre au XVe siècle en plusieurs congrégations autonomes, qui n'étaient en fait que des groupes linguistiques et culturels distincts, a été considérée comme un exemple déplorable de fragmentation mettant fin à l'idéal d'unité de l'Ordre. En changeant de perspective, nous pouvons en donner une autre interprétation : l'organisation étendue et variée qu'était l'Ordre cistercien a dû se diviser en sous-groupes de même obédience, unis par une culture et une langue communes, afin d'assurer la survie de l'ensemble. L'Ordre du XVe siècle n'était pas l'Ordre du XIIe siècle. Il ne pouvait en être autrement, car la plupart des changements et des adaptations étaient inévitables, en raison de la croissance et du développement rapides que connaît le Moyen Age dans de nombreux domaines. Le but de la vie cistercienne était l'introspection intérieure à la recherche de Dieu. L'Ordre, qui mettait à la disposition des moines les structures juridiques et matérielles favorables à cette quête, devait par conséquent rester une institution monastique vivante et non un musée ethnologique du XIIe siècle.

L'administration d'une telle organisation au cours de cette période n'était certainement pas une tâche aisée. Les fondateurs de Cîteaux auraient sans doute désapprouvé l'orientation de certains changements et adaptations. Ainsi, le rôle joué par les cisterciens dans les ordres militaires, en particulier en Espagne, et la part croissante des activités pastorales constituaient autant d'écarts par rapport aux idéaux primitifs. Par ailleurs, l'administration de l'abbaye reposait, en théorie, exclusivement sur l'abbé ; d'où l'influence néfaste sur la vie de la communauté des abbés mondains, ambitieux et corrompus menant une vie peu conforme à la *Règle* ou des abbés absents, lesquels n'étaient pas rares au XVe siècle. Les supérieurs n'étaient pas toujours personnellement responsables de cet état de choses ; ceux qui géraient de vastes exploitations agricoles y consacraient une grande partie de leur temps et les litiges étaient parfois si nombreux que certains n'avaient pas le temps de s'occuper de la vie religieuse et de la quête du paradis. Terres, richesse et pouvoir étaient effectivement synonymes et aucun abbé de la fin du Moyen Age ne pouvait ignorer l'avidité de ses voisins. Il est vrai cependant que d'autres aimaient ce genre de vie et se conduisaient tout simplement comme des seigneurs féodaux, avec leurs propres logis, cuisines, commodités et domestiques, laissant la gestion courante de l'abbaye à des officiers subalternes.

Cette situation déplorable n'a fait qu'empirer avec l'introduction à la fin du Moyen Age du système de la Commende. A l'origine il s'agissait d'une tentative de la part de la papauté d'Avignon d'exercer plus de contrôle sur les charges ecclésiastiques, mais ce système se révéla désastreux pour l'Ordre cistercien. Les communautés monastiques n'avaient plus le droit d'élire leur abbé, lequel était directement nommé par le pape ou par le roi. En général, on choisissait des prélats séculiers, et non des moines, qu'on récompensait ainsi de leurs bons et loyaux services. Ils séjournaient très rarement dans le monastère, car la plupart étaient de simples seigneurs féodaux, rarement présents, dont le seul souci était la perception des revenus de l'abbaye. Ils ne se préoccupaient ni de l'abbaye ni des moines, tant que l'argent rentrait dans leur escarcelle. Dans le cas contraire, ils prenaient d'autres mesures, comme à San Galgano en Toscane, où l'abbé commendataire, Girolamo Vitelli, vendit les lames de plomb de la toiture de l'abbaye ; la charpente exposée aux intempéries ne mit pas longtemps à pourrir et à s'écrouler sur les voûtes, entraînant la ruine de celles-ci.

Le système de la commende fit des ravages, en particulier en France et en Italie, dont la plupart des abbayes étaient tenues *in commendam* à la fin du XVIe siècle. L'absence d'un véritable guide ou le manque d'intérêt entraîna l'appauvrissement, la détérioration et la désaffection de nombreuses maisons. Celles qui réussirent à garder leurs moines le firent au détriment de la discipline. Les pillages et déprédations de la Réforme, des guerres de Religion et, en Angleterre, de la Dissolution des monastères n'arrangèrent pas la situation. Le Chapitre Général, lorsqu'il se tenait, ne réunissait que quelques abbés ; c'était la fin du système primitif de gouvernement centralisé. A la fin du XVIe siècle, la survie même de

l'Ordre dans la plupart des pays européens était fortement compromise.

Cependant la situation n'était pas aussi dramatique dans toute l'Europe. Dans des régions catholiques comme la Bavière, l'Autriche, la Bohême, la Pologne, la Hongrie, le Portugal et l'Espagne, l'Ordre continuait d'être florissant, quoique sous des apparences baroques et rococo. On assiste également à une grande vague de reconstructions, qui sont le reflet de l'époque et du lieu, tout comme les constructions bourguignonnes du XIIe siècle témoignaient d'une époque et d'un lieu spécifiques. Les grandes églises de Schöntal ou de Fürstenfeld avaient autant de chances de ressembler à Longpont ou au Thoronet que leurs bâtisseurs de remonter le temps. Parfois pourtant, comme à Hauterive en Suisse, l'ancienne église de style bourguignon restait le centre spirituel du monastère tandis que le cloître et les bâtiments réguliers qui étaient élevés tout autour déployaient un baroque somptueux et recherché.

En France, berceau de l'Ordre, la situation était tout autre, comme nous l'avons déjà dit. Pourtant, au XVIe siècle on n'assiste pas seulement à la dégradation, et dans certains cas à l'annihilation, des établissements cisterciens, mais également à des tentatives énergiques de réforme. Jean de la Barrière, le très austère abbé commendataire des Feuillants, qui avait été nommé à ce poste alors qu'il n'était âgé que de dix-huit ans, entreprit l'une de ces réformes et fonda la congrégation des Feuillants. Précurseur de l'abbé de Rancé, il tenta, avec succès, de réintroduire l'austérité de la *Règle* bénédictine ou cistercienne primitive et de mettre un terme à la décadence morale et au relâchement dans son abbaye. Un nombre considérable de monastères français et italiens se rallièrent à La Barrière, mais ce mouvement, bien que reconnu officiellement par le pape Sixte V, ne survécut pas à la Révolution.

La naissance de la Stricte Observance au début du XVIIe siècle est bien plus importante pour notre propos. Armand-Jean Le Bouthillier de Rancé naquit en 1626 dans une famille de petite noblesse, mais il eut le privilège d'avoir pour parrain le cardinal de Richelieu en personne. Le pouvoir de Richelieu ouvrit au jeune Rancé les portes de la cour où il acquit une réputation de séducteur, charmeur et spirituel, et de libertin. Pour faire face à son train de vie, Rancé fut nommé abbé commendataire de La Trappe (et d'autres abbayes). Peut-être n'aurait-il jamais visité ce monastère si le décès de la duchesse de Montbazon, à laquelle il était très attaché, ne l'avait poussé à abandonner pendant un certain temps la vie de la cour pour aller se retirer à La Trappe.

Lorsque Rancé arriva à La Trappe, il fut horrifié par le spectacle qu'offrait l'abbaye : les bâtiments menaçaient ruine et les rares moines qui restaient encore étaient tombés dans les pires turpitudes. Ce fut son chemin de Damas ; l'ancien courtisan embrassa les idéaux de la réforme cistercienne avec la même fougue qui l'avait poussé jadis à rechercher les plaisirs du monde (pl. 2 VIII A). Il n'était pas le premier à s'engager dans cette voie, car des demandes pour réformer l'Ordre s'étaient fait entendre dès la fin du XVIe siècle. Mais si ces demandes n'étaient pas passé inaperçues, elles n'avaient pas été acceptées pour autant.

Les partisans de la réforme désiraient revenir aux idéaux ascétiques remontant aux origines de l'Ordre, et en particulier au végétarisme primitif. L'interdiction de manger de la viande avait progressivement disparu au cours du Moyen Age et aux XVIe et XVIIe siècles la plupart des cisterciens ne suivaient plus ce précepte. Pour les réformateurs cette pratique symbolisait toute la décadence de l'Ordre et leur refus absolu de manger de la viande leur valut le surnom d'Abstinents. Ils formèrent une congrégation, reconnue par le pape, sous le nom de Cisterciens de la Stricte Observance. Les opposants, qui ne voyaient dans cette pratique qu'une adaptation aux temps nouveaux et non le péché originel d'un hypothétique jardin d'Eden cistercien, constituèrent la Commune Observance. Ce schisme déboucha sur toute une série de conflits violents et pénibles, principalement littéraires.

Dans la première moitié du XVIIe siècle, la Stricte Observance était restée sur la défensive. L'entrée en scène de l'abbé de La Trappe fut une véritable aubaine, car son passé, ses relations, sa voix et sa personnalité charismatique offrirent au mouvement l'autorité qui lui manquait. Mais, revers de la médaille, les deux camps se retranchèrent avec toujours plus de fermeté sur leurs positions divergentes. La bulle *In Suprema*, promulguée par le pape en 1666, n'était qu'un compromis qui ne pouvait résoudre le problème, et d'ailleurs Rancé la désapprouva. Le pape reconnaissait les deux obédiences, la Stricte Observance et la Commune Observance, et toutes deux devaient suivre le même type de discipline. Cependant les frères de la Commune

Observance étaient autorisés à manger de la viande trois fois par semaine, sauf pendant le carême et l'avent, tandis que chez les frères de la Stricte Observance l'abstinence était de rigueur pendant toute l'année. Chacune pouvait disposer de structures administratives propres, mais si la Stricte Observance avait le droit d'envoyer dix abbés au *Definitorium* (comité exécutif constitué de vingt-cinq abbés qui préparaient le Chapitre Général), elle restait soumise à Cîteaux et au Chapitre Général. Le pape stipula également que tous ceux qui relanceraient le conflit devraient être condamnés à un silence perpétuel.

La bulle ne mit pas fin au conflit. L'abbé de Rancé continua à réformer La Trappe en imposant un régime encore plus rigoureux que ceux pratiqués par les cisterciens du XIIᵉ siècle ou par les abstinents du XVIIᵉ qui excluait, en plus de la viande, le poisson, les œufs, le fromage et le beurre. La renommée de l'ascétisme et de l'austérité du monastère, et de son abbé, ne se fit pas attendre. On a souvent accusé Rancé de fanatisme et de rigorisme, alors qu'il était en fait un homme plein de compassion et de charité, mais un homme de son temps. A son époque, la pratique de la piété prenait des formes qui peuvent paraître étranges pour l'homme moderne. Il est facile de se laisser aller à la critique, sans faire l'effort, ô combien édifiant, de lire les travaux et les lettres de Rancé pour arriver à des conclusions moins tranchées et plus objectives.

Après la Révolution

A la veille de la Révolution, soixante-cinq abbayes dépendaient de la Stricte Observance, mais aucun établissement français ne réchappa à la tourmente révolutionnaire. Après la Révolution, il ne restait qu'une douzaine de maisons, dispersées à travers le territoire du Saint Empire romain germanique. Lorsque l'abbaye de La Trappe fut à son tour réquisitionnée par l'Etat et les moines expulsés, le dernier maître-novice, dom Augustin de Lestrange, s'enfuit en Suisse avec un groupe de vingt-et-un moines. Le 1ᵉʳ juin 1791 il restaura la Stricte Observance à La Valsainte (dans le canton de Fribourg) et imposa aux moines un régime encore plus rigoureux que celui mis en place par Rancé. Il n'y avait pas de chauffage ; les moines dormaient à même le sol ; les repas se composaient de pain et de légumes bouillis et la seule boisson autorisée était l'eau ; en dehors de six ou sept heures de sommeil, les moines partageaient leur journée entre de pénibles travaux manuels et les offices divins. Malgré tout, cet ascétisme ardent (et pour tout dire déséquilibré) attira nombre de vocations tout aussi ardentes. En 1794 la communauté reçut du pape l'autorisation d'élire un abbé et, comme on pouvait s'y attendre, dom Augustin fut élu (pl. 2 VIII c).

Des groupes de moines, envoyés par leur abbé, quittèrent cette petite communauté zélée afin de porter la bonne parole ailleurs. Progressivement le mouvement commença de nouveau à gagner l'Europe, mais il ne s'étendit vraiment qu'après la défaite de Napoléon en 1815. La Trappe fut relevée de ses ruines en 1817, une dizaine d'années avant la mort de dom Augustin, et l'abbaye de Tamié fut entièrement reconstruite (pl. 2 VIII E). Au cours du XIXe siècle, des abbayes cisterciennes furent fondées au Canada, aux Etats-Unis, en Australie, en Syrie, en Jordanie, en Afrique du Sud et en Chine. L'Ordre des cisterciens réformés de Notre-Dame de La Trappe (appelé aujourd'hui Ordre Cistercien de la Stricte Observance (O. C. S. O.), plus connu sous le nom de trappistes et de trappistines) fut fondé en 1892. En 1898, l'Ordre racheta l'abbaye de Cîteaux où il fonda une communauté. A l'heure actuelle, l'Ordre Cistercien de la Stricte Observance comprend 2600 moines et 1883 moniales, répartis respectivement dans quatre-vingt-seize et soixante-six monastères dans le monde entier.

La "Commune Observance" est aujourd'hui connue sous le nom d'Ordre Cistercien (O. Cist.). Après la Révolution, ces cisterciens ne réussirent jamais à établir une unité aussi forte que celle de leurs frères abstinents. L'Ordre fut organisé assez librement, selon des critères linguistiques, en congrégations nationales ayant peu de contacts. Malgré les tentatives d'unification de la seconde moitié du XIXe siècle, les maisons de l'Ordre Cistercien ont gardé une plus grande autonomie que celles de la Stricte Observance. D'où la variété des coutumes actuelles d'une congrégation à une autre : la plupart ont une vie contemplative et recluse, alors que d'autres se consacrent à l'enseignement et assument des charges paroissiales. Ce mode de vie caractérise plus particulièrement les abbayes situées sur le territoire de l'ancien Empire austro-hongrois, c'est-à-dire l'Autriche, la Bohême, la Pologne et la Hongrie, car sous le gouvernement désastreux de l'empereur Joseph II, ces maisons ont été obligées d'accepter la charge d'un ministère pastoral très étendu afin de pouvoir survivre. A l'heure actuelle, l'Ordre Cistercien est représenté par environ quatre-vingt-huit monastères d'hommes (1327 moines) et soixante-six de femmes (1124 moniales) appartenant à treize congrégations.

En dehors de ces deux Ordres, nous trouvons de nombreux monastères vivant selon l'esprit cistercien, qui sont liés à l'un des deux Ordres, tout en conservant une indépendance juridique.

L'uniformité étant une vertu discutable (dans quelque domaine que ce soit), la richesse de la tradition cistercienne est à rechercher plutôt dans sa variété que dans son unité. Les deux Ordres, et les maisons qui leur sont liées, peuvent être considérés comme des membres d'une famille qui, comme les membres de n'importe quelle famille, ne sont pas toujours d'accord. Cependant, par delà les désaccords et les conflits, toutes ces communautés sont profondément liées dans la tradition chrétienne par la charité, qui, selon Guillaume de Saint-Thierry, constitue la véritable unité de la Trinité. L'école de Cîteaux, toujours selon Guillaume, est l'école de la charité (*schola caritatis*) qui peut accueillir la variété dans l'harmonie et l'identité dans la différence. Et si nous n'avons pas cette charité – que nous soyons O.C.S.O. ou O. Cist., cisterciens ou non – nous ne serons jamais qu'airain qui sonne ou cymbale qui retentit.

2

I

Cîteaux. Etienne Harding (à gauche) et l'abbé de Saint-Vaast d'Arras, offrant la maquette de leur abbaye à la Vierge. Livre IV du Commentaire de saint Jérôme sur le Livre de Jérémie. (B.M. Dijon, ms. 130, f° 104)

A. Mont-Cassin. Saint Benoît donnant la *Règle* à l'abbé Theobald. *Moralia in Job* de saint Grégoire le Grand (Mont-Cassin, Bibliothèque de l'Abbaye, ms. 73, f° 4v). B. Initiale Q : Deux moines fendant un arbre. *Moralia in Job* de saint Grégoire le Grand (Dijon, B. M., ms. 170, f° 59).

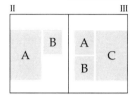

II III

A. Apparition de la Vierge à des moines cisterciens (détail). Retable de l'église de Zwettl peint par Jörg Breu l'Ancien vers 1500 (Nijmegen, Kunsthist. Instit.) B. La Forgeotte, premier emplacement de l'abbaye de Cîteaux. C. Crosse en vermeil de Robert de Molesmes, fin du XIe siècle (Dijon, Musée des Beaux-Arts).

Vue des sites :
A. Pontigny. B. La Ferté.
C. Morimond. D. Clairvaux.

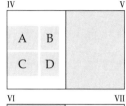

IV V

Construction de l'abbaye de Maulbronn. Peinture sur bois, 1450 (Maulbronn, Evangelisches Seminar).

Pontigny. Collatéral sud vers l'ouest.

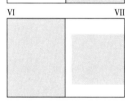

VI VII

Bonlieu. Fenêtre en grisaille.

A. Armand-Jean Le Bouthillier de Rancé (1626-1700), abbé de La Trappe. Hyacinthe Rigaud, 1696, peinture à l'huile sur toile (abbaye de La Trappe). B. Tamié. Gravure, 1706 (abbaye Notre-Dame de Tamié). C. Augustin de Lestrange (1754-1827), abbé de La Valsainte. P. Legrand, 1892, peinture à l'huile sur toile (abbaye de La Trappe).

VIII

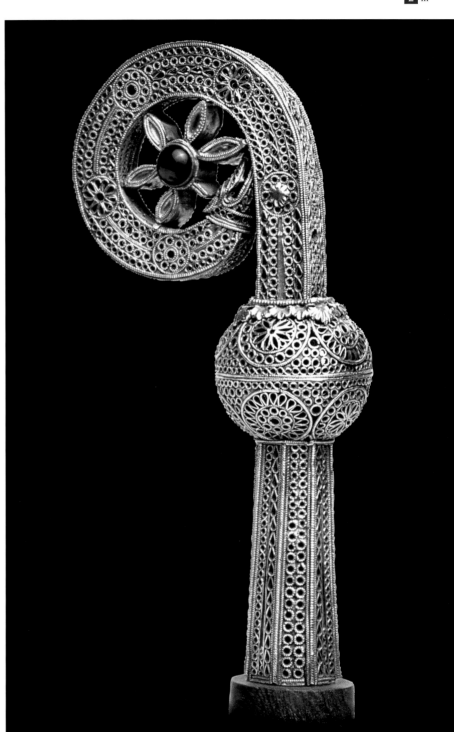

3

L'organisation de la vie
dans une abbaye cistercienne

Il est difficile, pour ne pas dire impossible, de décrire la vie quotidienne dans un monastère cistercien – en particulier entre le Moyen Age et le XVIIIe siècle – sans mentionner au préalable les institutions et les documents qui la régissaient. La Règle de saint Benoît, base de la réforme cistercienne, était également le texte fondateur de la vie cistercienne. Cependant, au cours des siècles le Chapitre Général apporta des modifications et des amendements aux préceptes de la *Règle*.

Il nous a donc paru utile de commencer par présenter l'organisation et le rôle du Chapitre Général, ainsi que les principaux textes qui définissent les principes de la vie de prière et de travail des moniales et des moines cisterciens.

Le Chapitre Général

L'institution du Chapitre Général a été l'une des innovations les plus remarquables de Cîteaux. Au-delà du désir de centralisation, cette réunion annuelle traduisait la dimension internationale de l'Ordre et a joué un rôle majeur au sein de son organisation. On peut lire dans l'un des documents cisterciens les plus anciens, la *Summa Cartae Caritatis*, que chaque année à la même date tous les abbés devront se rendre ensemble à Cîteaux, mère de toutes les autres abbayes, afin de discuter des affaires de l'Ordre,

d'affermir la paix et de conserver la charité. Les abbés demanderont pardon de leurs fautes et si l'on apprenait que l'un d'entre eux se trouve dans une extrême pauvreté, toute l'assemblée s'emploiera à le soulager, chaque abbaye faisant un don en fonction de ses ressources. Seuls deux motifs pourront être invoqués pour s'absenter du Chapitre Général : des raisons de santé ou la bénédiction d'un novice. Si un abbé venait à manquer pour quelque autre raison, il devra s'expliquer et demander pardon de sa faute au Chapitre suivant.

Tous les abbés se retrouvaient à Cîteaux le 13 septembre, veille de la fête de la Sainte Croix, et le Chapitre Général durait entre sept et dix jours. La première réunion officielle eut lieu en 1119, mais les *Instituta generalis capituli* ne furent promulgués qu'en 1151, au bout de plus de trente ans. Les *Instituta*, qui traitent des questions les plus diverses, allant de l'élection des abbés jusqu'au soin des malades, en passant par les visites annuelles et l'administration des granges, ont permis de clarifier un certain nombre de points d'ordre juridique et de procédures.

A peu près à la même époque ont été rédigés deux autres recueils de règles et de règlements tout aussi importants : les *Ecclesiastica officia*, traitant principalement des questions liturgiques et para-liturgiques, mais qui régissent également la discipline monastique ; et les *Usus conversorum*, qui regroupent les décisions concernant les frères convers. L'ensemble de ces documents constitue le coutumier ou *Consuetudines*, fondement de la vie cistercienne de toutes les communautés et religieux de l'Ordre.

L'assemblée générale de tous les abbés était de toute évidence une excellente idée. En théorie, elle permettait un suivi régulier de l'évolution de l'Ordre et constituait une sorte de garde-fou pour empêcher des variations régionales trop éloignées des principes énoncés dans les documents cisterciens primitifs ; il s'agissait également d'un moyen de communication efficace pour diffuser et transmettre les informations, qui a été utilisé par les autorités ecclésiastiques les plus éminentes, y compris le pape.

Cependant avec l'extension et l'essor fantastique de l'Ordre, un grand nombre d'abbés se trouvaient dans l'impossibilité matérielle de se rendre à Cîteaux. Comment les supérieurs d'abbayes situées aux confins de la Chrétienté, par exemple en Grèce ou en Syrie, ou même dans le nord de l'Angleterre ou dans le sud de l'Espagne, pouvaient-ils parcourir chaque année de telles distances ? Il semblerait qu'à l'époque où les *Instituta* ont été promulgués, c'est-à-dire dès le milieu du XIIᵉ siècle, les distances, les dangers, le temps et les coûts qu'impliquaient ces voyages constituaient déjà un empêchement pour les représentants de la plupart des monastères les plus éloignés. Le père Louis Lekai était certainement dans le vrai lorsqu'il a avancé que le nombre d'assistants à une session ordinaire du Chapitre Général ne devait pas dépasser un tiers des abbés de l'Ordre [1].

Dans certains cas, des dispenses officielles étaient accordées. Ainsi les maisons qui se trouvaient en Ecosse, en Irlande, au Portugal et en Sicile, par exemple, ne devaient envoyer leur abbé au Chapitre Général que tous les quatre ans, celles en Grèce tous les cinq ans et celles en Syrie tous les sept ans. Parfois pourtant, en particulier à la fin du Moyen Age, beaucoup d'abbés se rendaient à Cîteaux uniquement lorsqu'ils en avaient envie ou lorsqu'ils le considéraient nécessaire.

D'un point de vue pratique, cette assemblée restreinte était plutôt souhaitable. En effet, si tous les abbés, accompagnés d'un moine et d'un frère convers en guise de secrétaire et de domestique comme ils étaient en droit de le faire, avaient voulu participer au Chapitre Général, à la fin du XIIᵉ siècle l'abbaye de Cîteaux aurait dû accueillir plus d'un millier d'hommes chaque mois de septembre. Le chef d'ordre, qui devait déjà prélever une taxe sur chacune de ses maisons pour faire face aux frais du Chapitre Général, aurait certainement croulé sous un tel fardeau. Qui plus est, la capacité de la salle capitulaire, qui ne mesurait que dix-sept mètres sur dix-huit même après l'achèvement du cloître, ne dépassait guère les trois cents places.

Cependant, la présence d'un nombre limité d'abbés ne permettait pas à l'Ordre d'être suffisamment informé de ce qui se passait dans les régions lointaines. Par ailleurs, le Chapitre Général, dont la composition changeait d'une année sur l'autre, ne pouvait pas vraiment mettre en place une politique cohérente et encore moins vérifier si elle était suivie de résultats. Très souvent, les abbés des maisons situées en Norvège,

1. Louis J. Lekai, *The Cistercians. Ideals and Reality*, The Kent State University Press, Ohio, 1977.

en Lituanie ou ailleurs n'étaient absolument pas au courant des événements qui se déroulaient en Bourgogne. Ainsi la répétition des mêmes interdictions ou les décisions contradictoires du Chapitre Général ne doivent pas être toujours interprétées comme la preuve de la désobéissance délibérée d'une quelconque abbaye mais comme le résultat des contraintes que nous venons d'évoquer.

Une telle assemblée, même si elle n'était composée que de 250 personnes par exemple, était bien trop importante pour participer activement aux décisions et devait en fait se contenter de les ratifier. Il s'est donc avéré nécessaire de mettre en place un comité exécutif restreint, pour servir de guide aux autres abbés. Même si on trouve des traces de cette institution dès les années 1140, le *Definitorium* n'a été institué que par le Chapitre Général de 1197, mais ni sa composition ni ses pouvoirs n'ont été clairement définis au départ. Il fut d'ailleurs à l'origine de graves dissensions et de luttes de pouvoir, pas très "catholiques", entre l'abbé de Cîteaux et les abbés de La Ferté, de Pontigny, de Clairvaux et de Morimond (les soi-disants "proto-abbés"), dont le point culminant fut atteint entre 1263 et 1265. Le violent conflit qui opposa alors les abbés de Cîteaux et de Clairvaux, deux fortes personnalités tout aussi ambitieuses, s'envenima à tel point que le pape Clément IV, nouvellement élu, dut intervenir personnellement en 1265 en proclamant la bulle *Parvus fons*, plus connue chez les cisterciens sous le nom de *Clementina*.

Entre autres dispositions, la bulle définissait clairement la composition du *Definitorium* : avant chaque Chapitre Général les quatre proto-abbés devront fournir à l'abbé de Cîteaux une liste de cinq abbés dépendant de leurs filiations respectives. L'abbé de Cîteaux devra alors choisir quatre candidats de chaque liste et en nommer quatre autres de sa propre filiation afin de former un *Definitorium* composé de vingt-cinq membres ou définiteurs : l'abbé de Cîteaux et les quatre "proto-abbés", plus les vingt abbés choisis.

Cette proposition fut rejetée par les quatre "proto-abbés". Lors du Chapitre Général de 1265, ils déclarèrent avec véhémence qu'elle accordait encore trop de pouvoir à l'abbé de Cîteaux et l'affaire fut soumise à l'arbitrage du légat du pape, Guy cardinal-prêtre de San Lorenzo et ancien abbé de Cîteaux. Le légat suggéra un compromis : les quatre "proto-abbés" devront toujours proposer une liste de cinq noms mais pourront en désigner deux d'office. L'abbé de Cîteaux choisira ensuite deux autres noms parmi les trois candidats restants et nommera les abbés de sa filiation. Ce compromis, ou *Ordinatio cardinalis Sancti Laurentii* ("Ordonnance du cardinal de San Lorenzo"), accepté par le Chapitre Général et le pape, établit à partir de 1265 la composition officielle du *Definitorium*.

Ce comité exécutif préparait les statuts et les décisions importantes du Chapitre Général, lesquels étaient ensuite soumis à l'assemblée des délégués. Leur approbation inconditionnelle était en général acquise. Les *statuta* étaient ensuite consignés et diffusés dans des recueils, dont le premier fut rédigé en 1202, plus de soixante ans avant l'organisation officielle de ce comité exécutif. En 1204, le Chapitre Général imposa à tous les abbés de posséder une copie de ce

Libellus definitionum, ou Livre des définitions, afin qu'ils ne pussent pas invoquer l'ignorance pour s'excuser d'une quelconque faute. Ce recueil fut mis à jour et complété en 1220, 1240 et 1257. Puis en 1265, avec la promulgation de la bulle *Clementina*, une révision approfondie devint nécessaire, mais la nouvelle version ne vit le jour qu'en 1289.

Cependant, moins de trente plus tard le texte refondu apparaissait déjà comme obsolète. Le Chapitre Général de 1316 demanda l'élaboration d'un recueil entièrement nouveau qui fut présenté l'année suivante et approuvé. Après l'adoption du *Libellus antiquarum definitionum* (le Livre des anciennes définitions), les recueils antérieurs furent supprimés à la demande du Chapitre Général. Puis, au bout d'une autre trentaine d'années, il fallut ajouter une sorte d'annexe (traitant en particulier de questions financières) en raison des changements importants que connaissait l'Ordre : les *Novellae definitiones* (Nouvelles définitions) de 1350, qui complétaient et parfois corrigeaient les règles et règlements du *Libellus* de 1316. Les anciennes et les nouvelles définitions, dont de nombreuses dispositions ont dû être modifiées au cours des siècles suivants, constituèrent jusqu'à la Révolution la structure juridique fondamentale de la vie et de la discipline cisterciennes.

L'histoire du Chapitre Général à la fin du Moyen Age et au-delà ne rentre pas dans le cadre de cet ouvrage. On peut dire cependant que les événements politiques ont toujours joué un grand rôle : pendant la période agitée de la guerre de Cent Ans (1337-1453), on constate un effondrement du nombre des participants ; pendant la crise du Grand Schisme d'Occident (1378-1417), au moins quatorze sessions se déroulèrent hors de France ; au cours de la seconde moitié du XVᵉ siècle, l'action du Chapitre Général fut pratiquement négligeable ; seuls quelques abbés assistèrent aux sept sessions qui se sont tenues pendant les guerres de Religion (1559-1598); enfin au cours des XVIᵉ et XVIIᵉ siècles, l'histoire du Chapitre Général est étroitement liée à l'essor des congrégations et au conflit opposant les deux observances (se reporter au chapitre 2).

Malgré tout, l'institution d'un organe de gouvernement centralisé et représentatif, se réunissant chaque année pour résoudre les problèmes et mettre en place la politique de l'Ordre, était tout à fait louable. Les cisterciens pouvaient à juste titre être fiers de cette nouveauté, car lors du quatrième concile du Latran (1215) le pape Innocent III imposa le modèle du Chapitre Général de Cîteaux à tous les ordres monastiques de la Chrétienté.

L'*Opus Dei* et la journée cistercienne

Si la *Règle de saint Benoît* était le fondement de la réforme cistercienne, l'*horarium* rythmait la journée monastique. Toutes les activités devaient se dérouler entre le lever et le coucher du soleil, d'où des variantes dans l'horaire en fonction des saisons. Les *Ecclesiastica officia* prévoient que le sacristain (chargé de réveiller les frères et de veiller au respect de l'horaire) dispose d'une horloge dans sa cellule ou dans l'église, mais les premières horloges mécaniques, extrêmement encombrantes, ne font leur apparition qu'au XIVᵉ siècle. Avant cette époque, il ne pouvait donc utiliser qu'une clepsydre ou horloge à eau (celle de Villers en Brabant était célèbre) dont la précision laissait à désirer. Cependant, nous ne savons pas si ces appareils étaient très courants ni combien de sacristains les employaient. L'utilisation d'horloges à pendule vraiment fiables ne se généralisera qu'au cours du XVIIᵉ siècle transformant l'heure en une mesure précise et scientifique. Quelle que soit la durée et la précision des "heures", il est indéniable que la longueur du jour change considérablement entre l'hiver et l'été. D'ailleurs, l'importance de ces variations saisonnières n'avait pas échappé à saint Benoît.

Comme nous l'avons vu au chapitre 1, l'activité principale des moines et des moniales était la célébration de l'*opus Dei*, "l'œuvre de Dieu", qui s'exprimait pleinement dans les sept heures de la journée et l'office de nuit. Ces obligations liturgiques étaient accompagnées du travail manuel et de la *lectio divina*, principale forme de dévotion cistercienne à l'extérieur de l'église. Ces activités étaient identiques toute l'année, mais en été le travail manuel occupait les moines plus longtemps (près de six heures), en raison de l'allongement des jours et de l'augmentation des travaux agricoles qu'il fallait effectuer pour subvenir aux besoins de l'abbaye. Pendant la saison chaude le temps de sommeil nocturne, inférieur à six heures, était compensé par une sieste après le repas, vers 11 h 30.

En hiver, les nuits étant plus longues (près de neuf heures), les moines dormaient plus longtemps et consacraient moins de temps au travail. La journée monastique devait donc être adaptée à ces variations. Ainsi les moines ne prenaient plus qu'un repas (au lieu de deux l'été) et disposaient de longues périodes de lecture, en particulier environ quatre heures et demie entre matines et laudes.

Aux variations saisonnières venait s'ajouter le problème des latitudes. En effet, la longueur des jours en hiver varie considérablement entre le sud de la France et l'Ecosse ou la Scandinavie. Le Chapitre Général, conscient du problème, tenta en 1429 d'uniformiser les usages dans toutes les abbayes en fixant l'heure du lever à 2 h, pendant la semaine et tout au long de l'année, et à 1 h le dimanche et les jours fériés. Près de deux siècles plus tard, en 1601, les moines ne devaient se lever, en semaine, qu'à 3 h ; puis, en 1765, les communautés comportant moins de six membres avaient le droit de prolonger le sommeil jusqu'à 4 h. Cependant, dans l'austère monastère de La Trappe, sous l'abbatiat d'Armand-Jean Le Bouthillier de Rancé, puis dans toutes les abbayes de la Stricte Observance, l'horaire cistercien primitif a été respecté avec très peu d'adaptations jusque dans les années 1960.

En quoi consistait cet horaire ? D'après ce qu'on peut en déduire en étudiant les sources médiévales et en tenant compte des variations régionales, le tableau suivant (inspiré des travaux des pères L. Lekai et J. Bouton [1]) donne une idée de l'emploi du temps aux deux extrêmes de l'année : en décembre pour l'hiver et en juin pour l'été :

1. Louis J. Lekai, *op. cit.*
Jean de la Croix Bouton, *Fiches "Cisterciennes"*, Westmalle (1959, 1964, 1968)

	Juin	Décembre
Lever	1 h 45	1 h 20
Vigiles (office de nuit)	2 h - 3 h	1 h 30 - 2 h 50
- - - -	Intervalle	*lectio divina*
Laudes (à l'aube)	3 h 10	7 h 15
Messes privées		
Prime* (au lever du soleil)	4 h	8 h*
Chapitre	4 h 15	9 h 35
Travail manuel**	4 h 40 - 7 h 15	9 h 55 - 11 h 10**,
	11 h 35 - 12 h 50	
Tierce	7 h 45	9 h 20
Messe	8 h - 8 h 50	8 h 20 - 9 h 10
Lecture	8 h 50 - 10 h 40	
Sexte (à midi)	10 h 40	11 h 20
Repas***	10 h 50	13 h 35***
Sieste (méridienne)	11 h 30 - 13 h 45	- - - -
None	14 h	13 h 20
Travail manuel	14 h 30 - 17 h 30	Après le repas,
		lectio divina
		jusqu'à vêpres
Vêpres	18 h - 18 h 45	14 h 50 - 15 h 30
Souper	18 h 45	- - - -
Collatio	19 h 30	15 h 45
Complies	19 h 50	15 h 55
Coucher	20 h	16 h 05

* En hiver, l'ordre était : prime, messe, tierce, chapitre.
** En hiver, la période de travail était interrompue pour sexte.
*** En hiver, l'ordre était : none, repas, lecture (*lectio divina*). Les moines ne prenaient pas de repas le soir, sauf le dimanche.

Comme nous l'avons déjà mentionné, la célébration des heures canoniales était au cœur de l'*opus Dei*. "Sept fois le jour, je te loue pour tes justes jugements", dit le psaume 119 (118), 164, et c'est ce que font les cisterciens, que ce soit au Moyen Age ou de nos jours, pendant les sept heures diurnes : laudes, prime, tierce, sexte, none, vêpres et complies, lesquelles sont complétées traditionnellement par un office de nuit. Les origines de ce dernier remontent aux vigiles (*vigiliae*) de l'Eglise primitive et c'est sous ce nom qu'il était connu jusqu'au XIᵉ siècle. Ensuite, l'appellation varie en fonction des lieux et des époques entre vigiles, nocturnes, matines ou office de nuit. Pour simplifier, nous utiliserons plutôt ce dernier terme.

L'office de nuit était toujours pénible – en particulier en plein hiver lorsqu'il fallait se lever dans le froid et l'obscurité – et avec le temps l'heure de sa célébration devint plus souple afin d'adoucir la vie monastique ; il pouvait être dit à l'avance, la veille au soir, ou bien reporté jusqu'à l'heure des laudes. Cependant, les cisterciens suivaient fidèlement la *Règle de saint Benoît* laquelle institue (chapitre 16) que les moines doivent célébrer sept offices de jour, en accord avec le psaume 119 (118), 164, ainsi qu'un office de nuit, conformément au verset 62 du même psaume : "Je me lève à minuit, te rendant grâce". De toute évidence, Benoît accordait une grande importance à cet office – il y consacre cinq chapitres de sa Règle (8 à 11 et 14) –, qui n'a pas diminué chez les cisterciens, même de nos jours.

Les frères convers suivaient un horaire assez différent. Ils se levaient après que les moines avaient fini l'office de nuit et consacraient une grande partie de leur journée aux activités manuelles, récitant les offices sur leur lieu de travail. Le dimanche et les jours fériés, leur emploi du temps était plus proche de celui des moines.

Les moyens utilisés pour appeler les moines à leurs dévotions et à leurs devoirs s'adaptaient au moment de la journée ; les sons forts et stridents que les moines pouvaient entendre lorsqu'ils travaillaient dans les champs n'étaient pas utilisés quand tous les frères se trouvaient dans un des bâtiments réguliers. Lorsque toute la communauté était rassemblée dans le cloître, on frappait avec un maillet la *tabula lignea*, une tablette en bois accrochée près de l'entrée de la salle capitulaire, pour appeler les moines au réfectoire, au lavabo ou pour la convocation d'une réunion extraordinaire. Le *cymbalum* était un instrument de percussion similaire, en métal, qu'on frappait également avec un maillet mais dont la portée était bien supérieure. Dans les deux cas, des rythmes différents correspondaient à chaque type d'appel.

Les cloches étaient de deux sortes : une clochette, la *nola*, et une grande cloche, la *campana*. La *nola*, gardée par le prieur, était utilisée dans le réfectoire pour indiquer à toute la communauté quand elle devait s'asseoir, se lever ou accomplir d'autres tâches à l'unisson. La *campana* était suspendue à un beffroi dans l'église ou dans un clocher, l'efficacité maximale étant atteinte si la cloche se trouve au-dessus de tous les autres bâtiments. Cependant, les clochers ont fait l'objet de vives polémiques lors des Chapitres Généraux. Un statut de 1157 précise qu'ils ne doivent pas être construits en pierre et que la cloche ne doit pas dépasser les 500 livres afin qu'une seule personne puisse la mettre en branle. Au fil du temps, alors que l'on construisait des abbayes plus importantes, disposant de bâtiments extérieurs étendus, le clocher devenait quasiment indispensable pour appeler les moines qui travaillaient parfois très loin du cloître. En 1202, la présence de deux cloches était devenue une pratique couran-

te, avec toutefois des réserves : le poids total des deux cloches ne pouvait être supérieur à 500 livres et il ne fallait en sonner qu'une à la fois. Un son bref de la grande cloche se faisait entendre entre laudes et prime, pour appeler à la messe, avant et après les repas, et permettait également de signaler tous les offices auxquels devaient assister les frères convers. La petite cloche sonnait avant prime, tierce, sexte, none et complies ainsi que pour appeler au chapitre et à la *collatio*. A la fin du carême – de la messe du jeudi saint jusqu'à la messe de la vigile pascale le samedi matin – aucun son de cloche ne devait retentir dans l'abbaye, que ce soit la *campana*, la *nola* ou même la cloche de l'horloge du sacristain ; on utilisait dans ce cas la tablette en bois pour rassembler la communauté.

Ainsi moines et moniales étaient toujours occupés, car, comme nous l'avons vu au chapitre 2, Pacôme et, après lui, Benoît étaient pleinement conscients que l'oisiveté est l'ennemie de l'âme. Le temps qui n'était pas consacré à la prière, au travail ou au repos, était rempli par la *lectio divina*. Il ne s'agit pas de la lecture à laquelle est habitué l'homme moderne, qui lit pour s'informer. Lors de la *lectio divina* le moine lit pour se transformer ; la parole de l'écriture sainte ou d'autres textes édifiants était longuement méditée, en général à haute voix bien que sur un ton discret ; ainsi nous dit-on que lorsque Jean de Gorze récitait les psaumes, sa voix ressemblait au bourdonnement d'une abeille. Cette lecture sonore permettait au moine d'écouter son texte et de le comprendre. La lecture silencieuse n'était pas pour autant inconnue, mais elle était sans aucun doute moins pratiquée. A la différence de la *lectio scholastica*, au cours de la *lectio divina* les mots sont mâchés, digérés et absorbés comme les aliments qui permettent de construire la matière dont est fait notre corps ; de même la nourriture spirituelle des saintes écritures est métabolisée et transformée en substance de l'âme. Le texte doit être assimilé au plus profond de soi-même, mais pour cela il faut apprendre à écouter, sinon la *lectio divina* est vouée à l'échec. Il ne suffit pas de marmonner un texte, comme le ferait un perroquet bien dressé, car on n'a jamais vu un perroquet devenir un saint même si on lui a appris à répéter tout au long de la journée le premier verset de l'Evangile selon saint Jean.

La vie monastique était donc une vie ritualisée, rythmée par des gongs et des cloches, où chaque action obéissait à des règles formelles bien précises et était accompagnée par des gestes rituels – salutations, révérences, génuflexions – ou, lorsque la parole était autorisée, par des phrases rituelles. Cependant, la plupart du temps les religieux travaillaient, lisaient, se reposaient ou méditaient dans un silence presque absolu et lorsqu'ils devaient malgré tout communiquer, ils n'utilisaient pas des mots mais des signes.

Le langage des signes

Les premiers pères du monachisme ont tous mis l'accent sur le silence. Pour tous ceux qui veulent consacrer leur vie à surmonter le péché, le silence est primordial et selon certains, tel Basile le Grand, il est précieux chez les novices car il permet de développer la maîtrise de soi tout en contribuant aux progrès de l'étude. "Instrument des bonnes œuvres", pour saint Benoît, le silence fut repris par la plupart des règles postérieures comme l'un des principes fondamentaux de la vie religieuse.

Pourtant, même dans un monastère, pour faire face aux activités de la vie quotidienne il était indispensable de disposer d'un moyen de communication qui, dans la mesure du possible, ne perturbât pas le silence des autres religieux. L'utilisation du langage des signes semble remonter au tout début du monachisme, bien que l'on ne sache ni à quelle époque ni en quel lieu il apparut en premier. Une règle attribuée à saint Pacôme nous permet d'affirmer qu'un langage de signes rudimentaire était utilisé dès le IVe siècle, mais la *Règle de saint Benoît* n'atteste pas cette pratique ; si le chapitre 38 parle des signes qui doivent être utilisés dans le réfectoire, il s'agit de sons et non de gestes.

Le premier témoignage d'un système organisé de signes visuels remonte à la fondation de Cluny. Saint Odon (879-942) imposa d'utiliser des gestes pour quasiment tous les échanges. Une liste de 296 signes fut d'ailleurs établie en 1068 par un moine de Cluny nommé Bernard. Au cours du même siècle, d'autres moines de la célèbre abbaye compilèrent des lexiques de ce type, dont celui d'Udalricus qui contient un certain nombre de signes très proches de ceux utilisés par les cisterciens.

A partir du XIe siècle, l'expansion de Cluny poussa de nombreuses communautés – clunisiennes ou non – disséminées dans toute l'Europe, et en particulier en France, en Angleterre, en Espagne et au Portugal, à adopter les signes clunisiens ou des variantes. Il est probable que saint Robert ait adopté, et adapté l'un de ces systèmes à Molesmes, système ensuite transmis au nouveau monastère de Cîteaux.

Comme à Cluny, les premiers signes cisterciens servaient à communiquer des informations pratiques et non à la conversation. Par exemple, une liste de Clairvaux répertorie 227 signes qui couvrent les domaines essentiels de la vie monastique : la nourriture, la boisson, les objets liturgiques et ecclésiastiques, les membres de la communauté, les bâtiments, les ustensiles, etc. Des lexiques de ce type, plus ou moins longs, étaient également utilisés tous les jours dans les autres monastères de l'Ordre.

Les abus n'étaient pourtant pas rares. En effet, l'imagination des moines devait être fertile pour inventer de nouveaux signes adaptés aux circonstances nouvelles. Les mises en garde répétées du Chapitre Général font apparaître clairement que ce langage était également utilisé pour les conversations futiles et les plaisanteries. La fréquence des proscriptions semble indiquer par ailleurs que les moines se montraient réticents à obéir au Chapitre sur ce point.

Au cours des siècles suivants, l'observance d'un silence absolu devint moins rigoureuse chez les cisterciens, tout comme chez les clunisiens. Ce relâchement ne pouvait qu'entraîner la disparition des systèmes de signes, devenus inutiles. Au XVIIᵉ siècle, le rôle de ce langage fut insignifiant, voire nul, dans la plupart des monastères. Il retrouve toutefois un nouvel élan grâce à la réforme d'Armand-Jean Le Bouthillier de Rancé, père de la Stricte Observance.

Laissons maintenant la communication non verbale pour nous intéresser à des questions moins abstraites et plus terre à terre. Quels étaient les habits portés par les moines, les moniales et les autres membres de la communauté monastique et les règles appliquées dans ce domaine ?

L'habit

Toute description de l'habit porté par les cisterciens doit inévitablement commencer par le chapitre 55 de la *Règle de saint Benoît*, dans lequel il est dit que si les vêtements doivent être adaptés au climat local – davantage dans les régions froides et moins dans les pays chauds – dans les climats tempérés le moine doit se suffire d'une tunique, d'une coule (plus épaisse en hiver qu'en été), d'un scapulaire pour le travail, de bas et de souliers pour les pieds. Les vêtements seront grossiers et peu coûteux, mais bien coupés, et les moines ne devront pas posséder plus de deux tuniques et de deux coules, ce qui est suffisant pour en changer la nuit et pour les faire laver. Le linge de corps (caleçons ou *femoralia*) n'était autorisé que lors des voyages, pour lesquels le moine se voyait également accorder une tunique et une coule de qualité supérieure, probablement pour préserver l'image de l'Ordre à l'extérieur ; à son retour, le moine devait remettre dans le vestiaire les *femoralia*, la tunique et la coule qu'il avait utilisés.

Ces principes ascétiques n'étaient plus suivis à la lettre, loin s'en faut, à l'époque de la réforme cistercienne. Si la description des vêtements des clunisiens, ou plutôt de certains clunisiens, que nous a laissée Bernard n'est pas vraiment impartiale, elle est toutefois étayée par d'autres sources. Les fourrures n'étaient certainement pas toujours aussi riches, ni les vêtements aussi fins, ni les manches aussi longues, ni les capuches aussi abondantes, ni les chemises aussi douces que Bernard veut bien le laisser croire, mais il est certain que la somptuosité des habits des clunisiens et des bénédictins dans de nombreux monastères du XIe siècle n'aurait pas reçu l'approbation du père du monachisme occidental.

La réponse cistercienne dans ce domaine fut, comme dans tant d'autres, le retour strict à la *Règle de saint Benoît*. "Ils rejetèrent ce qui était opposé à la *Règle*", nous dit l'auteur du Petit exorde, "à savoir, les manteaux larges, les fourrures, les chemises en laine, les capuches et le linge". Certes il s'agit là d'un commentaire tardif d'un cistercien qui avait une vision quelque peu idyllique des temps héroïques de la naissance de Cîteaux ; il ne reste pas moins vrai que l'application des anciennes prescriptions était un des points fondamentaux de la réforme cistercienne. D'après Orderic Vital (1075 - v.1143), le premier à imposer l'étroite observance de la *Règle* et l'abandon de parures non conformes fut Robert de Molesmes ; peut-être le mérite en revient-il à Albéric ou à Etienne Harding ? La vérité historique n'a pas encore été établie, malgré les polémiques.

Quoi qu'il en soit, nous savons qu'à l'époque de saint Bernard l'habit du moine cistercien se limitait à une tunique, une coule, un scapulaire, une ceinture, des bas et des souliers (pl.. 2 II b, III a, V), le tout "simple et peu coûteux" d'après la *Summa Cartae Caritatis*. Le linge de corps était proscrit, ce qui suscita des commentaires d'un goût douteux ; cette règle fut d'ailleurs tout simplement ignorée au cours des siècles suivants. Comme la plupart des hommes

du Moyen Age, les moines portaient un couteau qu'ils attachaient à leur ceinture ; mis à part les usages courants, le couteau était parfois utilisé par le prieur à l'instar d'un marteau, pour signaler certaines actions aux moines dans le réfectoire, et tous s'en servaient pour prendre du sel.

La tunique était une chemise en laine, solide, couvrant le corps des épaules jusqu'aux chevilles et dotée de longues manches et d'un large col, probablement fermé par un cordon coulissant. Le col devait être suffisamment large pour permettre de sortir les bras et de baisser la tunique jusqu'à la ceinture afin de laisser le dos nu pour recevoir des coups de bâton lorsque le chapitre imposait ce terrible châtiment. Par-dessus la tunique, qui était le principal vêtement du moine cistercien, on mettait la coule ou le scapulaire (parfois les deux) selon le lieu et les circonstances.

La coule est l'habit de dessus traditionnel du moine, même si, comme le dit justement le proverbe, *cucullus non facit monachum* ("l'habit – c'est-à-dire la coule – ne fait pas le moine"). A l'époque de saint Benoît, ce n'était rien d'autre que la cape à capuchon que portaient les paysans pour travailler à l'extérieur. A l'apogée de la splendeur clunisienne, la cape prit de l'ampleur. Les coules des cisterciens étaient plus petites et apparemment moins chaudes, car la *Summa Cartae Caritatis* interdit formellement les coules fourrées à l'extérieur. Toutefois le capuchon devait être suffisamment large pour couvrir la tête et, si possible, le visage du moine lorsqu'il se tenait assis dans les latrines.

Dans les années 1130 et 1140, lorsque les cisterciens ont fondé des abbayes dans des régions très éloignées du berceau bourguignon, la tunique et la coule étaient en laine écrue et non teinte. La couleur de la laine dépendant de celle des moutons, l'habit ne devait pas être vraiment uniforme d'une région à une autre. En théorie, les cisterciens étaient les "moines blancs" qui "avaient en marchant l'éclat immaculé de la neige", pour reprendre les paroles de Walter Daniel, un moine de Rievaulx qui mourut en 1170. En pratique, les moines devaient rarement briller d'une telle blancheur et le surnom de moines "blanc cassé" aurait été plus juste, en raison de la couleur naturelle de la laine.

L'origine de cette pratique est incertaine. D'après la tradition cistercienne, elle remonterait à l'abbatiat d'Albéric, qui, nous dit-on, eut une vision de la Sainte Vierge lui posant le vêtement blanc sur les épaules. Réalité ou, plus probablement, légende ? En tout cas l'habit blanc ne semble pas s'être imposé d'emblée dans toutes les communautés de l'Ordre. Cette tradition cistercienne par excellence n'était pourtant pas une nouveauté ; dans certaines maisons pauvres de Cluny, comme à Bec en Normandie, les moines portaient déjà une coule non teinte au XIe siècle. Les illustrations les plus anciennes représentent les moines cisterciens en habit gris (peut-être parce que les moutons étaient grisés) ou brun. D'ailleurs, au cours du Moyen Age on les appelait moines blancs ou moines gris, selon l'époque et le lieu.

Le scapulaire était un long tablier noir dont les pans, devant comme derrière, arrivaient légèrement au-dessous du genou. Il servait à protéger la tunique lorsque le moine s'affairait aux travaux manuels, comme le dit la *Règle de saint Benoît* : "*scapulare propter opera*". En général, lorsque le travail avait lieu à l'extérieur, le scapulaire recouvrait la tunique ; pour d'autres occasions les moines le portaient avec la coule. La tunique, le scapulaire et la coule étaient tenus à la taille par une ceinture ou une bande d'étoffe (*cingulum*). La disposition de la ceinture (sur la tunique seulement, sur la tunique et le scapulaire ou sur les trois vêtements) était variable en fonction de l'époque, du lieu et des circonstances. Du temps de Bernard, le *cingulum* était probablement une simple corde, comme le montrent certains manuscrits anciens de Cîteaux. Au cours des siècles, cet élément se transforme et devient une ceinture en cuir plus sophistiquée. Les *Ecclesiastica officia* interdisent le *cingulum* lorsque le moine ne porte ni coule ni scapulaire.

Le port de la coule et du scapulaire risquait de gêner dans leurs activités certains membres de la communauté (copistes, celleriers, infirmiers et cuisiniers) ; s'il le jugeait nécessaire, l'abbé pouvait accorder une dispense, mais il le faisait rarement car, comme le précisent les *Ecclesiastica officia*, les moines devaient quitter le moins possible leur coule ou leur scapulaire.

Pour se protéger les pieds, les moines avaient des bas en laine et deux paires de chaussures, une pour le jour – des "bottes de travail" en quelque sorte – et une autre pour la nuit. On lit dans la *Summa Cartae Caritatis* que "les chaussures de jour doivent être en peau de vache"; il s'agit donc de bottes en cuir très solides, résistant aux travaux les plus pénibles. Les souliers de nuit devaient plutôt ressembler à des chaussons en feutre épais ou dans une matière similaire ; ils étaient plus confortables que les chaussures de jour, sans doute moins bruyants et pouvaient être chaussés dans l'infirmerie. La fourniture de chaussures spécifiques pour le jour et pour la nuit était une pratique à peu près commune à tous les ordres contemplatifs.

Les bottes de travail en cuir étaient parfois fabriquées sur place (aussi étrange que cela puisse paraître, l'abbaye de Rievaulx disposait à la fin du Moyen Age de tanneries dans les sous-sols du dortoir et du réfectoire) ou fournies par des professionnels laïques. C'est ainsi qu'à Meaux (dans le Yorkshire), Walter Cock, cordonnier de son état, approvisionnait l'abbaye en chaussures pour payer une partie de la rente des bâtiments qu'il louait à la communauté. Apparemment, cette pratique ne cessa de se répandre au cours du Moyen Age.

Comme la plupart des religieux à cette époque, les cisterciens dormaient tout habillés. La nuit ils n'ôtaient que leurs chaussures, les vêtements portés à l'extérieur et leur couteau (de peur de se blesser en dormant). Cela n'a rien de surprenant, car on trouve déjà ces prescriptions dans la *Règle de saint Benoît* et, ensuite, dans les coutumiers cisterciens qui précisent que le moine ne doit pas se coucher sans sa tunique, sa coule et ses bas.

Les informations dont nous disposons sur l'habit des moniales et des frères convers sont moins précises. Pour ce qui est des derniers, ils devaient former un tableau plus hétéroclite que les moines ; d'ailleurs les illustrations de l'époque représentent une variété de vêtements assez curieux. Les *Usus conversorum*, qui datent du milieu du XIIe siècle, parlent de cape, tunique, bas, bottes (chaussures de jour), chaussons (chaussures de nuit) et d'une sorte de petite coule couvrant les épaules et la poitrine. Bien entendu, l'habit pouvait varier en fonction du travail effectué par le frère convers, à condition que l'abbé donnât son autorisation ; par exemple, les forgerons étaient autorisés à porter une chemise. Il semble qu'à cette époque la coule et la cape des frères convers étaient d'une couleur plus foncée que celles des moines (gris foncé ou brun), distinction renforcée au cours des siècles suivants où le brun fut réservé aux frères convers et le blanc aux moines.

Comme dans les autres ordres, les moniales cisterciennes se caractérisaient par le port du voile : noir pour les religieuses professes et blanc pour les novices et les sœurs converses (pl.. 11 XIV A). Le voile était béni et remis aux moniales lorsqu'elles faisaient leur profession, c'était ce vêtement qui leur conférait le titre d'épouses du Christ. Tout comme les moines, les religieuses portaient une tunique en laine recouverte d'un scapulaire, selon les circonstances, mais elles n'avaient pas de coule, signe extérieur distinctif de leurs frères. Elles portaient en revanche un long manteau, ou cape, sur leur tunique, qui ressemblait à une coule sans capuchon. En 1715, et peut-être bien avant comme le montrent des miniatures du début du XVIe siècle, la coule devint obligatoire. Sa coupe pouvait varier légèrement (on pouvait l'ouvrir devant au lieu de l'enfiler par la tête, par exemple), mais dans tous les cas ses manches amples devaient toucher le sol, comme encore aujourd'hui.

Dans les premiers temps, les moniales travaillaient dans les champs, tout comme les hommes. Cependant, en 1184 le pape Lucius III rédigea une première série de bulles imposant une clôture plus stricte ; les activités des moniales se limitèrent donc progressivement aux bâtiments conventuels. En partie à cause de cette restriction, qui réduisait considérablement l'éventail des tâches, les sœurs cisterciennes adoptèrent certains usages des religieuses des autres ordres contemplatifs, comme celui de porter des vêtements plus mondains. Ainsi, en 1298 on interdit aux moniales de l'abbaye de Swine dans le Yorkshire, de porter de "larges colliers, des corsets et des chaussures à lacets". Ce problème n'était pas rare, même si les dimensions que prenaient ces déviations dépendaient de la richesse de la maison ou des cadeaux qui y étaient tolérés. Les premières générations de femmes cisterciennes qui travaillaient aux champs auraient sans aucun doute trouvé ridicules de tels atours. Il ne faut donc pas négliger le rôle joué dans ce domaine par le changement imposé dans les habitudes de travail. Des documents nous apprennent que parallèlement, à cette époque et par la suite, certains couvents étaient si pauvres que les moniales devaient mendier leur nourriture, mais il n'est pas fait mention des habits. Il fallut attendre les réformes du XVIIe siècle pour qu'au moins les principes de la *Règle de saint Benoît* relatifs aux vêtements fussent de nouveau appliqués aussi bien dans les communautés de femmes que chez les hommes.

Toujours selon les *Ecclesiastica officia*, le costume des novices était identique à celui des religieux, à l'exception de "l'habit monastique", c'est-à-dire de la coule. Celle-ci était remplacée par une cape et un manteau ou une pelisse. Ils devaient également avoir un capuchon, car lorsque Bernard était novice à Cîteaux, il se bouchait les oreilles sous son capuchon avec des tampons en étoupe (des fibres de chanvre de cordes usées), pour ne pas être dérangé par les visiteurs.

Nous ne savons pas au bout de combien de temps les prescriptions des *Ecclesiastica officia* furent abandonnées. L'évolution n'a pas été uniforme partout, les pratiques différant selon les abbayes et les pays, mais ce qui est certain c'est qu'à la fin du Moyen Age les règles strictes qui codifiaient l'habit cistercien n'étaient plus respectées. La coule prit de l'ampleur, ses manches devinrent plus longues et larges et son capuchon était souvent amovible. En 1487, le Chapitre Général invectiva contre les nouveautés introduites dans les coutumes vestimentaires : couleur, confection et coupe des coules, des scapulaires, des tuniques, des manteaux *et aliis huiusmodi*, ce qui semble englober pratiquement tout. Les efforts du Chapitre Général pour revenir à l'uniformité cistercienne restèrent cependant sans effet. Cet état de choses dura jusqu'aux réformes du XVIIe siècle. On vit alors resurgir de nouveau au Tart et à La Trappe l'austérité rigoureuse, interprétée parfois de façon personnelle, qui avait marqué les premiers siècles de l'Ordre.

Les membres de la communauté

L'objectif de la vie monastique étant la quête de Dieu, il était nécessaire de disposer d'une structure permettant de mettre en place les conditions favorables à cette recherche et notamment de définir le rôle de chacun des membres de la communauté. Un monastère médiéval était organisé comme un manoir, avec tous les devoirs et les responsabilités y afférents. Une complète autarcie était impossible, car aucune abbaye ne pouvait survivre sans entretenir quelques contacts avec le monde extérieur. Mais le degré d'implication dans le siècle était loin d'être identique pour tous les ordres et variait même d'un monastère à l'autre. Ainsi, certaines abbayes bénédictines, situées près des villes, ou à l'intérieur même de leurs enceintes, étaient très impliquées dans le monde civil et avaient une place importante dans la vie pastorale et dans l'enseignement. Les maisons cisterciennes étaient quant à elles éloignées des centres urbains, mais ne pouvaient pas se passer pour autant de contacts avec l'extérieur. Des recherches récentes montrent même que le rôle joué par les monastères cisterciens dans le domaine de la médecine a sans doute été bien plus important qu'on ne le pensait : soins donnés aux pauvres, aux malades, aux infirmes et aux vieillards dans les campagnes (nous y reviendrons dans le chapitre consacré à l'hôtellerie).

Tout au long des XIe et XIIe siècles la population monastique va considérablement augmenter, en raison de l'essor démographique que connaît l'Europe et de la vague de fondations de monastères. Les événements et les conditions locales étaient parfois à l'origine de ce phénomène, comme ce fut le cas dans les monastères bénédictins en Angleterre après la conquête normande en 1066, car c'était le seul refuge pour les nobles

expropriés. Dans d'autres cas, la personnalité charismatique d'un abbé attirait les vocations, comme Hugues à Cluny, Aelred à Rievaulx et Bernard à Clairvaux, et peut-être était-on moins exigeant sur les qualités et les véritables motivations des candidats à la vie monacale.

Dans les maisons bénédictines, il arrivait que les enfants offerts par leurs parents (les oblats ou *oblati*) représentassent une large proportion de la communauté monastique. D'autres ordres se montraient réticents à accepter ces jeunes recrues considérées comme gênantes. Au moins jusqu'à la fin du Moyen Age, les cisterciens refusaient en théorie leur admission. Vers 1134, le Chapitre Général décréta que les novices devaient être âgés de quinze ans au moins pour pouvoir entrer dans une abbaye, mais cette règle ne fut pas respectée bien longtemps. Ainsi le Chapitre Général de 1205 a cru bon de punir certains abbés de Friesland, dont il ne mentionne pas les noms, parce qu'ils dirigeaient une école pour des garçons âgés de moins de quinze ans. Par ailleurs, il était courant de trouver des écoles de jeunes filles dans les couvents de moniales cisterciennes, comme dans les couvents des autres ordres. Au XVe siècle la présence d'écoles de garçons dans les abbayes cisterciennes n'était pas rare, comme le montre l'exemple de la manécanterie actuelle de Zwettl en Autriche, dont l'histoire s'étend sur quelque quatre cents ans.

Cependant la plupart de ceux qui entraient dans les monastères cisterciens étaient des adultes et très souvent – mais il ne s'agit là que d'une généralité – ils étaient issus, sinon des couches les plus nanties de la société, du moins de familles relativement aisées. Si dans certaines régions, comme en Allemagne, on accordait une importance particulière à la naissance noble, le seul véritable critère pour pouvoir entrer dans la plupart des monastères était, aussi bien pour les hommes que pour les femmes, de disposer d'une sorte de dot.

Cette pratique n'était pas exempte de danger, en particulier pour les couvents – les femmes célibataires ne jouissant pas d'une grande considération – qui risquaient ainsi de devenir des endroitsoù se débarrasser d'adolescentes indésirables. S'il est vrai que les cisterciens ont eu moins à en pâtir que les bénédictins, par exemple, il n'empêche que cette tradition devait être pratiquée et qu'elle avait des répercussions négatives aussi bien sur la communauté que sur les individus qui devaient la subir.

Il semble également qu'aux XIIe et XIIIe siècles, la communauté monastique n'était composée que d'une minorité de moines ou de moniales, car si les cisterciens refusaient l'admission des jeunes gens, ils favorisaient largement l'entrée de frères convers.

Le statut de convers n'était pourtant pas une nouveauté – on en trouvait dans d'autres monastères – mais les cisterciens ont accordé aux frères convers une très grande importance. En ouvrant les portes de leurs monastères aux artisans et aux paysans et en leur permettant de participer réellement, quoique de façon limitée, à la *via angelica*, les cisterciens étoffaient leurs communautés tout en offrant à ces classes sociales une voie menant au paradis, à laquelle ils n'avaient pas eu accès jusque-là. C'était par le travail manuel que les frères convers barbus sacrifiaient leur vie à leur Créateur, la sanctifica-

tion du travail étant sans doute le trait le plus caractéristique de la spiritualité cistercienne à l'époque médiévale. Comment ne pas se remémorer l'*Exordium magnum* avec l'histoire de ce frère convers rêvant qu'il laboure un champ et qui s'aperçoit qu'il n'est pas seul : le Christ marche à ses côtés tenant dans sa main l'aiguillon pour faire avancer les bœufs.

Certes, nous ne pouvons pas oublier le revers de la médaille illustré par l'anecdote du dominicain Humbert de Romans : un frère convers voulait entrer dans un monastère, l'abbé devant qui il se prosternait lui demanda : "Que cherches-tu?". A la place de la réponse attendue, "La miséricorde de Dieu et de l'Ordre", le frère, oubliant les convenances et poussé par son honnêteté ou par la faim, répliqua : "Du pain blanc et souvent". En effet, la nourriture et la sécurité étaient souvent des motivations très fortes. D'ailleurs, les changements que connaîtra la société à la fin du XIIIe siècle feront reculer la pauvreté et l'insécurité et, du même coup, le nombre des vocations de frères convers ; nous examinerons de plus près cette question dans le chapitre consacré à l'aile occidentale.

Il ne fait aucun doute que dans les premiers temps de l'Ordre, l'extraordinaire aura charismatique du premier abbé de Clairvaux attira de nombreuses vocations et de qualité. Malgré la méfiance que montrait saint Bernard à l'égard des écoles et de la scolastique, une grande partie de l'élite cultivée afflua pour rejoindre le nouvel Ordre. Mais cet élan ne dura pas bien longtemps ; les ordres mendiants vont connaître, à partir du milieu du XIIIe siècle, un essor formidable, l'élite préférant alors les frères mendiants aux cisterciens.

3

I

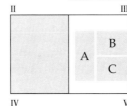

Clairvaux. Fontaine Saint-Bernard.

II III

Fontfroide. Le cloître
au cours d'un orage.

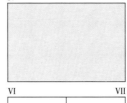

A. Kirkstall. Un égout
près de l'infirmerie.
B. Igny. Le système hydraulique
à l'ouest de l'abbaye.
C. Fontfroide. L'entrée du réseau
d'égouts souterrains.

IV V

Tintern. Vue des ruines de l'abbaye.
Au premier plan, l'égout
sous l'aile du réfectoire.

VI VII

Blandecques. Vue de l'abbaye
et de ses moulins, vers 1460.
Peinture sur papier (Bibliothèque
municipale de Saint-Omer, ms.1489).

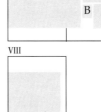

A. Reigny. Tuyaux de canalisation en pierre.
B. Alcobaça. AQUE : DUCTUS, inscription
gravée sur le mur nord de l'église désignant
l'emplacement des canalisations souterraines
(moulage). C. Fontfroide. Tunnel à proximité
de la sortie du réseau d'égouts souterrains.

VIII

Reigny. Système hydraulique.

Au Moyen Age, et jusqu'à la révolution industrielle, un monastère cistercien était responsable de ses terres, de ses animaux, des membres de sa communauté, de ses clients et dans une certaine mesure de la population de la campagne environnante. Que ce fût au XIIe siècle, dans une maison telle que Rievaulx dans le Yorkshire, qui comptait 120 moines et 500 convers et domestiques, ou au XVIe à Santa Fé en Aragon, avec 29 moines et 16 convers, le principal problème restait le même : comment administrer au mieux un domaine monastique et comment arriver à concilier une vie de prière consacrée à Dieu avec la gestion d'une vaste et complexe entreprise économique ? Nous allons tenter de répondre à ces questions en passant en revue les membres du monastère et en étudiant les fonctions de ceux qui exerçaient le pouvoir.

Tout d'abord il fallait mettre en place une organisation administrative efficace et complète. A l'instar de n'importe quel manoir médiéval, un monastère devait assurer l'administration générale, la gestion des biens, la division des tâches, la main-d'œuvre pour les gros travaux, le ravitaillement en nourriture et en boisson, les soins médicaux et un conseil juridique. Tout en haut de la pyramide ecclésiastique, se trouvait l'**abbé**, qui correspondait au seigneur du manoir. Il tenait dans le monastère la place du Christ – une lourde responsabilité – et la *Règle de saint Benoît* le décrit comme un personnage idéal doué d'une piété quasi surnaturelle. C'est le père (*abba*/*abbas*) du monastère, ses pouvoirs n'étant limités que par la *Règle*, les usages, les statuts et sa propre conscience. Toujours

selon la *Règle*, l'abbé doit être élu d'après le mérite de sa vie et la sagesse de sa doctrine. En théorie, il était élu à vie, même s'il pouvait démissionner sans être pour autant déshonoré. L'histoire est pleine d'excellents abbés qui suivirent les règles ainsi que la *Règle*, mais dès que l'homme exerce un certain pouvoir, il peut être tenté d'en abuser. Certains abbés cisterciens tombèrent également dans ce piège, ce qui est d'autant moins étonnant si l'on tient compte de la simonie et de la corruption qui rongeaient l'Eglise pendant le Moyen Age et la Renaissance.

Dans les maisons bénédictines, l'autorité de l'abbé était réellement absolue, alors qu'elle était quelque peu limitée chez les cisterciens, en particulier dans le domaine financier. Partant du constat que les abbés ne possédaient pas tous les mêmes compétences en matière de finances – les exemples de grandes abbayes disposant de nombreuses ressources mais croulant sous les dettes n'étaient en effet pas rares –, le pape cistercien Benoît XII (qui avait été moine à Fontfroide) promulgua sa constitution *Fulgens sicut stella*, plus connue sous le nom de *Benedictina*, qui établit une série de contrôles sur les affaires financières des abbayes, les décisions les plus importantes revenant en dernière instance au Saint-Siège. En outre, lorsqu'une transaction financière devait être soumise au consentement de la communauté, le document correspondant devait porter le sceau officiel du monastère. La *Benedictina* impliquait donc la présence d'un **trésorier**, sorte de comptable monastique, chargé de consigner les revenus et les dépenses de l'abbaye et d'établir un bilan financier annuel.

C'était également lui qui assurait la collecte des rentes du monastère lorsque cette tâche n'était pas confiée à d'autres officiers, voire à un administrateur séculier (les pratiques dépendaient de l'époque et du lieu).

De par leurs devoirs, les abbés avaient de nombreuses responsabilités féodales et étaient très impliqués dans les affaires du siècle, surtout juridiques, dont la complexité ne fit que croître à mesure que l'on approchait de la Renaissance. Ce fardeau était d'autant plus lourd que les abbés devaient visiter une fois par an leurs maisons-filles, lesquelles pouvaient être très nombreuses. Certes ce principe, reflet de l'administration centralisée de l'Ordre, était tout à fait sensé mais pratiquement irréalisable ; par exemple, l'abbé de Clairvaux aurait dû s'absenter une grande partie de l'année pour pouvoir visiter toutes ses maisons-filles (plus de 80). Lorsque le nombre de visites annuelles était excessif, l'abbé déléguait son pouvoir ou bien les différait. Accablés de responsabilités – séculières, ecclésiastiques et monastiques –, la plupart des abbés n'avaient tout simplement pas le temps d'administrer leur propre abbaye comme il convenait et se voyaient dans l'obligation de confier cette tâche à leur adjoint, le prieur.

Par définition, le **prieur** occupait le premier rang (*prior*) parmi les frères. Il était, avec le sous-prieur et le chantre, nommé par l'abbé. Sa principale responsabilité consistait à maintenir l'ordre et la discipline, tant physiques que spirituels, mais sans jamais aller à l'encontre de la volonté et des règlements de l'abbé, "car plus il est élevé au-dessus des autres, plus il doit soigneusement observer les préceptes de la *Règle* " (chap.

65, verset 17). Si saint Benoît insiste sur ce point, c'est qu'il pense qu'il s'agit d'une charge délicate, car le prieur pourrait être tenté d'en tirer de l'orgueil et de se prendre pour un second abbé.

Le prieur ne jouissait pourtant pas d'une position enviable ; il n'était plus tout à fait un simple moine, sans être pour autant un abbé, ce qui ne facilitait pas sa tâche, car comment arriver à maintenir l'ordre et la discipline sans disposer de l'autorité nécessaire ? D'après les *Ecclesiastica officia*, le prieur doit parler peu lorsque l'abbé s'absente et encore moins lorsqu'il est présent. Toutefois, dans la pratique il deviendra l'administrateur principal du monastère, remplaçant l'abbé de plus en plus pris par les affaires du monde et les visites annuelles. Si le prieur venait à s'absenter à son tour, ses responsabilités retombaient sur les épaules du sous-prieur, qui remplissait déjà des devoirs liturgiques et para-liturgiques.

Cependant la charge la plus exigeante et comportant le plus de responsabilités, après celle de l'abbé, n'était pas celle du prieur, malgré sa position officielle de commandant en second, mais revenait à celui qu'on appelait parfois "le deuxième père de la maison", c'est-à-dire le cellérier.

Pour reprendre les paroles de saint Benoît, le **cellérier** doit être "sage, d'un caractère mûr, sobre, qui ne soit pas grand mangeur, ni hautain, ni turbulent, ni porté à l'injure, ni lent, ni prodigue, mais craignant Dieu et qui soit comme un père pour toute la communauté". Quant à ses devoirs, "qu'il prenne soin de tout", nous dit Benoît. Après la lecture attentive du chapitre 31 de la *Règle*, force est de constater qu'aucun homme sain d'esprit ne devait prétendre à ce poste, car les exigences, sur le plan moral et pratique, étaient littéralement effrayantes.

Le cellérier était l'intendant général, l'économe de l'abbaye. Etaient sous sa responsabilité le ravitaillement en nourriture, en boisson et en combustible, ainsi que tous les autres besoins courants de la communauté. Il surveillait également tous les établissements de production : moulins, boulangeries, brasseries, granges, etc. Il était responsable de tout le matériel et de tous les ustensiles du cellier, de la cuisine et du réfectoire des moines, des convers et des hôtes, malades ou bien portants. Il devait fournir, en outre, tous les matériaux nécessaires à l'entretien et à la réparation des bâtiments conventuels. Il représentait également le principal moyen de communication avec l'extérieur : "Le cellérier peut parler à tout le monde, excepté aux moines et aux novices de notre Ordre", nous disent les *Ecclesiastica officia*.

Dans la pratique, il était l'administrateur général des vastes domaines agricoles et des troupeaux de moutons que possédaient certaines abbayes. Certes, il avait à son service de nombreux assistants – le sous-cellérier, l'hôtelier, des comptables, des frères convers, un maître des granges ou *grangiarius* et d'autres officiers chargés de tâches plus spécifiques dans la cuisine, le réfectoire et dans d'autres bâtiments du monastère –, mais la responsabilité de la gestion revenait au cellérier. Son incompétence aurait été catastrophique pour toute la communauté.

Si le cellérier s'occupait du fonctionnement matériel du monastère, le **sacristain** était quant à lui chargé de veiller au bon déroulement des activités ecclésiastiques. Son fief était l'église ; il était responsable de l'entretien quotidien et de la réparation du bâtiment, ainsi que du mobilier et des installations, et devait également approvisionner l'église avec tout le nécessaire. Il avait sous sa responsabilité les châsses, reliquaires, vases sacrés et le trésor, dont il devait assurer la sécurité. A mesure que les monastères s'agrandissent et s'enrichissent, le sacristain aura des responsabilités toujours plus importantes. Il était aidé, comme le cellérier, par de nombreux assistants, mais là encore si des voleurs rentraient dans l'église pour y dérober les calices, c'était le sacristain le fautif, car c'était lui qui était chargé d'ouvrir, de fermer et de verrouiller les portes de l'église.

Le sacristain s'occupait également de tâches moins "sacrées", comme d'entretenir l'horloge du monastère – horloge à eau, d'abord, puis mécanique, à partir du XIVe siècle – et de sonner l'heure des offices de la journée monastique. Il allumait les lampes du dortoir et de l'église, pour l'office de nuit. Chargé de veiller à ce que tous les moines fussent bien réveillés et présents dans l'église, le sacristain devait également s'assurer que les vêtements, les nappes d'autel, les vases et les cierges correspondaient au calendrier ecclésiastique (les dépenses de cire et de cierges ont toujours représenté un poste très lourd dans les comptes du sacristain) ; la fabrication des hosties était également de son ressort. Il s'occupait par ailleurs du cimetière et des préparatifs funéraires lorsqu'un moine décédait.

Ainsi, pratiquement tout ce qui se trouvait dans l'église était sous la responsabilité du sacristain, à l'exception des livres, domaine réservé au **chantre** ou **préchantre**. Tous les offices étant chantés ou psalmodiés, une des principales fonctions du préchantre était d'officier comme maître de chœur et de diriger les répétitions. C'était lui qui faisait répéter les lecteurs du chœur et du réfectoire et qui choisissait les antiennes appropriées. Il vérifiait l'exactitude des livres liturgiques, corrigeait les éventuelles erreurs et gardait les livres en bon état. Assisté du **sous-chantre** (*succentor*), il organisait et supervisait les processions dans l'église et dans le cloître. Avec le temps, le préchantre va assumer tout naturellement la fonction de **bibliothécaire** (*armarius*).

Au début les seuls livres que devait posséder un monastère étaient ceux indispensables au chant de l'office divin – missel, évangéliaire, épistolier, collectaire, graduel, antiphonaire, hymnaire, psautier, etc. –, ces livres liturgiques étant bien entendu sous la responsabilité du chantre. Puis les bibliothèques cisterciennes prirent de l'importance, car elles devaient offrir des ouvrages destinés à la *lectio divina* et à l'étude théologique. Ce développement fut accompagné d'un surcroît de travail pour le chantre. A partir du XVe siècle, un bibliothécaire à plein temps s'avérait nécessaire, étant donné la taille de la plupart des bibliothèques cisterciennes. Cependant, l'entretien des livres et du *scriptorium* (y compris la fourniture de parchemin, d'encre, de plumes, etc.) restèrent pendant très longtemps, et dans la plupart des monastères, à la charge du chantre.

Aucun établissement cistercien, même la maison la plus reculée, n'était complètement coupé du monde. Le devoir d'hospitalité jouait un rôle majeur ; la *Règle de saint Benoît* ne dit-elle pas "on recevra comme le Christ lui-même tous les hôtes qui surviendront"? Encore au XIXe siècle, l'hôtelier de La Trappe devait se prosterner devant les visiteurs comme il l'aurait fait devant le Seigneur. La *Règle* insiste tout particulièrement sur la façon de recevoir les pauvres et les pèlerins (il ne faut pas oublier que certains monastères cisterciens étaient de grands centres de pèlerinage, comme par exemple Hailes) : "On recevra avec une sollicitude et un soin particuliers les pauvres et les voyageurs étrangers, parce que c'est principalement en leur personne qu'on reçoit le Christ". Les *Ecclesiastica officia* décrivent de façon détaillée comment on doit accueillir les hôtes et les introduire dans le monastère.

L'officier chargé de cette fonction était l'**hôtelier** (*hospitalis*), qui dépendait en général du cellérier. Il devait prendre toutes les dispositions nécessaires concernant les lits, le linge, les chaises, les tables, les serviettes, les chopes, la vaisselle, les couverts, le combustible, la nourriture et la boisson destinés aux hôtes. Il devait également s'assurer que ces derniers fussent vêtus convenablement, qu'ils respectassent le plus possible le silence et qu'ils agissent selon les normes de la décence et de la bienséance. D'un point de vue spirituel, ce poste n'était pas de tout repos, car il impliquait de nombreux contacts avec le monde extérieur et ne convenait donc pas à tous les moines. Qui plus est, l'hôtelier, qui ne pouvait prévoir l'arrivée des visiteurs, était dispensé de la plupart des offices et des devoirs monastiques ordinaires, comme les autres principaux officiers (prieur, cellérier, sacristain, chantre, portier, infirmier, maître des novices et, plus rarement, réfectorier et maître des granges).

Mais avant de pouvoir entrer dans l'abbaye, les hôtes devaient être admis par le **portier** (*portarius*), chargé de garder le grand portail et l'enceinte du monastère. Il prenait son poste après les laudes, c'est-à-dire dès le lever du soleil. Lorsqu'un visiteur frappait à la porte, le portier répondait "Deo gratias", puis il ouvrait la porte, disait "Benedicite" et interrogeait le visiteur. Si la réponse était satisfaisante, le portier faisait une génuflexion et invitait le visiteur à entrer dans le monastère. Les femmes, ainsi que les hommes qui étaient accompagnés de femmes, ne pouvaient être reçus, mais on leur servait à manger à l'extérieur des murs de l'abbaye. Le portier travaillait en tunique et scapulaire ; lorsque la cloche sonnait les heures, il mettait sa coule et restait à son poste, dans une attitude respectueuse, pendant toute la durée de l'office "se tenant, autant que possible, comme les frères dans l'église".

Les visiteurs n'étaient pas toujours bien portants, la pauvreté et la maladie étant de sombres compagnons bien trop habituels. Ceux qui venaient demander de l'aide ou des soins étaient confiés à l'**infirmier** (*infirmarius*). Les abbayes cisterciennes disposaient souvent de trois infirmeries, une pour les moines, une autre pour les frères convers et la troisième pour les hôtes, toutes trois sous la responsabilité de l'infirmier.

Dans la *Règle de saint Benoît*, les malades tiennent une grande place, car on doit les servir, de même que les hôtes, comme s'ils étaient le Christ. L'infirmier était responsable de la pharmacopée du monastère et du jardin des simples et des plantes médicinales. Si au début il était tenu de dormir dans le dortoir commun, très vite il disposa d'une chambre à part dans l'infirmerie des moines, évolution logique et tout à fait sensée. Au XIIe siècle l'infirmier devait également remettre tous les livres traitant de médecine dans l'*armarium* du cloître avant l'heure des complies. Cette pratique fut rapidement abandonnée à son tour, au profit d'une petite bibliothèque réservée à l'infirmier et située dans sa chambre.

Le dernier officier mentionné dans les *Ecclesiastica officia* est le **maître des novices** (*magister novitiorum*), qui semble avoir rempli les fonctions de maître d'école, de directeur spirituel, de "nounou" et de gouvernante, tout en faisant régner la plus grande discipline. "Il doit enseigner aux novices leurs devoirs, les réveiller à l'église et, lorsqu'ils auront été négligents, les corriger (autant que possible) par une parole ou un signe." Le maître des novices surveillait leurs études, car, bien que les novices âgés de moins de quinze ans ne fussent pas admis, beaucoup d'entre eux étaient pratiquement analphabètes et devaient apprendre le latin. Dans le dortoir, il dormait à côté de ses jeunes élèves. Seul un frère digne de confiance, intègre, ouvert et doté d'une patience infinie pouvait prétendre à un tel poste.

Etant donné le nombre d'officiers et, surtout, de leurs adjoints et assistants, dans les petites abbayes pratiquement tous les moines devaient avoir une charge.

Comme nous venons de le voir le monastère constituait un microcosme où l'on retrouvait les structures et les problèmes du monde extérieur, mais amplifiés, comme à travers une loupe. Ce monde clos était en outre caractérisé, en théorie tout du moins, par un élan vertical omniprésent. Il est vrai – et les Pères cisterciens ont suffisamment insisté sur ce point – qu'on ne peut aimer Dieu si on n'aime son prochain, mais l'amour de Dieu, à travers son Fils incarné et par la grâce et l'amour du Saint-Esprit, doit passer avant tout le reste. Si cet idéal ne transparaît pas toujours dans les relations humaines, par nature imparfaites, à l'intérieur de la clôture, il anime l'architecture de l'abbaye, car la dévotion cistercienne s'exprime pleinement dans la pierre. Nous allons donc maintenant porter nos regards vers l'architecture cistercienne et les différentes manifestations formelles de cette dévotion.

4

Vivre dans une vallée de larmes

Au début du XIIe siècle, aucune terre en Bourgogne n'était sans propriétaire. Renaud, vicomte de Beaune, n'a consenti à donner l'emplacement de Cîteaux pour le nouveau monastère qu'après négociation, démarche qui illustre, entre autres, le profond désir de réforme de saint Robert et les moyens employés pour atteindre cet objectif. Les nouvelles fondations qui virent le jour dans les années suivantes furent accompagnées à chaque fois par une série de négociations dont le but était d'obtenir un endroit, bien entendu, mais entouré d'un domaine répondant à tous les besoins de la vie monastique: terres, bois, moulins, carrières, etc. Il ne faudrait pas croire que ces paysages paradisiaques et pittoresques, qui font aujourd'hui l'admiration des visiteurs, étaient à l'origine des jardins d'Eden qui n'attendaient que l'arrivée des moines. L'homme moderne, prisonnier de la culture urbaine, aurait plutôt tendance à idéaliser exagérément ce tableau.

Les sites cisterciens

Bernardus valles,
colles Benedictus amabat,
Franciscus vicos,
magnas Dominicus urbes.
Bernard aimait les vallées,
Benoît les collines,
François les bourgs,
Dominique les grandes villes.

Les cisterciens ont souvent implanté leurs monastères dans des vallées (pl. 3 I, 4 I-XVI),

comme nous le rappelle ce vieux dicton : Mais les raisons qui ont motivé ce choix sont loin d'être simples. Par bien des aspects, ce type d'emplacement n'offrait pas un cadre de vie idéal (caractéristiques inhérentes au site, conditions locales ou mentalité de l'époque). Les risques d'inondation, les lits tortueux des rivières, les fortes variations de régime, autant de conditions qui ne facilitaient pas la tâche des moines. Pour transformer les vallées en ces terres fertiles et prospères qui firent leur renom, les cisterciens ont dû les drainer et les amender, construire des digues, creuser des canaux, déplacer le lit des rivières, dévier les crues et inventer des stratagèmes de toutes sortes afin de rendre le site habitable.

Lorsque l'endroit, en dépit de tous les efforts, était vraiment trop humide, ou trop sec, ou impraticable pour une raison quelconque, la communauté allait s'installer ailleurs. Ces exemples sont innombrables ; il serait d'ailleurs moins long de citer les communautés qui sont restées sur leur premier site que d'énumérer toutes celles qui ont été contraintes d'en changer (parfois à plusieurs reprises). Le premier nom de cette longue liste serait Cîteaux, dont les moines quittèrent l'emplacement choisi au départ à La Forgeotte pour s'installer un peu plus au sud, à environ deux kilomètres. Là, une petite église en pierre fut consacrée en 1106, puis l'ensemble des bâtiments de l'abbaye fut construit à la génération suivante et la communauté ne quitta plus les lieux jusqu'à la Révolution. La plupart des bâtiments médiévaux ont été détruits au XIXᵉ siècle, mais Cîteaux fut racheté en 1898 par l'Ordre Cistercien de la Stricte Observance qui y implanta une communauté, toujours présente à l'heure actuelle. La Forgeotte ne fut pas abandonnée pour autant et, à défaut d'être le centre de l'abbaye, elle fut transformée en grange. Il faudrait plusieurs pages pour énumérer tous les monastères qui ont suivi ce schéma, c'est-à-dire déplacements successifs en raison de l'inadéquation du premier site et transformation de celui-là en grange. Si l'aménagement des vallées comportait tant de problèmes, et en particulier celui de l'apprivoisement de l'eau, pourquoi les cisterciens sont-ils venus s'y installer ?

A l'instar des fleuves qui séparent les pays, les rivières qui coulent près des plus anciennes abbayes constituaient souvent des frontières politiques ou ecclésiastiques. Dans certains cas, elles délimitaient un territoire "neutre" où les nobles guerriers des deux rives faisaient la trêve mais qui, par sa position stratégique, ne convenait pas à un usage domestique. Ces terres, qui appartenaient de droit à des hommes de haute naissance, restaient en fait des *no man's land* tant que subsistaient des risques de conflit. La donation aux cisterciens d'un site près d'une rivière, placé sur une frontière politique sensible, était peut-être un acte tout aussi stratégique que pieux, en dépit des motifs invoqués dans les chartes ou dans les histoires postérieures. La plupart de ces terres improductives étaient transformées en un établissement fertile et prospère qui devenait en outre (du moins au début) une zone tampon permettant d'éviter d'éventuels conflits.

La deuxième maison-fille de Cîteaux, Pontigny, illustre parfaitement cette situation. Elle fut fondée à la frontière de la Champagne et de la Bourgogne, à l'intersection de trois comtés et de trois évêchés. Si Guillaume III, comte d'Auxerre, Nevers et Tonnerre, donna au départ son approbation pour que l'abbaye fût fondée sur des terres appartenant à sa juridiction, quelque vingt-cinq ans plus tard, le bienfaiteur de la construction fut son vieil ennemi Thibaut, comte de Champagne, qui avait retenu Guillaume prisonnier pendant sept mois en 1115, puis de nouveau en 1130. Rien d'étonnant si, une fois établis, les moines traversèrent la rivière pour aller demander une aide financière à Thibaut afin de construire une immense et splendide abbaye, située tout de même dans le comté de Guillaume. Margam, dans le sud du pays de Galles, occupait également une position stratégique entre la seigneurie normande de Kenfig et le territoire gallois d'Afan. De même, Robert Fitz Harold d'Ewyas invita les moines de Morimond à s'installer à Dore dans le Herefordshire, sur la frontière galloise. On trouve maints exemples de fondations établies à la limite de diocèses ou de comtés.

Les conceptions médiévales en matière de santé et de géographie ont peut-être aussi contribué à rendre les vallons peu attrayants et, donc, disponibles. La médecine – suivant en cela la doctrine du médecin grec Galien, fondement de la médecine de la basse Antiquité jusqu'à la Renaissance – affirmait que l'air stagnant des vallées encaissées et l'air vicié des vapeurs et des brumes méphitiques qu'exhalaient les rivières et les marais rendaient ces lieux insalubres et qu'il fallait donc s'en écarter. Les descriptions détaillées de sites cisterciens font parfois penser à Galien et à sa liste de risques pour la santé. Mais ces vallées constituaient aussi des ensembles naturels fermés, ce dont on a précisément besoin pour la vie monastique.

On l'a vu, ces endroits ne ressemblaient pas au paradis, mais ils n'étaient pas pour autant l'antichambre de l'enfer. Au début du XXe siècle, un grand nombre d'auteurs ont écrit que les moines cisterciens avaient recherché délibérément des emplacements malsains pour fonder leurs abbayes. Des études plus récentes – en particulier celles du moine archéologue M.-Anselme Dimier [1] – ont montré que cette interprétation erronée découlait des conceptions ascétiques du XVIIe (poussées à leur point extrême aux XVIIIe et XIXe siècles) et qu'elle ne traduit ni la mentalité ni les pratiques des cisterciens du Moyen Age. L'aménagement, l'inventivité et le dur labeur ont transformé beaucoup de "sites vaporeux" (et d'autres lieux encore moins accueillants) en des domaines habitables et même enviables. Par contre, lorsque ce travail était matériellement impossible, lorsque l'endroit était vraiment insalubre, les moines n'hésitaient pas à le quitter, comme le prouve un statut édicté en 1262 par le Chapitre Général : la communauté de Franquevaux, dans le Midi de la France, fut contrainte de se déplacer parce que, dit le texte, l'air y était trop malsain. Comme le fait remarquer le père Dimier, quel sens auraient eu les aspersions hebdomadaires d'eau bénite dans tout le monastère – pratique déjà en vigueur au XIIe siècle – si les cisterciens avaient délibérément recherché les sites insalubres ?

Dans la prière d'exorcisme récitée au cours de cette cérémonie, on demande que tous les endroits aspergés d'eau (à savoir, l'église, le chapitre, le parloir, le dortoir, les latrines, le chauffoir, le réfectoire, la cuisine et le cellier) soient débarrassés de l'air impur et de tout ce qui pourrait porter atteinte à la santé et à la tranquillité de leurs habitants. On voit que ces deux aspects étaient essentiels.

L'*Exordium Cîstercii,* un des documents les plus anciens de l'Ordre, a peut-être contribué (par association ou par extrapolation) à alimenter ce mythe. Il est dit dans ce texte que lorsque Robert et ses vingt-et-un compagnons quittèrent Molesmes et arrivèrent à leur nouvelle maison, Cîteaux leur apparut comme un "lieu d'horreur et une vaste solitude" et qu'ils entreprirent de "transformer la solitude qu'ils avaient trouvée en une abbaye". L'image des moines domestiquant une nature abandonnée de Dieu est devenue pour tous les autres sites cisterciens un cliché qui a fortement teinté la compréhension de la nature des fondations. En réalité, l'horrible et vaste solitude fait référence au cantique de Moïse dans le Deutéronome (32,10) et ne saurait être prise au pied de la lettre ; les écrits du Moyen Age sont d'ailleurs remplis d'allusions bibliques, comme la plupart des créations artistiques de l'époque. Un vallon à peine habité, situé dans une région exposée aux hordes de barbares, pouvait être considérée comme une "horrible solitude" par les dirigeants et la possibilité d'y établir un monastère vue d'un assez bon œil par tout le monde. Mais une vaste et sauvage solitude n'était en aucun cas un critère pour choisir un site. Avant de pouvoir commencer une fondation, l'emplacement devait bénéficier de

1. M.-A. Dimier, "Encore les emplacements malsains", *Revue du Moyen-Age latin,* t. IV, p. 60-62. Repris dans *Mélanges Anselme Dimier,* t. I, vol. 2, p. 545-546.

l'approbation de l'abbé qui envoyait la nouvelle communauté. Comme le montre le nombre de déplacements, les problèmes compromettant la viabilité du site à long terme ne pouvaient pas toujours être détectés lors d'une première inspection et n'étaient mis en évidence qu'une fois la communauté installée. Il arrive également qu'on déplace des agglomérations existantes (des fermes, des hameaux, voire des villages) afin de disposer d'un terrain suffisamment grand pour une abbaye.

Toutes ces observations donnent une idée du processus complexe qu'était l'établissement d'un nouveau monastère et qu'on a du mal à imaginer lorsqu'on lit dans les guides touristiques la phrase classique "les moines arrivèrent et s'installèrent dans la vallée". Les choses n'étaient pas aussi simples ; dès le début du projet, il fallait entreprendre nombre de travaux et de démarches. La diversité des motivations des donateurs est elle-même le reflet d'une réalité complexe. Le succès d'une fondation cistercienne résidait dans un savant mélange fait de piété, de politique et de pragmatisme. Au XIIe siècle, la richesse, bien que considérée comme désirable, n'était pas encore devenue une religion et l'immense majorité des gens croyaient qu'ils auraient tôt ou tard à rendre compte de leurs actions. C'est cette conception du monde qui permet le mieux de comprendre ce qu'étaient les monastères, c'est-à-dire une sorte de relais métaphorique entre terre et ciel. Et ces deux pôles (matériel et spirituel) devaient participer énergiquement à son établissement pour qu'il fût réussi. Il en va de même pour ce qui est de la tension permanente entre piété, politique

et pragmatisme ; les composants de ce triangle, qui ne cessaient d'évoluer, devaient être maintenus en équilibre dès le début pour permettre l'implantation du monastère et, par la suite, pour assurer sa survie.

Si nous reprenons l'image de l'abbaye comme point de rencontre entre le ciel et la terre, force est de constater que les bénédictins avaient déjà accaparé les meilleurs endroits. Il suffit d'évoquer des sites spectaculaires comme le Mont-Saint-Michel, Saint-Michel-d'Aiguille au Puy-en-Velay, Saint-Martin-du-Canigou ou la Madeleine de Vézelay, qui semblent défier les hommes du haut de leur sommet.

Rien ne permet de penser que Robert de Molesmes ait pensé aux vallées lors de l'installation de la nouvelle communauté dans la plaine marécageuse de Cîteaux. Les travaux de Jean-Baptiste Auberger montrent au contraire une certaine diversité dans le choix des sites des monastères fondés entre 1123 et 1133, avec toutefois une prédominance des vallons pour la lignée de Clairvaux [1]. S'agit-il d'un hasard ou bien les vallées étaient-elles considérées comme des endroits plus humbles ? Auberger opte pour la seconde hypothèse en se fondant sur les écrits de Bernard. Cependant, comme ces textes sont tous postérieurs à la fondation de Clairvaux dans le Val d'Absinthe (1115), le problème demeure. Bernard a-t-il choisi le site pour son symbolisme ou a-t-il construit ses théories *a posteriori* ? Question insoluble dans la mesure où l'homme est porté à attacher un sens aux objets qui l'environnent mais également à créer de nouveaux supports pour les symboles élaborés par sa pensée.

Quoi qu'il en soit, les cisterciens ont toujours été étroitement liés aux vallées. Il

1. Jean-Baptiste Auberger, *L'Unanimité cistercienne primitive : Mythe ou réalité ?*, Achel, 1986.

suffit de se pencher sur la toponymie des abbayes pour s'en convaincre. Certains noms décrivent la vallée même (Schönthal, Clairvaux, Bellevaux, Droiteval, Valmagne, Chiaravalle, Orval, Rosental, Vale Royal, Vallbona…). D'autres évoquent l'eau vive des sources (Fountains, Acquafredda, Font-Vive, Clairefontaine, Fontfroide, Fontevivo, Königsbronn, Sept-Fons…) ou bien un environnement aquatique (Noirlac, Aigue-belle, Les Isles, Moulins, Longpont, Robertsbridge…). Quelques-uns enfin reprennent le nom de cours d'eau baignant le site, comme Alcobaça qui se trouve près des rivières Alcoa et Baça.

Il est possible, et même probable, que le milieu naturel dans lequel habite l'homme influe sur sa psychologie et sa perception du monde. Les sites perchés au sommet d'une colline sont, même s'ils ne sont pas spectaculaires, au moins source permanente d'émerveillement ; les habitants du lieu sont contraints de porter leur regard au dehors, en bas, vers les terres et les voisins qui sont à leurs pieds, dans un mouvement "d'extériorisation". En revanche, dans certaines vallées cisterciennes, en hiver le soleil n'émerge de derrière les montagnes que très tard dans la matinée et disparaît très tôt dans l'après-midi, ses rayons touchant à peine la cour du cloître. L'esprit se tourne alors vers l'intérieur et – plutôt que de s'abaisser vers l'extérieur – s'élève dans un mouvement "d'intériorisation". Ainsi le paysage a peut-être d'abord joué un rôle dans la formation de la spiritualité du nouvel Ordre, car c'est ce même effet d'intériorisation qui a été recherché dans l'architecture, comme nous le verrons dans la suite de cet ouvrage.

L'apprivoisement de l'eau

L'apprivoisement de l'eau est une des principales préoccupations des habitants de la vallée, car c'est la topographie du lieu qui joue un rôle important dans les décisions architecturales. Traditionnellement, l'église devait être élevée sur le point le plus haut et orientée (l'autel dirigé vers l'est). On pourrait donc penser que l'aménagement du site – conçu pour des moines dont la principale activité était la prière – était subordonné avant tout à ces critères. Ce n'est pourtant pas le cas. La largeur de la vallée ainsi que l'orientation et le débit de la rivière étaient de toute première importance, car s'il est vrai que l'eau est un élément indispensable à la vie, une crue soudaine et rapide pouvait être fatale pour les moines, dont la plupart ne savaient pas nager.

Les besoins en eau étaient essentiellement de trois types : domestique, liturgique et industriel. L'eau à usage domestique servait à cuisiner, à nettoyer, à diluer l'encre, ainsi que pour des besoins hygiéniques comme la toilette, la lessive, le rasage, la tonsure, les latrines et le soin des malades à l'infirmerie. Dans la liturgie, on l'utilisait pour les ablutions, l'eau bénite et le *mandatum* (ou lavement des pieds) hebdomadaire. Pour tous ces usages, l'eau était fournie par le lavabo du cloître. Les applications industrielles concernaient principalement les moulins et les forges, dont le mécanisme était actionné par l'eau d'un bief ou directement par la rivière (pl. 3 VI). En agriculture, base de l'économie de la plupart des établissements cisterciens, l'eau était également omniprésente (irrigation, drainage, abreuvement des bêtes). Enfin la pisciculture, qui représentait une part non négligeable des activités de l'abbaye, fournissait une des bases de l'alimentation monastique et certaines abbayes construisaient de vastes systèmes de viviers pour répondre à ces besoins (pl. 4 III B).

Pour faire face à tous ces besoins, les monastères cisterciens disposaient de deux systèmes de distribution de l'eau. Le "système externe" utilisait directement l'eau de la rivière la plus proche. Celle-ci, retenue en général par une digue puis canalisée, fournissait l'énergie hydraulique aux moulins et aux forges. Elle était ensuite utilisée pour l'évacuation des déchets par l'intermédiaire d'égouts souterrains construits tout autour de l'abbaye (pl. 3 III A-C, IV-V, VII C) – certains ont imaginé que ce réseau de canalisations aurait constitué, lorsqu'il n'était plus en fonctionnement, un système de passages secrets. Le "système interne" alimentait l'abbaye en eau pure ; l'eau, en provenance d'une source située plus haut, arrivait sous pression en passant par un système de conduites relativement élaboré (pl. 3 VII A). Par ailleurs, les moines, confrontés à des conditions locales défavorables telles que les marais ou des pluies torrentielles, ont fait de nécessité vertu en mettant au profit de la vie communautaire une nature hostile.

A l'heure actuelle, la végétation, l'érosion ou les réfections ne permettent plus de connaître les secrets des systèmes de distribution de l'eau de la plupart des abbayes médiévales. Les rivières, quant à elles, ont souvent été plus ou moins modifiées afin de réguler le système externe (pl.. 3 VIII). Lorsque la vallée était suffisamment large,

la rivière pouvait être endiguée et son lit déplacé, même si elle était profonde ou son niveau très fluctuant, afin de disposer d'une zone constructible plus étendue. Avant d'entreprendre la construction des bâtiments de l'abbaye de Fountains dans le Yorkshire, on commença par dévier la rivière Skell d'environ 26 mètres vers le sud, puis l'ancien lit fut maçonné et transformé en égout pour évacuer les latrines. Parfois au lieu de dévier le cours d'eau, on perçait un canal permettant une adduction constante et régulière. A Obazine dans le Limousin, ce système comprenait des canaux en surplomb creusés dans le roc qui conduisaient l'eau jusqu'au monastère. A l'abbaye de Walkenried, située dans le massif du Harz en Allemagne, l'eau était purifiée dans des cuves de décantation en pierre remplies de sable et de gravier, avant de passer dans le canal souterrain et le système de conduites qui l'amenaient jusqu'au cloître. En Pologne, les moines de l'abbaye de Pelplin ont construit des aménagements hydrauliques à l'extérieur de l'enclos monastique ; ils utilisaient une roue à godets pour élever le niveau de la rivière afin de conduire l'eau à travers le monastère. Le nom même du monastère italien Fossanova, qui signifie "fossé nouveau", donne une idée des travaux nécessaires pour rendre un site hospitalier. A Alcobaça au Portugal, les bâtisseurs ont pris soin de signaler l'emplacement des canalisations sous l'église pour faciliter les opérations d'entretien et de réparation aux générations futures : une pierre discrètement placée dans l'appareil du mur du collatéral nord porte gravée l'inscription "AQUE : DUCTUS" et deux index pointés désignent l'emplacement exact (pl. 3 VII B). Lorsque l'eau ne pouvait être amenée à l'abbaye, c'était l'abbaye qui allait à l'eau. Sénanque, dans le Vaucluse, en est un bon exemple. La Sénancole coule du nord au sud dans un vallon très étroit entouré de collines escarpées. Afin de pouvoir garder la disposition traditionnelle des salles autour du cloître, on a été obligé de faire pivoter tout l'axe de l'abbaye de 90° vers le nord. Par conséquent, l'église avec son autel a été construite au nord, mais on a pu ainsi tirer le meilleur parti du cours d'eau pour l'évacuation des déchets des latrines qui seront construites – comme dans les autres abbayes – à l'extrémité du dortoir (pl. 11 V B). Cet exemple montre bien que, s'il était préférable d'orienter le plan de l'église pour satisfaire aux exigences liturgiques et symboliques, lorsque le site ne pouvait être aménagé de façon traditionnelle, l'orientation était modifiée afin d'adapter le plan aux conditions topographiques. En fin de compte, c'était le pragmatisme qui l'emportait.

Les moines devaient également disposer d'une source d'eau pure à proximité, dont le point de résurgence à l'intérieur de l'abbaye était la fontaine du cloître. (pl. 6 XI-XVI) La mise en place des conduites (qui s'étendaient parfois sur plusieurs kilomètres) et la construction de la fontaine dépendaient de la configuration du terrain. De nombreuses installations hydrauliques étaient parfois nécessaires : puits, réservoirs de décantation ou de stockage, systèmes de trop-plein, vannes, valves de réduction de pression, etc. Il était par conséquent plus judicieux (et parfois indispensable) d'exécuter ces travaux avant de commencer la construction des bâtiments. Il était également utile de disposer d'une alimentation en eau pour pourvoir aux besoins du chantier. Cependant, rares sont les cas où l'on peut retracer avec une telle précision le déroulement des travaux sur un chantier médiéval.

On trouve également d'autres systèmes, comme les citernes destinées à recueillir les eaux pluviales dans les régions soumises à de fortes variations saisonnières. L'abbaye de Fontfroide, qui se trouve dans une région aride près des Pyrénées inondée à certaines époques de l'année par des pluies torrentielles (pl. 3 II), utilisait ce système. L'eau recueillie sur les 1300 mètres carrés de toiture entourant le cloître était canalisée sous le préau et stockée dans une citerne. Construit avec de gros blocs de pierre soigneusement dressés et recouvert d'un matériau résistant à l'eau, ce réservoir mesure 19 mètres de long sur 5,5 de large. Il s'agit d'un excellent exemple de l'ingéniosité déployée par les cisterciens en matière de techniques hydrauliques.

Nous arrivons maintenant à une question essentielle: le lien entre le milieu naturel et l'architecture bâtie par les moines. Quelles étaient les étapes nécessaires pour transformer une vallée déserte en une véritable ruche monastique ?

L'installation de la communauté

Nous venons de donner un aperçu de la complexité des sites cisterciens et des problèmes d'aménagement des vallées où ils étaient souvent situés. Une fois l'emplacement choisi (ou reçu en donation), arrivaient les douze moines accompagnés de leur tout nouvel abbé pour fonder le monastère. Que se passait-il alors ? Comment construisaient-ils leur abbaye et sur quel plan ? Les moines travaillaient-ils d'arrache-pied pendant de nombreuses années ou bien bâtissaient-ils une superbe abbaye à peine arrivés ? Dans la plupart des cas, la réalité ne correspond à aucune de ces deux images d'Epinal. Les rares exemples pour lesquels nous possédons des informations fiables font état d'une grande variété en fonction des conditions locales et en général le monastère "définitif" n'était achevé qu'au bout de plusieurs décennies.

Pourquoi était-ce si long ? Tout d'abord il fallait s'assurer que le site convenait à une implantation durable. Si des crues importantes avaient lieu au printemps, pouvait-on les canaliser au moyen de digues et de systèmes de trop-plein ? Certaines caractéristiques naturelles (sables mouvants, marécages, moustiques, etc.) pouvaient être dangereuses. Quant au domaine, il devait être suffisamment grand pour offrir des terres de culture, du bois, du minerai de fer et des carrières de pierre ou d'argile pour la construction. Les voisins étaient-ils disposés à vendre, échanger ou donner des terres mitoyennes ? Comme le prouve la fréquence des déplacements de la plupart des abbayes cisterciennes, le premier site, qu'il fût choisi ou offert, remplissait rarement les conditions requises. La communauté se déplaçait alors de quelques centaines de mètres ou allait s'installer beaucoup plus loin à la recherche d'un cadre de vie plus propice.

La deuxième raison permettant d'expliquer ce qui apparaît *a posteriori* comme de la lenteur est que le noyau de la fondation n'était pas constitué par les bâtiments mais par la communauté, qui devait prendre le temps de se stabiliser, de s'établir et de créer une économie viable. La nécessité de construire des installations toujours plus importantes se faisait pourtant sentir, en particulier pendant la période d'expansion des XIIe et XIIIe siècles qui a vu affluer tellement de nouvelles vocations que la place pour les accueillir manquait souvent. Encore fallait-il disposer des moyens nécessaires, qui ne furent offerts, dans la plupart des cas, que par un ou plusieurs bienfaiteurs.

Les premiers documents cisterciens stipulent qu'une nouvelle abbaye ne peut être fondée qu'à la condition que les structures suivantes aient été construites: *oratorium* (l'oratoire, ou lieu de prière, c'est-à-dire l'église), *refectorium* (le réfectoire), *dormitorium* (le dortoir), *cella hospitum* (l'hôtellerie) et *portaria* (la porterie). Cette liste succincte indique quels sont les bâtiments indispensables à la vie monastique mais sans imposer ni un plan ni des matériaux particuliers. Une chose est sûre, c'est que ces structures ne correspondent absolument pas aux abbayes en pierre auxquelles nous consacrons cet ouvrage. Dès leur arrivée, les moines devaient disposer d'un lieu pour prier, pour dormir et pour manger (et donc d'une cuisine et de latrines), ainsi que d'un bâtiment pour recevoir les hôtes (l'hospitalité étant un devoir imposé par la *Règle de saint Benoît*) et d'une "interface" entre la communauté et le monde extérieur. Même au bout de plusieurs décennies, lorsque les usages dont nous avons parlé ont été établis, nous ne savons pas exactement comment se présentaient les abbayes. Simples abris de fortune, abbayes en cours de construction ou dans certains cas en cours de rénovation pour remplacer des structures déjà démodées, toujours est-il que la vie régulière se déroulait tout autour du chantier, parmi les échafaudages, les échelles, les fossés, la poussière, la boue et autres désagréments (pl. 2 v).

D'après les descriptions et les rares fouilles qui ont permis d'identifier des habitations primitives, nous pouvons en déduire que les premiers bâtiments n'étaient pas plus élaborés que des cabanes d'ermites. L'église, ou oratoire, occupait bien entendu une place centrale, les constructions utilitaires étant disposées tout autour aussi efficacement que le permettaient la configuration du terrain, les matériaux disponibles et l'ingéniosité des bâtisseurs. Nous ne savons pas dans quelle mesure les moines construisaient eux-mêmes leurs abbayes, faisaient appel à des ouvriers ou réutilisaient des structures anciennes. Les situations devaient être de toute façon assez différentes d'un chantier à un autre.

Dans certains monastères, et en particulier au début, les moines étaient parfois obligés de s'installer dans des campements de fortune en attendant l'achèvement des premiers bâtiments. Ces derniers, qui n'étaient encore que des structures temporaires, devaient être utilisés plus longtemps que prévu, mais il nous est impossible de déterminer cette durée, variable en fonction des conditions locales. Nous sommes en mesure de reconstituer en partie les structures primitives de Clairvaux. En effet, les premiers bâtiments en pierre (construits pour remplacer les abris en bois) ont été soigneusement conservés par les moines pendant plusieurs siècles, puis-

qu'ils étaient toujours debout en 1708, date à laquelle une gravure représentant en détail l'ensemble de l'abbaye fut réalisée. La chapelle de plan carré était entourée d'un collatéral ; on y accédait de l'extérieur ou par un escalier menant au dortoir. Il n'est pourtant pas possible d'extrapoler cette disposition à d'autres abbayes, aucune règle générale ne pouvant être appliquée. Chaque fondation avait ses propres caractéristiques et les projections que nous faisons sur un site ne font qu'entraver la compréhension de son histoire.

Clairvaux.
Le premier monastère.
« Monasterium vetus »
d'après le plan
de Dom Milley
en 1708.

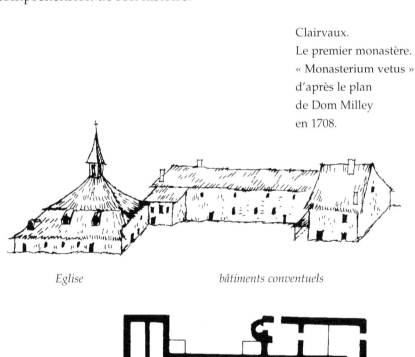

Eglise   *bâtiments conventuels*

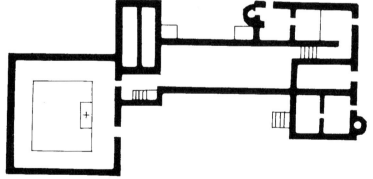

4

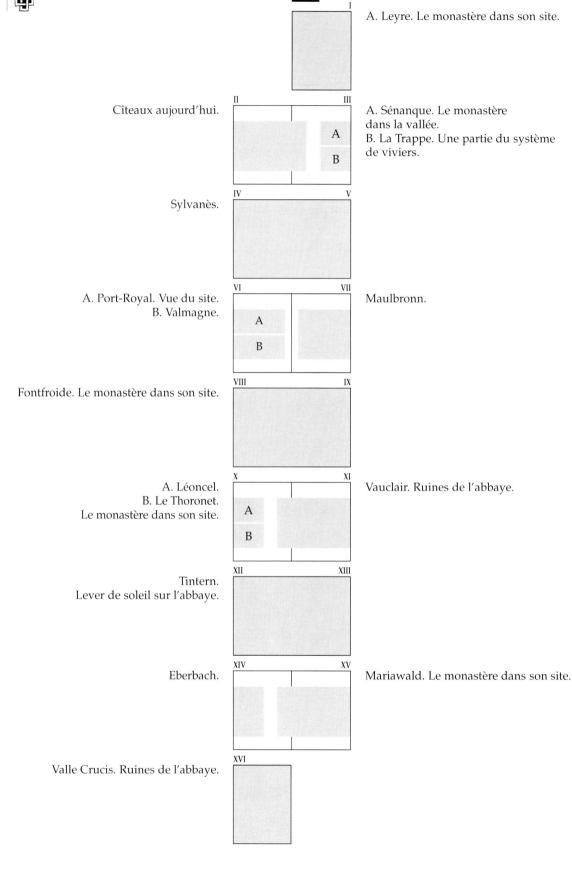

A. Leyre. Le monastère dans son site.

Cîteaux aujourd'hui.

A. Sénanque. Le monastère dans la vallée.
B. La Trappe. Une partie du système de viviers.

Sylvanès.

A. Port-Royal. Vue du site.
B. Valmagne.

Maulbronn.

Fontfroide. Le monastère dans son site.

A. Léoncel.
B. Le Thoronet.
Le monastère dans son site.

Vauclair. Ruines de l'abbaye.

Tintern.
Lever de soleil sur l'abbaye.

Eberbach.

Mariawald. Le monastère dans son site.

Valle Crucis. Ruines de l'abbaye.

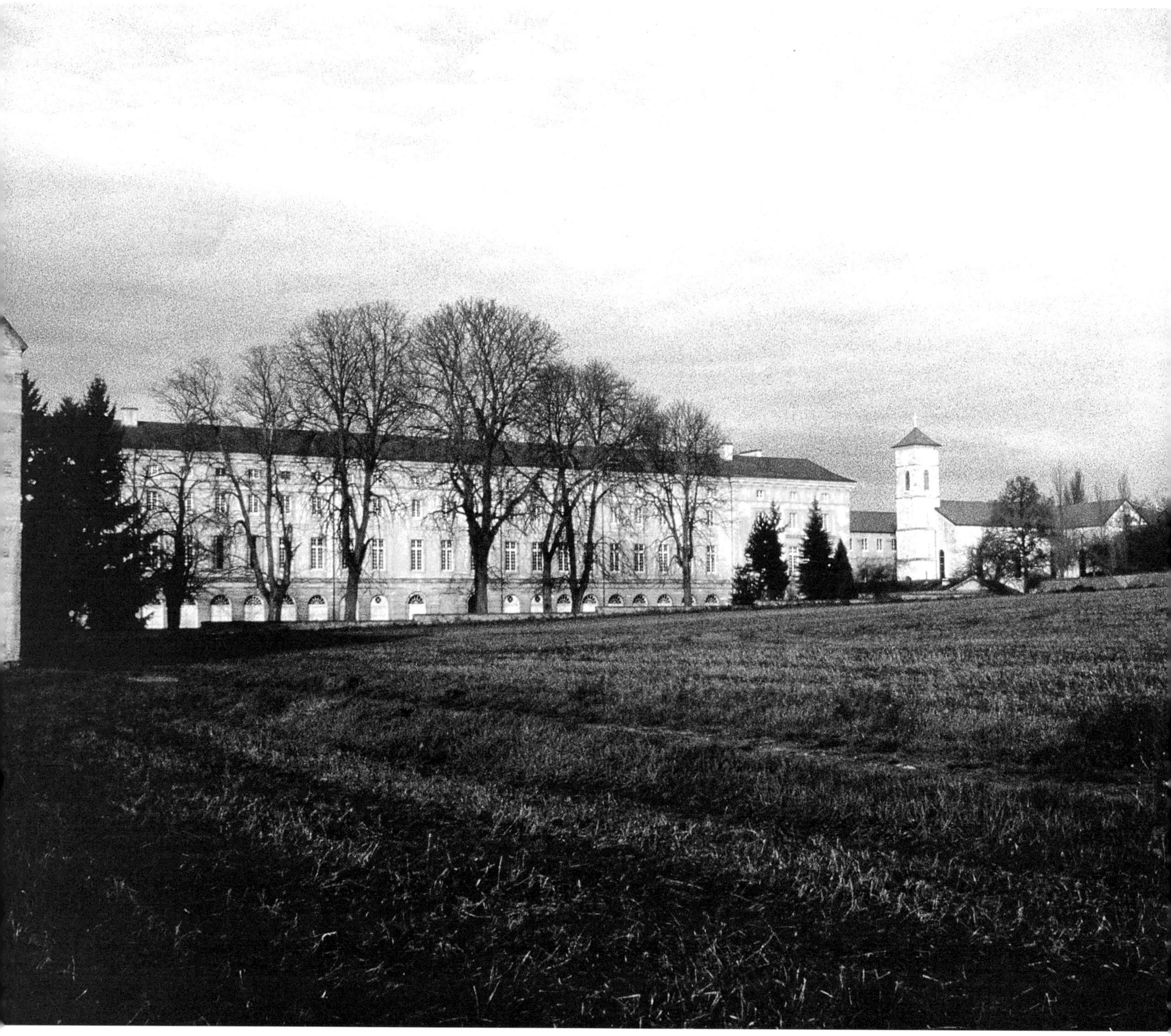

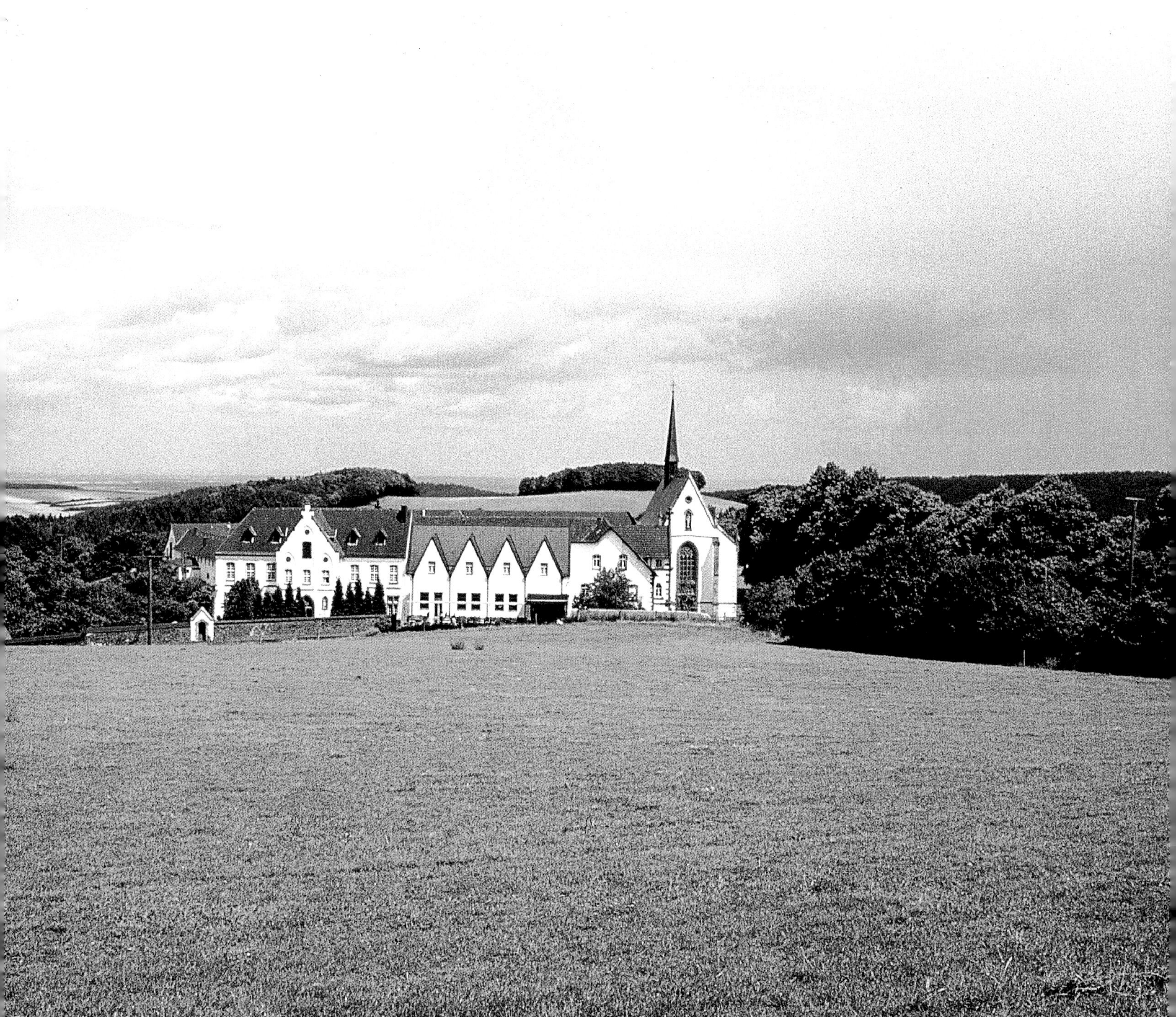

Nous devons également interpréter à la lumière de ces données la volonté des cisterciens – attestée dans les plus anciens statuts – de préserver une plus grande indépendance vis-à-vis du pouvoir féodal que leurs prédécesseurs. Ils voulaient ainsi écarter toutes les obligations susceptibles de perturber l'atmosphère de recueillement nécessaire à leur mode de vie. Mais ils ne cherchaient pas pour autant à se mettre à dos les seigneurs du voisinage ou les amis puissants, dont ils ne pouvaient se passer. Les rois tout comme les évêques demandaient à Cîteaux – souvent par l'intermédiaire de saint Bernard dans les premiers temps – de fonder des monastères sur leurs territoires, offrant leur protection à la nouvelle abbaye. Même quand le monastère disposait d'une économie stable permettant de subvenir aux besoins quotidiens de la communauté, une grande campagne de construction exigeait d'importantes ressources financières et ne pouvait être entreprise sans le soutien d'un protecteur. Thibaut II, comte de Champagne, fit des dons substantiels à quelque huit abbayes cisterciennes disséminées dans toute la France. Lorsque, comme à Clairvaux, sa générosité permit de financer une partie de la construction, c'est à lui que revint le titre de "fondateur" de l'abbaye, bien que son aide fût postérieure à la fondation du monastère. Le roi Alphonse VIII de Castille fonda et dota Las Huelgas de Burgos ; sa fille, la reine Blanche de Castille, veuve de Louis VIII et mère de saint Louis, après avoir fondé les couvents de Maubuisson et du Lys, prononça ses vœux solennels et promit obéissance à l'abbesse de Maubuisson quelques jours avant de mourir.

Elle fut inhumée dans ce monastère, qui la remerciait ainsi de sa munificence car les libéralités de la reine ont contribué à la fondation puis à la construction de l'abbaye. On compte également des ecclésiastiques parmi les protecteurs de l'Ordre. C'est ainsi que l'évêque Evrard de Norwich, qui s'était retiré à Fontenay, apporta les fonds nécessaires pour construire l'église. Si l'architecture offrait des solutions extrêmement variées, dans tous les cas le soutien financier d'un riche protecteur était indispensable pour bâtir.

Si aucun plan précis n'était imposé pour les premières constructions, les nouveaux bâtiments, exigés par la croissance rapide d'un grand nombre de communautés, devaient obéir à certaines directives. Les cisterciens, dont le texte fondateur est la *Règle de saint Benoît* ré-interprétée, se sont tout naturellement inspirés du plan bénédictin, en l'adaptant à leurs exigences, pour construire leurs abbayes.

Le plus ancien plan d'une abbaye bénédictine conservé dans la bibliothèque de Saint-Gall, en Suisse, montre la disposition des bâtiments du monastère modèle du début du IXe siècle. Il s'agit en effet d'un modèle, car il apparaît aujourd'hui que cette disposition n'a jamais été réellement reproduite ; c'était le plan idéal vers lequel devaient tendre les nouvelles fondations et qui servait de référence aux futurs abbés. Les lieux destinés aux différents membres de la communauté sont regroupés: le noviciat pour les novices, l'infirmerie pour les vieillards et les malades, l'hôtellerie pour les visiteurs et enfin les enclos, les étables et les écuries pour les animaux. Toutes les activités nécessaires à la vie commune

– repas, réunions, repos, lecture, etc. – se déroulent dans les galeries du cloître ou dans les salles qui l'entourent.

Ce plan traditionnel a dû s'adapter à la topographie des différents sites, et en particulier aux collines sur lesquelles étaient souvent érigées les abbayes bénédictines, comme en témoignent de nombreux monastères encore debout de nos jours. Les solutions les plus variées permirent de dessiner un plan à peu près carré sur des emplacements tels que le piton de Saint-Michel d'Aiguille au Puy, le rocher du Mont-Saint-Michel ou la colline de Vézelay. Au Mont-Saint-Michel, par exemple, le cloître, l'église et le dortoir se superposent sur trois niveaux ; ce parti astucieux présentait bien entendu certains inconvénients, car les nombreux escaliers de communication étaient à certaines périodes de l'année recouverts de mousse et glissants. Ailleurs, comme à Saint-Martin-du-Canigou, tout un ensemble de bâtiments a été déplacé vers l'est, car l'endroit où il aurait dû être construit, en pleine montagne, présentait une dénivellation trop importante. Ces adaptations n'empêchent pas cependant de distinguer le plan traditionnel qui préside à la construction.

L'architecture cistercienne ne marque pas une rupture avec le passé mais une continuité, tout comme le mode de vie adopté par l'Ordre. Cependant aucun plan type servant de modèle aux abbayes cisterciennes du Moyen Age n'a pu être retrouvé. Nous ne connaissons leur configuration que grâce aux monuments et aux vestiges archéologiques qui sont parvenus jusqu'à nous. La littérature sur l'architecture cistercienne, en particulier sur les bâtiments réguliers, est néanmoins abondante et on a cru pendant longtemps que le plan d'une abbaye cistercienne pouvait être facilement reconstitué à partir des vestiges d'un ou de deux murs. En fait, des fouilles sérieuses ont révélé une grande diversité dans les dispositions et construction sur les différents sites et on n'a jamais trouvé deux abbayes strictement identiques.

Qui dessinait les abbayes cisterciennes, qui les construisait et comment se transmettaient les dessins ? Toutes ces questions restent ouvertes. Clairvaux envoya des moines

Saint-Gall (Suisse). Le plus ancien plan d'une abbaye bénédictine (IXᵉ siècle).

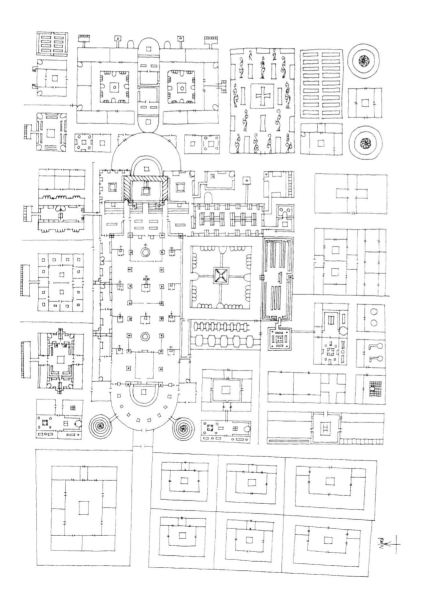

connaissant l'art de bâtir – les noms de Geoffroi d'Ainai et d'Achard sont attestés au XIIe siècle – dans de nouveaux monastères pour diriger le chantier et, probablement, pour former des hommes chargés de poursuivre les travaux. Mais ce n'est probablement pas vrai que les cisterciens aient entièrement bâti leurs abbayes de leurs propres mains, comme on le prétend souvent. Nous l'avons vu dans les chapitres précédents, la journée monastique comprenait huit offices et la messe, ce qui représentait près de cinq heures par jour, plus les périodes consacrées à la lecture et les travaux manuels – dans les champs, les vignobles, les bois, les mines, etc. – indispensables au fonctionnement de l'abbaye. Ces activités n'étaient pas interrompues pendant la campagne de construction, bien au contraire, car les chantiers coïncidaient souvent avec des périodes d'expansion économique et on avait besoin de tous les bras pour les travaux agricoles. La présence dans les abbayes cisterciennes d'ouvriers loués est attestée dans les documents les plus anciens ; les statuts établissent même des règles concernant leur nourriture et leurs vêtements. Les marques de tâcheron qu'on trouve sur un grand nombre de pierres et qui devaient servir au règlement des travaux permettent également de penser que des maçons salariés pouvaient participer à la construction.

Les modifications apportées par les cisterciens au plan bénédictin – tracé des chevets des églises, réfectoire perpendiculaire plutôt que parallèle au cloître et développement des bâtiments des convers, pour n'en citer que quelques-unes – sont apparemment des solutions empiriques. Il est très risqué de vouloir interpréter des détails, des fragments et des fouilles incomplètes en prenant comme référence d'autres abbayes. Certes la disposition des bâtiments autour du cloître est souvent prévisible, jusqu'à un certain point et pour ce qui est des maisons d'hommes, mais il est nécessaire de tenir compte des influences régionales, qui ont pu jouer un très grand rôle, et de l'évolution des idées. En fait, c'est ce dernier aspect qui fait tout l'intérêt de l'histoire d'une abbaye, bien plus que l'application pure et simple d'un parti prédéfini.

Comme dans les abbayes bénédictines, les différentes parties d'un plan cistercien correspondent aux différents types d'activité. Chaque bâtiment, ou chaque ensemble de salles, devait fournir le lieu le plus propice possible à l'exercice de telles ou telles fonctions : liturgiques, contemplatives, domestiques, intellectuelles ou économiques. L'échelle dépendait bien entendu de la taille et de la richesse de la communauté, ainsi que de la générosité des bienfaiteurs. Par ailleurs, chaque monastère devait tenir compte d'un certain nombre de variables, telles que la topographie – orientation et largeur de la vallée, stabilité des rives (sablonneuses ou rocheuses), qualité du sol... –, la disponibilité des matériaux – pierres locales ou importées, carrières d'argile pour la fabrication de briques et de tuiles, plomb pour les canalisations... –, l'économie et l'industrie régionales. Même si l'interprétation n'est pas toujours évidente, la plupart des salles peuvent être identifiées avec une certaine fiabilité dans la mesure où elles répondent aux besoins quotidiens et liturgiques communs à toutes les abbayes de l'Ordre.

Avant d'étudier la fonction de chaque salle, nous pouvons procéder à une schématisation permettant de comprendre la logique qui préside à l'organisation générale des lieux réguliers. On peut considérer que trois des côtés du cloître sont conçus pour répondre aux trois types de besoins humains (corporels, intellectuels et spirituels) indiqués dans la triade traditionnelle *corpus, anima, spiritus*. Au nord ou au sud (en fonction de l'orientation du cours d'eau) s'élève l'église, bâtiment spirituel par excellence. L'aile orientale, qui correspond aux activités intellectuelles, regroupe la sacristie, la salle capitulaire, le parloir, les salles de travail et les *armaria* pour ranger les livres. Le côté opposé à l'église est réservé au chauffoir, aux cuisines, au cellier, au lavabo, au réfectoire et aux latrines, c'est-à-dire à tout ce qui a trait aux besoins physiologiques. La coupure entre les tâches n'est pas aussi nette – le travail est également une forme de prière, la lecture a une fonction spirituelle, le *mandatum* est un lavement de pieds symbolique… – mais ce schéma a l'avantage de mettre en lumière une organisation plus globale du plan. Quant au quatrième côté, l'aile occidentale, domaine réservé aux frères convers, elle constitue une des innovations les plus importantes de l'architecture cistercienne. En effet, jusque-là seuls les moines étaient admis au cœur des abbayes bénédictines. Au-delà du cloître et des lieux réguliers,

Organisation
des espaces réguliers
d'un monastère :
Noirlac
(Cher).

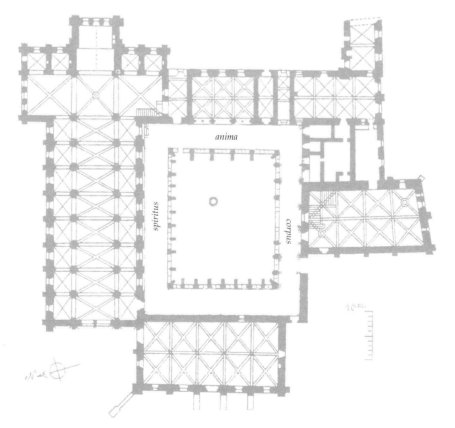

on construisait ensuite des édifices ou des corps de bâtiments destinés à certains moines, dont l'infirmerie, pour les moines âgés et les malades, le noviciat pour les novices, le cimetière pour les frères décédés (qui font toujours partie de la communauté) et, à une date ultérieure, le logis des abbés et la bibliothèque (en particulier après l'invention de l'imprimerie), ainsi que des structures utilitaires telles que les moulins, la forge, la grange du monastère, le grenier, la boulangerie, la brasserie et les étables et enclos pour les animaux. Plus loin s'étendaient les potagers, les vergers et le jardin des simples. L'entrée du monastère avec la loge et la porterie s'est progressivement étoffée et a fini par constituer une "zone d'accueil" pour les pèlerins, les indigents et autres visiteurs, avec généralement son propre dortoir, son réfectoire, son infirmerie et sa chapelle. Enfin, on élevait un mur d'enceinte tout autour de l'abbaye.

Ces bâtiments ne constituaient qu'une petite partie des vastes domaines que certains monastères ont fini par posséder. De nombreuses granges ou fermes disséminées dans toute la campagne environnante, des moulins, des champs, des pâturages, des carrières, des mines et des fours complétaient les possessions de la communauté et permettaient de développer toutes sortes d'activités agricoles et industrielles. L'étude des constructions correspondantes est délicate. Si certaines sont toujours debout c'est parce qu'elles ont servi pratiquement jusqu'à nos jours. Par conséquent, des adaptations ont été apportées depuis le XIIe ou le XIIIe siècle pour suivre l'évolution des techniques et du marché. Aucune règle ne commande la disposition des bâtiments industriels et agricoles des abbayes cisterciennes. Pour les comprendre, il est nécessaire de se pencher sur l'économie, le terroir, la disponibilité de l'eau et des matières premières et de les comparer aux bâtiments laïques de l'époque.

Lorsque les moines arrivaient dans la vallée, ils n'envisageaient pas les développements qu'allait connaître leur établissement dans un avenir plus ou moins lointain ni, *a fortiori*, les formes que pourrait prendre cette évolution. Chaque génération vivait avec son temps et avec les problèmes auxquels elle était confrontée, proposant des solutions essentiellement empiriques. Toutes les abbayes ont connu des remaniements à mesure que l'époque et les besoins changeaient. On oublie trop souvent que chaque campagne de construction, d'envergure ou plus modeste, était motivée par des situations particulières. Lorsque nous admirons le "résultat final", nous devons avoir toujours présent à l'esprit qu'il ne s'agit que de l'état des lieux au moment où l'abbaye s'est figée, la plupart des liens entre les différentes parties et les différentes époques étant aujourd'hui occultés.

L'histoire régionale – traditions locales, révolutions, réformes (protestante ou catholique), soutien ou antagonisme du pouvoir ou du seigneur local, pour ne citer que quelques éléments – a directement influencé l'évolution de chaque abbaye. L'expansion, la transformation ou la démolition des bâtiments primitifs sont également liées à la prospérité ou à l'appauvrissement de la communauté au cours des siècles suivants – en raison des guerres, des épidémies de peste, des famines, des

Tintern

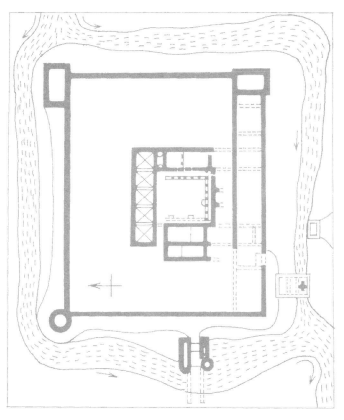

Falkenau

Plan d'un monastère
dans son enceinte :
trois exemples

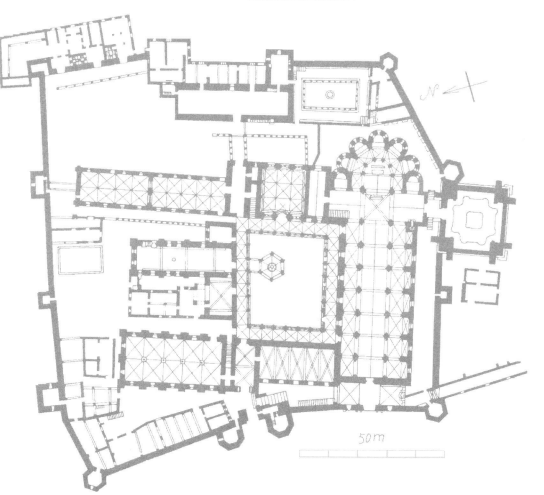

Poblet

intrigues politiques –, ainsi qu'à la qualité de la gestion de l'abbaye. Qui plus est, les changements ne venaient pas seulement de l'extérieur ; la vie monastique a évolué elle aussi, soumise au jeu permanent entre piété, politique et pragmatisme. L'utilisation des bâtiments est de ce fait transformée ; les édifices sont compartimentés, agrandis, rénovés, voûtés ou non voûtés, on ouvre de nouvelles portes et fenêtres ou on condamne des ouvertures existantes… Nous pouvons affirmer qu'il n'existe pour ainsi dire aucun bâtiment encore debout qui n'ait été plus ou moins remanié ; parfois seule une partie de l'ossature date de la première campagne de construction. Aussi est-il parfois difficile de déterminer l'utilisation première d'un élément, encore plus de savoir pendant combien de temps telle fonction est restée en vigueur ou combien de fois elle a été transformée. Une abbaye, comme n'importe quelle maison, est une entité douée de vie, dont les changements sont le reflet des époques qu'elle a traversées.

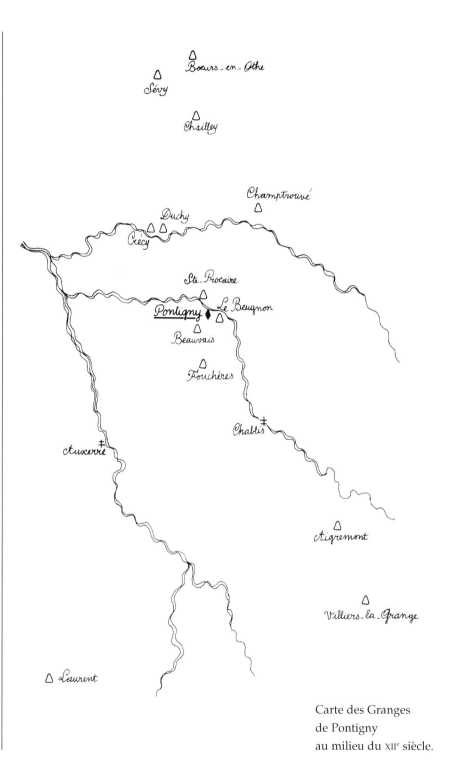

Carte des Granges
de Pontigny
au milieu du XIIᵉ siècle.

5

I

Le Thoronet. Galerie est du cloître.

II   III

Bonnefont. Cloître reconstruit aux *Cloisters*, Metropolitan Museum, New York.

IV   V

A. Hailes. *Armarium* de la galerie est du cloître.
B. Boquen. *Armarium* de la galerie est du cloître.
C. Zwettl. Bancs en bois dans le cloître de la *collatio*.
D. L'Escale-Dieu. *Armarium* de la galerie est du cloître.

| A | B |
| C | D |

Fontfroide. Galerie est du cloître.

VI   VII

A. Noirlac. Le préau, la galerie est du cloître et l'église.
B. Eberbach. L'entrée de la salle capitulaire.
C. Silvacane. La cour du cloître.

| A | B |
| | C |

Aiguebelle. Le cloître de la *collatio*.

VIII   IX

Sénanque. Galeries du cloître.

X   XI

Flaran. Galerie du cloître.

| B |
| A |

A. Flaran. Base sculptée (remploi?).
B. Sylvanès. Chapiteaux accolés.

XII   XIII

Fontenay. Galerie est du cloître.

XIV   XV

Fontenay. Chapiteaux accolés du cloître.

A	B
	C
D	E

A, B, C, D, E. Fontenay. Chapiteaux accolés du cloître.

XVI

Sénanque. Chapiteau du cloître.

5 II

5 XVI

5

Le cloître

Le cloître est la cour intérieure de l'abbaye, le cœur du monastère (pl.5 I-XVI). Ce mot vient du latin *claustrum*, qui désigne ce qui est enfermé ou le dispositif qui sert à fermer (serrure, loquet, verrou). Dans les premiers temps, les moines verrouillaient la porte du cloître par mesure de sécurité, d'où son nom. Le mur d'enceinte entourant l'ensemble des bâtiments conventuels fut adopté par la suite pour empêcher toute intrusion dans l'enclos monastique.

En règle générale, le cloître est situé au sud de l'église dans les régions septentrionales (en plein soleil) et au nord dans les régions méridionales (à l'ombre). Lorsque cette disposition n'est pas respectée, c'est la plupart du temps en raison de la situation de l'arrivée d'eau par rapport à la partie la plus élevée du terrain, destinée aux futurs bâtiments.

Le **préau** est l'espace découvert qui occupe le centre du cloître, semblable à l'atrium des villas romaines (pl. 5 II-III, VI A). Carré ou rectangulaire, sa forme ainsi que sa taille dépendaient de l'échelle des bâtiments à l'entour et de la topographie. Le passage d'une rivière ou d'un canal à proximité, par exemple, pouvaient conduire à choisir une forme irrégulière plus ou moins proche du rectangle. Lorsque l'abbaye disposait d'une fontaine isolée, une grande partie du préau était occupée par son pavillon (pl. 6 XII-XIII) ; parfois il y avait également un puits. Une myriade de canalisations (arrivées d'eau et égouts, appartenant parfois à plusieurs systèmes de distribution) parcouraient le sous-sol du préau, qu'on devait creuser régulièrement pour procéder à l'entretien et aux réparations.

Le préau est entouré de **galeries**, ces passages couverts qui courent le long des quatre côtés du cloître (pl.. 5 I, V,VIII-IX). Elles permettent de faire le tour de la cour et d'accéder aux salles et aux bâtiments qui ouvrent sur le cloître, tout en restant à l'abri, et sont généralement supportées du côté du préau par des colonnettes géminées (pl. 5 VIII-XVI). Des processions avaient parfois lieu, comme pour la Purification de la Vierge (2 février) où l'on distribuait les cierges bénis dans l'église non seulement aux moines et aux novices, mais également aux frères convers, aux *familiares* et aux hôtes, qui sortaient de l'église pour faire la procession autour du cloître. Le cœur de l'abbaye assure également la circulation entre les différents lieux réguliers. Mais les galeries n'étaient pas de simples couloirs, elles accueillaient des activités dont certaines se déroulaient dans des parties bien définies.

Une observation attentive des galeries de cloître permet souvent de révéler plusieurs styles, légèrement différents. Certaines galeries ont été construites en même temps que les bâtiments auxquels elles sont adossées (par exemple, la galerie orientale avec la sacristie et la salle capitulaire) ; on peut retracer les étapes de la construction en examinant les styles et les joints. Dans d'autres cas, le voûtement des galeries est probablement postérieur à la construction des murs ; en attendant, le cloître était protégé par un toit en appentis provisoire. Dans d'autres monastères, la construction de la galerie du cloître était entièrement remise à plus tard. Les raisons sont d'ordre pratique. Les galeries assuraient la circulation entre les différents bâtiments et rendaient la vie plus agréable (surtout lorsqu'il pleuvait ou qu'il faisait trop chaud), tout en donnant à l'ensemble une plus grande cohérence. Mais elles n'étaient pas indispensables au fonctionnement du monastère. D'autres bâtiments, qui faisaient cruellement défaut surtout en période de grande expansion, passaient avant le cloître. Les différentes étapes de la construction s'enchaînaient à un rythme plus ou moins rapide, selon les abbayes. Cela pouvait aller de quelques mois ou saisons, jusqu'à plusieurs décennies ou plusieurs siècles lorsque des difficultés (en général financières) surgissaient.

Le cloître, qui servait de cadre à un large éventail d'activités aussi bien liturgiques que domestiques, était à certains moments en pleine effervescence. Tout comme les bâtiments disposés au nord, à l'est et au sud du cloître répondaient aux besoins physiologiques, intellectuels et spirituels décrits au chapitre précédent, les galeries correspondantes étaient souvent affectées à des activités de même type. En dehors de la circulation quotidienne lorsque les moines affluaient pour ne pas arriver en retard à l'église par exemple, on utilisait le cloître pour des activités périodiques, comme la tonsure et le rasage, et lors d'événements exceptionnels, pour annoncer des nouvelles urgentes, entre autres. Il faisait également partie du parcours emprunté par les processions solennelles et on allumait des cierges lorsque celles-ci se déroulaient le soir, comme après l'office de la nuit de Noël. Cependant, le cloître était également un lieu où prenaient place des activités solitaires, comme le suggèrent les fouilles archéologiques et certains passages des coutumiers. Les boutons, les épingles et le dé à coudre retrouvés dans les cloîtres du Yorkshire permettent d'imaginer les petits travaux de couture auxquels se livraient les moines. Lorsque les hosties étaient humides, le sacristain était chargé de les étaler dans le cloître pour les faire sécher au soleil et à l'abri du vent. Les copistes disposaient les pages qu'ils venaient de finir dans leur atelier pour faire sécher l'encre. Lorsqu'un des frères saignait du nez ou était pris de vomissements pendant l'office, il devait se rendre dans le cloître, accompagné du frère préposé à ce type de situation (si c'était la nuit ce dernier prenait une lampe) jusqu'à ce qu'il fût suffisamment remis pour se laver et retourner dans l'église.

La galerie orientale

L'église étant située à l'extrémité de la galerie orientale, les moines déambulaient dans cette partie du cloître plusieurs fois par jour. Par rapport aux autres galeries, le mur oriental était relativement chargé et percé de nombreuses ouvertures : une porte menait à la sacristie et à la bibliothèque, au moins trois grandes baies s'ouvraient sur la salle capitulaire ; un escalier, utilisé de jour, permettait d'accéder au dortoir ; enfin, le parloir et d'autres passages donnaient également sur cette galerie. Cet espace était cependant très utilisé, peut-être en raison de sa situation au cœur de la clôture (pl. 5 v). On trouve parfois une niche, en général près d'une porte, dans laquelle on plaçait une lampe. C'est le cas à Fontenay, à côté de la porte des moines qui donne dans l'église. Cette niche, et le mur qui l'abrite, est sans doute antérieure à la galerie du cloître car elle est cachée derrière une colonne.

Un des ustensiles indispensables au bon fonctionnement de la vie communautaire, la *tabula lignea*, était accroché sur le mur oriental. Cette grande tablette en bois, frappée avec un maillet également de bois, était utilisée dans le cloître, à l'instar d'un gong, pour convoquer toute la communauté, ou un certain groupe de moines ou même certains moines, pour des activités particulières. C'était le prieur qui la faisait retentir de différentes façons en fonction des circonstances. Un rythme était utilisé pour réunir les frères avant les périodes de travail, un autre pour indiquer l'heure de se laver ou de manger. Elle permettait également d'appeler l'abbé ou les deux moines désignés pour le lavement des pieds des hôtes, ou bien de convoquer une réunion extraordinaire du chapitre. Des coups répétés et rapides indiquaient qu'un moine était à l'agonie et que tous devaient accourir à son chevet.

Un autre objet, utilisé quotidiennement pour des informations moins urgentes, était placé à l'extrémité de la galerie orientale près de l'église (au nord ou au sud). On peut encore voir dans certains cloîtres les traces d'un léger renfoncement dans le mur, à hauteur d'homme, généralement rectan-gulaire, où on plaçait ce tableau de bois recouvert de cire, également appelé *tabula*. Sur cette espèce de tableau d'affichage, on inscrivait dans la cire des annonces diverses, comme le nom des moines décédés dans les autres abbayes. On grattait la cire pour effacer les anciennes informations et pour en inscrire de nouvelles. Lorsque le bois était visible, on sortait le tableau de sa niche et on le recouvrait d'une nouvelle couche de cire.

Les moines et les moniales devaient savoir lire pour pouvoir vivre dans un monastère – c'est une condition que l'on retrouve dans la *Règle de saint Benoît* – car la lecture prenait une très grande place tout au long de la journée. Elle pouvait être collective, les uns lisaient et les autres écoutaient, ou bien individuelle. Et il ne faut pas oublier que c'est essentiellement dans la *lectio divina*, la lecture sacrée, que s'exprimait la dévotion cistercienne à l'extérieur de l'église.

La conservation des livres était strictement réglementée. Au Moyen Age, les livres étaient des objets précieux, fruit de longues heures de travail, dont on prenait grand soin y compris à l'intérieur du monastère. D'après les règles, ils devaient être rangés *inter ecclesiam et capitulum* (entre l'église et le chapitre). Par conséquent, l'activité dans la galerie orientale se concentrait en grande partie autour de l'*armarium* où les livres étaient enfermés à clef, sous la responsabilité du chantre. C'est lui qui les distribuait, les sortait du cloître si on en avait besoin ailleurs (par exemple dans l'église) et veillait à ce qu'ils fussent remis à leur place en fin de journée.

Beaucoup de ces armoires subsistent encore aujourd'hui dans les cloîtres, même si elles sont vite devenues trop petites pour des livres de plus en plus nombreux (pl.5 IV A, B, D). On distingue encore dans certaines les rainures horizontales taillées dans la pierre dans lesquelles on insérait des étagères en bois. Ailleurs, une structure indépendante en bois munie d'étagères et d'une porte venait s'adapter dans le creux ménagé dans le mur. Les niches (parfois au nombre de trois) sont la plupart du temps en plein cintre et les plus petites font environ un mètre de haut. Certaines sont assez grandes pour qu'un homme de grande stature puisse se tenir debout, mais on n'en trouve que de rares exemples. Lorsque les livres étaient trop nombreux, on pouvait agrandir les niches. Il est possible qu'on ait également utilisé des armoires en bois en attendant les solutions proposées à la fin du XIIe et au cours du XIIIe siècle pour remplacer les *armaria* qui, dans la plupart des cas, étaient devenus obsolètes. Nous reviendrons sur l'évolution des bibliothèques dans le chapitre consacré à la sacristie.

La salle où les livres étaient copiés sera décrite un peu plus loin. Pour l'instant, nous allons nous intéresser à leur utilisation : comment les moines lisaient-ils et où ? Les coutumes et les règles que nous allons évoquer correspondent aux usages des XIIe et XIIIe siècles. Les traditions de chaque abbaye ont certainement évolué au cours du temps et ont dû s'adapter aux conditions climatiques de chaque région.

La *Règle de saint Benoît* indique les heures de la journée qui doivent être consacrées à la lecture individuelle, en fonction des saisons. La lecture était interdite à d'autres moments. Au début du carême, chaque moine recevait un livre de la bibliothèque, son livre de l'année, qu'il devait lire en entier. Après vigiles, le semainier affecté au service de l'église allumait une chandelle devant *l'armarium* et veillait à ce qu'elle ne s'éteignît pas. Les frères qui le souhaitaient pouvaient lire à cet endroit ou dans la salle capitulaire. Si les moines devaient en théorie savoir lire pour entrer au monastère, tous n'étaient pas versés en latin. Pour certains, la prière était plus édifiante que les livres et on autorisait donc les moines à rester dans l'église pour méditer pendant les heures matutinales, au lieu de s'adonner à la lecture. Ceux qui préféraient rester dans le cloître devaient tous avoir leur propre livre et lire sans gêner les autres. Des bancs étaient disposés le long des galeries du cloître, souvent des deux côtés, et la plupart des moines devaient préférer les places au soleil pour bénéficier de la chaleur des premiers rayons pendant qu'ils lisaient. Si un frère était obligé de quitter le cloître, les règles imposaient qu'il remît son livre dans *l'armarium*, sauf s'il ne pensait pas s'absenter longtemps ; dans ce cas il pouvait laisser le livre là où il était assis en demandant à son voisin de veiller dessus. *L'armarium* était fermé pendant les périodes de travail, la sieste, les repas et l'office de vêpres.

De Pâques au premier octobre, tous devaient vaquer à la lecture de la quatrième heure jusqu'à la sixième, c'est-à-dire d'environ 8 h 50 (fin de la messe) à 10 h 40 (sexte). S'ils le souhaitaient, ils pouvaient également lire pendant la sieste après le repas, à condition de le faire en silence afin de ne pas déranger ceux qui préféraient dormir. En hiver (du premier octobre à l'entrée du carême), les moines se consacraient à la lecture jusqu'à la fin de la deuxième heure (vers 4 h du matin) et dans l'après-midi, après l'unique repas de la journée, à la lecture ou à l'étude des psaumes. Pendant le carême, la période de lecture était prolongée jusqu'à la fin de la troisième heure (vers 5 h du matin). Le dimanche, jour de repos, était entièrement consacré à la lecture.

On le voit, la journée du moine était rythmée par de nombreuses périodes de lecture, ce qui n'a rien d'étonnant lorsqu'on sait l'importance qu'avait la *lectio divina* pour les bénédictins comme pour les cisterciens. Il convient de rappeler ici ce que nous avons déjà dit dans le chapitre consacré à la vie quotidienne ; la "lecture en silence" était au Moyen Age une lecture à haute voix, mais sans faire trop de bruit. Le moine ne se contentait pas de voir les mots, il les écoutait ; grâce à ce double impact, visuel et auditif, le message avait deux fois plus de chances d'atteindre le lecteur et de se répercuter sur sa vie. Cette pratique était un complément essentiel de la liturgie et de la prière, comme en témoigne la précision avec laquelle sont décrites les règles concernant la conservation des livres et les périodes de lecture.

Pendant que certains moines s'adonnaient à leur *lectio divina* dans la galerie orientale, d'autres préparaient les textes destinés à être lus devant la communauté dans le réfectoire, pendant la *collatio* ou lors d'un office. Des petits groupes répétaient réunis autour d'un livre liturgique (antiphonaire, hymnaire ou graduel), devant le chantre ou un autre moine compétent. Des échanges de paroles étaient inévitables, mais la dis-

cussion se limitait à poser des questions sur un accent ou sur la prononciation d'un mot. Chants, paroles, murmures des lecteurs remplissaient le cloître d'une tranquille effervescence.

La galerie orientale servait également de cadre à un autre événement qui se déroulait régulièrement et auquel participaient les frères convers. Bien que résidant dans les bâtiments construits dans la partie occidentale du cloître, ou parfois plus loin dans les granges, et suivant des horaires différents des moines, les frères convers partageaient la vie de la communauté à certains moments. Ils devaient se rendre dans l'abbaye tous les dimanches et pour les grandes fêtes de l'année. Ils assistaient à la messe dans l'église, puis au sermon donné par l'abbé dans le chapitre. La salle capitulaire n'étant généralement pas suffisamment grande pour accueillir et les moines et les frères convers, ces derniers s'asseyaient dans la galerie orientale du cloître d'où ils pouvaient entendre les instructions de l'abbé.

La galerie de la *collatio*

C'est dans la galerie adossée à l'église, appelée "**cloître de la *collatio***", que les moines s'asseyaient à la fin de la journée pour écouter la lecture qui précède l'office de complies (pl. 5 IV C, VII). Dans sa *Règle*, saint Benoît indique les types de texte qui conviennent le mieux à cette heure où toute la communauté éprouve le besoin de se rassembler après que chacun a vaqué à ses occupations et de tranquilliser l'âme et le corps avant d'aller dormir. Les textes devaient donc être soigneusement choisis et dans le chapitre 42

Benoît recommande en particulier les *Collationes* (Conférences) de Jean Cassien (mort en 435), moine et fondateur de monastères, dans lesquelles l'auteur rapporte ses entretiens avec des grands maîtres du monachisme oriental, ainsi que les *Vitae Patrum* (Vies des Pères) ou "quelque chose qui soit de nature à édifier ceux qui écoutent". Certains textes – comme l'Heptateuque (les sept premiers livres de l'Ancien Testament) et les Livres des Rois – sont proscrits pour la lecture du soir, sans doute en raison de leur violence, et doivent être lus à d'autres heures. On avait coutume, depuis le IXe siècle, de prendre les jours de jeûne une boisson (*bibere*) dans le réfectoire juste avant de faire cette lecture. C'est pour cela que le *bibere* (du vin coupé) et la lecture finirent par être appelés *collatio*, d'où notre actuelle "collation".

Le frère chargé de la lecture de la *collatio* s'asseyait sur un banc en attendant l'arrivée de l'abbé, puis se levait et commençait à lire. Nous pouvons imaginer le mobilier utilisé pour cette occasion : le livre était posé sur un pupitre devant lequel se tenait le lecteur et les moines écoutaient assis sur des bancs. Les bancs en pierre qui subsistent dans certains cloîtres de la *collatio* étaient sans doute garnis de sièges et de dossiers en bois. Dans d'autres abbayes, tout le mobilier était de bois (à Zwettl et à Aiguebelle sont conservés des bancs en bois plus tardifs). Dans le cloître de Cadouin on peut encore voir ces bancs en pierre avec au centre une sorte de trône réservé à l'abbé, mais rien ne permet de déduire qu'il s'agit d'une disposition habituelle. Dans les régions froides, on finit par vitrer une ou plusieurs

galeries ; par exemple, le cloître d'Altenberg reçut, au début du XVIe siècle, des vitraux représentant des scènes de la vie et miracles de saint Bernard.

A la fin de la lecture, les moines se tournaient vers l'est et s'inclinaient pour saluer la direction d'où le soleil se lèverait de nouveau – bien que pour l'heure il fût sur le point de se coucher –, qui correspond également à la direction du retour du Christ. Le livre était ensuite remis dans l'*armarium*, que le chantre fermait à clef pour la nuit, puis les moines se rendaient à l'église pour complies.

Si la plupart des activités liées à l'utilisation de l'eau se déroulaient dans la galerie opposée près du lavabo, c'est dans le cloître de la *collatio* qu'avait lieu le *mandatum*, ou lavement des pieds. Au cours de cette cérémonie hebdomadaire, effectuée en souvenir de la parole du Christ (Jn 13,34), on chantait l'antienne "*Mandatum novum…*" ("je vous donne un commandement nouveau…"), d'où son nom. Le lavement des pieds était un rappel de l'humilité et de la charité envers son prochain, qu'il fût un membre de la communauté ou quelqu'un de l'extérieur, et se faisait en souvenir du Christ lavant les pieds à ses disciples. Chez les premiers chrétiens ce rituel était un acte de charité pratiqué couramment, comme le recommande saint Paul (1 Tm 5,10).

Le *mandatum* de la communauté était accompli le samedi soir, juste avant la *collatio* et complies par les semainiers de la cuisine, comme indiqué au chapitre 35 de la *Règle*. Les cuisiniers qui terminaient la semaine étaient chargés de chauffer l'eau lorsqu'il faisait froid. Les moines s'asseyaient sur les bancs disposés le long de la galerie et la cérémonie commençait quand l'abbé ou, s'il était absent, le chantre enton- nait l'antienne *Postquam*. Personne ne devait enlever ses chaussures avant l'abbé. La pudeur dans ce domaine était telle que les moines devaient veiller à ce que leur coule couvrît leurs pieds nus pendant toute la durée de la cérémonie. Les deux moines qui entraient en charge pour leur semaine de service commençaient par l'abbé : le plus ancien (selon le rang monastique) lavait les pieds et le plus jeune les séchait. Ils pas- saient ensuite aux moines assis à gauche de l'abbé. Quant aux cuisiniers qui terminaient leur semaine, ils lavaient les pieds des moines qui se trouvaient à droite en procé- dant de la même façon (le plus ancien les lavait et le plus jeune les séchait). Ceux qui finissaient en premier venaient aider les deux autres de l'autre côté. Ensuite, les cui- siniers de semaine lavaient les bassines et les serviettes. Chacun remettait ses chaus- sures avant le début de la lecture.

Le jeudi saint avait lieu le *mandatum* des pauvres. Le portier choisissait autant de pauvres que de moines dans le monastère et les faisait asseoir dans la galerie du cloître. La communauté quittait l'église après none, avec en tête l'abbé suivi des frères par ordre d'ancienneté. L'abbé pas- sait devant tous les pauvres et s'arrêtait en face du dernier, le deuxième moine devant l'avant-dernier, et ainsi de suite. Les moines lavaient, séchaient et baisaient les pieds des pauvres, puis ils leur donnaient un denier (fourni par le cellérier).

Le *mandatum* de la communauté était accompli plus tard dans la journée par l'ab- bé qui, à l'imitation du Christ lavant les pieds de ses disciples, lavait, séchait et bai-

sait les pieds de douze membres de la com- munauté : quatre moines, quatre novices et quatre frères convers. Ensuite ses assistants exécutaient la même cérémonie pour toute la communauté, y compris tous les moines de l'infirmerie capables de marcher et tous les frères convers.

Nous l'avons vu, la galerie qui longe l'église était réservée à des activités de nature spi- rituelle. Toutes mettent l'accent sur la vie chrétienne en communauté, tournée aussi bien vers l'intérieur (la lecture de la *collatio*) que vers l'extérieur et le partage avec son prochain, comme dans le *mandatum*. Cette cérémonie hebdomadaire rappelle l'unité dans la charité de la communauté monas- tique. Dans le lavement des pieds du jeudi saint, cette même communauté s'identifie au Christ et à ses disciples, tandis que le *mandatum* des pauvres est un symbole des responsabilités du monastère envers le monde de pauvreté et de souffrance qui s'étend au-delà du mur d'enceinte.

La galerie du réfectoire

La galerie opposée à l'église et au cloître de la *collatio* ouvrait sur la cuisine et le réfectoire. Autour de ces salles qui nourrissaient les moines, se déroulaient d'autres activités de nature physiologique, et en particulier celles qui nécessitaient l'utilisation d'eau. Le lavabo était construit dans cette galerie, ou à proximité, et si les moines avaient besoin d'eau chaude, pour la toilette, le rasage ou la tonsure, ils trouvaient du feu non loin de là dans la cuisine.

Rien ne procure un tel sentiment de paix, d'abondance et de fraîcheur que le clapotis d'une fontaine. D'un point de vue spirituel, l'image de l'eau comme source de vie et de renouveau se retrouve dans toute l'iconographie chrétienne. Il suffit de lire les psaumes, qui étaient récités quotidiennement par les moines, pour avoir un aperçu de l'omniprésence de l'eau dans la pensée monastique. Mais la fontaine du cloître n'était pas seulement l'image terrestre de la *fons vitae* et une source de renouveau spirituel, elle remplissait avant tout une fonction pratique.

Le lavabo (*lavatorium*) était parfois la seule source d'eau pure à l'intérieur de l'abbaye (pl.6 I-XVI). Selon sa forme, il était situé dans la galerie du cloître ou dans un édicule construit en saillie dans le préau. Les lavabos des monastères cisterciens sont en général de deux types. Le premier, la fontaine isolée avec souvent plusieurs vasques dans lesquelles l'eau retombait en cascade, était très répandu sur le continent. Des exemples sont connus en France, en Espagne, au Portugal, en Italie, en Allemagne, en Scandinavie et en Europe centrale. Le second type, un long bassin ou auge placé contre un mur, caractérisait les établissements anglais mais on peut également en trouver aux Pays-Bas (pl. 6 XV C).

La fontaine isolée, de forme circulaire ou parfois polylobée, était conçue de façon à ce que tout son pourtour fût accessible. Sa structure était constituée de plusieurs éléments, généralement superposés. Les conduites souterraines amenaient sous pression l'eau d'une source située en contre-haut. Dans la plupart des cas, l'eau remontait ensuite à travers une colonne centrale jusque dans la vasque supérieure ou dans un élément ornemental, d'où elle coulait vers les niveaux inférieurs. Le bassin de réception,

1. "Cistercians Fountain Houses in Central Europe", dans *Studies in Cistercian Art and Architecture*, vol. 2, Kalamazoo, 1984, éd. M. P. Lillich, p. 201-222 et figures 1-2.

souvent percé de trous sur tout le pourtour, était placé à une hauteur convenable pour permettre aux moines de faire leurs ablutions. L'espace séparant deux trous – lesquels étaient parfois munis de cannelles en plomb pour diriger l'eau – équivalait à peu près à la largeur d'un homme afin de permettre à de nombreux moines de se laver les mains en même temps. L'eau usée était évacuée par une canalisation distincte qui se déversait dans le système d'égouts souterrains, puis dans la rivière.

Etant donné les dimensions de ce genre d'ouvrages (le bassin le plus petit à Pontigny, percé de 31 trous, mesure 3,40 mètres de diamètre), ils étaient rarement construits à l'intérieur même de la galerie mais au bord du préau, en général en face de la porte du réfectoire. Le lavabo pouvait donc se trouver dans un des coins du cloître, au centre de la galerie ou légèrement excentré, en fonction de la position du réfectoire. Un pavillon, construit en saillie dans le préau et ouvrant sur le cloître, protégeait la fontaine des intempéries. Il s'agit parfois d'une construction très simple mais suffisamment grande pour abriter la fontaine et laisser assez d'espace pour permettre aux moines de circuler et de se laver. Le pavillon du lavabo pouvait prendre les formes les plus diverses. Rien qu'en Europe centrale, Heinrich Grüger [1] a identifié des plans carrés, hexagonaux, octogonaux et ennéagonaux, en plus de quelques structures allongées dont les extrémités prennent une forme d'abside.

Le second type de lavabo était une longue auge rectangulaire peu profonde, ou lavoir, divisée parfois en plusieurs bassins. Il était situé dans la galerie, en général adossé au mur du réfectoire, et abrité sous les voûtes du cloître. Dans les grands monastères, comme Rievaulx dans le Yorkshire, la porte du réfectoire était flanquée de deux bassins recouverts d'étain. A l'abbaye de Hailes dans le Gloucestershire, il semble que le lavabo ait été alimenté par des réservoirs placés sur le toit. A Villers-en-Brabant (Belgique), Thomas Coomans a reconstitué un lavabo de ce type datant du XVe siècle mais situé en face de l'entrée du réfectoire dans une sorte de niche avançant légèrement dans la cour du cloître [1]. Grüger cite un exemple similaire datant du XIIIe siècle à Wettingen, en Suisse.

Il ne fait aucun doute que beaucoup de lavabos disposaient de bassins et de cannelles pour permettre aux moines de se laver les mains sur place. Pourtant les coutumiers du XIIe siècle rapportent à maintes reprises que les serviteurs de la cuisine puisaient de l'eau qu'ils portaient ailleurs pour "laver" : cette eau pouvait servir à prendre des bains ou bien les coutumiers font peut-être allusion aux puits utilisés avant que l'abbaye n'eût construit son lavabo.

Les frères convers portaient la barbe (on les appelait *barbati*) et se distinguaient ainsi des moines qui étaient, sinon rasés de près à longueur d'année, du moins rasés régulièrement à des dates fixées par les usages. A l'issue de cette opération, le moine n'avait plus un seul poil sur la tête, à l'exception de la couronne de cheveux de la tonsure. En ce qui concerne les dates ou la fréquence, les sources diffèrent légèrement, comme sans doute les coutumes elles-mêmes d'une région à l'autre. Certains textes stipulent que le rasage et la tonsure étaient effectués tous les deux mois en hiver et toutes les quatre semaines en été. D'autres sont plus précis quant aux dates et nous apprennent que cet événement avait lieu sept fois par an, à la veille de certaines grandes fêtes. En 1257, le Chapitre Général augmente la fréquence jusqu'à douze fois par an, puis à partir de 1297 les moines doivent se raser deux fois par mois. Lors de la réforme de Rancé à La Trappe, cet usage était toujours en vigueur et a été maintenu jusqu'à la Révolution.

Le jour fixé, les frères se rassemblaient dans le cloître à proximité du lavabo. Lorsque l'eau risquait de geler, les serviteurs de la cuisine pouvaient apporter de l'eau chaude dans des écuelles pour le rasage, tandis que le moine chargé des peignes, des ciseaux, des rasoirs et des pierres à aiguiser préparait les instruments avant de les donner aux frères désignés par l'abbé pour couper les cheveux (la tonsure, pas trop étroite, devait être taillée bien au-dessus des oreilles). Une fois la tonsure finie, les frères se rasaient mutuellement, mais cette opération obéissait elle aussi à des règles bien précises qui font ressortir tout l'aspect humain d'un tel événement. Les frères devaient attendre que l'on frappât la *tabula* avant de choisir leur barbier. Personne ne pouvait imposer ses services à un autre, ni même faire un signe pour montrer son désir d'exercer ses talents. C'était celui qui se faisait raser qui choisissait son barbier, afin d'empêcher les moines zélés mais maladroits de soumettre les frères réticents à un véritable carnage, malgré toute leur bonne volonté. Ce n'était ni le moment ni l'endroit pour saigner les moines, car, bien que pratiquée couramment, la saignée n'était pas le résultat d'un rasage qui aurait

1. Thomas Coomans, "Le grand *Lavatorium* du cloître de l'abbaye de Villers au XVe siècle", *Revue belge d'Archéologie et d'Histoire de l'art*, t. 63, 1994, p. 19-36.

mal tourné (nous en reparlerons dans le chapitre consacré au chauffoir).

Alors que le *mandatum*, lavement des pieds à caractère symbolique, s'effectuait dans le cloître de la *collatio*, lorsque les moines se lavaient les pieds par simple souci de propreté ils le faisaient près du lavabo. Par exemple, le vendredi saint le cellérier était chargé d'amener de l'eau chaude dans le cloître, avant vêpres, pour ceux qui voulaient se laver les pieds, car ce jour-là les frères marchaient pieds nus depuis laudes.

Les moines n'utilisaient pas le lavabo que pour se laver les pieds. Les coutumiers sont remplis de passages décrivant la circulation des bassines d'eau pour la toilette de tout le corps et pour la lessive. Si chaque moine doit disposer de deux tuniques et de deux coules (comme le stipule la *Règle*), c'est justement pour pouvoir les laver ; les vêtements étaient ensuite mis à sécher dans le cloître. Les cuisiniers tiraient de l'eau à la fontaine pour les repas et les *biberes*, tandis que les copistes en avaient besoin pour préparer l'encre et l'infirmier pour ses malades. Si un prêtre se mettait à saigner du nez pendant la messe, on lui apportait de l'eau dans la sacristie. Enfin, l'eau de la fontaine, une fois bénie, servait aux aspersions dominicales des différents lieux réguliers.

La galerie occidentale

La dernière galerie, à l'ouest, qui longeait la ruelle et le bâtiment des convers, reliait les autres parties du cloître. L'évolution de la galerie occidentale semble assez simple lorsqu'on se contente d'étudier les textes, mais les pierres fournissent des renseignements autrement intéressants. A Fontfroide une porte permettait à l'origine de passer directement de la ruelle des convers dans le cloître des moines. Cette porte prit d'ailleurs des formes diverses suivant les étapes de construction du cloître. Il semblerait donc que ces deux parties de l'abbaye aient été moins cloisonnées qu'on ne le pense. Lorsque le nombre de frères convers diminua au cours des siècles suivants, la ruelle des convers fut dans certains cas annexée à la galerie occidentale ou le cloître agrandi et la galerie reconstruite. Cette partie du cloître ne révélera pas tous ses secrets tant que le rôle des convers ne sera pas mieux connu.

Comme nous venons de le voir, les galeries du cloître servaient de cadre à toutes sortes d'activités, des plus solennelles aux plus ordinaires. L'aile orientale correspondait aux activités plus ou moins intellectuelles : transmission des informations, rangement des livres et lecture ; c'est là également que les frères convers s'assemblaient pour écouter le sermon du chapitre. La galerie le long de l'église, ou cloître de la *collatio*, était réservée à des occupations plus spirituelles, comme la lecture du soir ou le *mandatum*. De l'autre côté du préau, la galerie était aménagée autour du lavabo pour répondre à des besoins domestiques et pratiques comme le rasage, la toilette et la lessive. Enfin, le côté occidental fermait le carré et permettait la circulation tout autour du cloître, lors des processions ou tout simplement pour faciliter l'accès aux différentes parties. Toutes ces tâches sont en rapport avec les fonctions associées aux lieux réguliers disposés tout autour. Nous allons donc poursuivre notre parcours en visitant l'intérieur des bâtiments.

6

L'église

Si le cloître est le cœur du monastère, le véritable centre de la vie monastique est l'église (pl. 7 I-XVI, 8 I-XVI, 9 I-XVI). Bien que les principes cisterciens s'appliquent aussi bien aux moines occupés à labourer les champs qu'à ceux qui prient dans l'oratoire, tout ce qui est implicite partout ailleurs dans l'abbaye est concentré dans l'église. Son architecture ne se limite pas à offrir une structure adaptée à une fonction particulière. Elle renferme un message qui, derrière une simplicité apparente, cache une profondeur et une complexité qu'on découvre dès qu'on tente d'en donner une interprétation. Ce message est d'autant plus difficile à déchiffrer que plus de huit siècles nous séparent des premiers bâtiments cisterciens, avec tous les changements de société, de sensibilité et de modes de pensée que l'on connaît.

Une comparaison avec l'architecture des cathédrales médiévales nous paraît éclairante. Les cathédrales, qu'on peut souvent voir de très loin, se dressent, majestueuses, au milieu du paysage urbain. Il s'agit généralement de monuments imposants, de véritables prouesses techniques dont les limites ont été repoussées sans cesse afin de construire des édifices d'une hauteur vertigineuse, de créer de vastes espaces intérieurs baignés dans une lumière chatoyante, d'élever des tours tarabiscotées, le tout orné d'une profusion de sculptures historiées inspirées de thèmes bibliques, hagiographiques et politiques.

Pour ce qui est des églises cisterciennes, l'accent est le plus souvent mis sur la simplicité, l'harmonie des proportions et le dépouillement ornemental. Dans la plupart des livres d'architecture, elles côtoient les cathédrales réalisées à la même époque, qui semblent plus audacieuses, plus complexes et donc plus intéressantes. Mais cette analyse s'attache seulement à une des facettes de l'architecture, tant il est vrai que la recherche historique – dont font partie l'histoire de l'art et l'histoire des sciences et des techniques – s'intéresse de plus près aux changements, et aux progrès qui ont conduit l'humanité jusqu'à notre époque, qu'à la fonction. Pourtant structure et fonction sont deux composantes indissociables de tout édifice.

Le message

Le troisième élément, étroitement lié aux deux premiers, est le message transmis à travers le bâtiment, par des moyens non figuratifs, tels que l'emplacement, les dimensions et les matériaux, et par le recours à un certain symbolisme. Pour les hommes du Moyen Age, ces symboles étaient parfaitement clairs, alors qu'aujourd'hui ils sont devenus énigmatiques, quand on n'en donne pas une interprétation erronée puisqu'élaborée à partir d'un système de valeurs complètement différent. La cathédrale symbolise la stabilité et la longévité de l'Eglise ainsi que la beauté et l'éternité du

Royaume des Cieux, mais pour les hommes ici-bas elle représente le siège (la cathèdre) de l'évêque, l'édifice religieux le plus important du diocèse et la matérialisation dans la pierre du pouvoir politico-religieux de l'évêché. L'accent n'est à aucun moment mis sur l'humilité et la simplicité, deux vertus essentielles de la doctrine chrétienne. L'homme moderne, contemporain des gratte-ciel, est très sensible au message de puissance et de maîtrise technologique qui se dégage des cathédrales.

Les abbatiales, et en particulier les églises cisterciennes, renferment un tout autre message. Même si pour les citadins surmenés les vallées isolées apparaissent comme des endroits romantiques pour s'évader en week-end, les églises cisterciennes ont été conçues et construites pour les moines et les moniales qui venaient y prier, se recueillir et célébrer la liturgie. Malgré leur caractère "privé", ces édifices avaient eux aussi quelque chose à dire aux premiers moines qui habitaient l'abbaye, puis à leurs successeurs, et ce message est également valable pour nous, qui sommes leurs héritiers culturels. Leur beauté plastique est indéniable, mais il s'agit là d'une vision limitée qui correspond à la perception et aux valeurs d'un laïc de la fin du xxᵉ siècle. Si nous voulons avoir une compréhension moins superficielle, nous devons étudier quelle était la vie dans un monastère et quelles étaient les motivations profondes des moines et des moniales. Peut-être alors commencerons-nous à apercevoir le message qui se cache derrière ces pierres.

Ce n'est pas un hasard si une grande partie de la *Règle de saint Benoît* traite de l'*opus Dei*, car les offices qui constituent l'œuvre de Dieu sont les fondements de la vie monastique. Le Livre des Psaumes est la base de la liturgie et les religieux chantaient chaque semaine les 150 psaumes, qu'ils connaissaient par cœur. Les chapitres 8 à 18 de la Règle décrivent de façon précise combien de psaumes doivent chanter les moines aux sept offices du jour et à l'office de la nuit, ainsi que les antiennes, leçons, répons, hymnes, cantiques et litanies qui les accompagnent.

Saint Benoît est beaucoup moins prolixe sur l'église ; il dit simplement que l'oratoire sera ce qu'indique son nom, c'est-à-dire un lieu de prière, et qu'une fois l'œuvre de Dieu terminée, le silence le plus profond devra y régner afin que ceux qui veulent rester pour prier ne soient pas dérangés. Ils ne prieront pas à haute voix mais "avec larmes et application de [leur] cœur". Ces quelques mots sont essentiels pour comprendre les églises cisterciennes ; ils sont la clef qui permet de déchiffrer en grande partie leur architecture.

Un élément commun préside à la conception de toute l'architecture et ornementation cisterciennes, dont les manifestations sont très variées en fonction du lieu, des dimensions, du type de pierre et d'autres conditions. Il s'agit de l'intériorisation, permettant de créer une atmosphère harmonieuse et positive propice à la prière qui est, comme le souligne saint Benoît, l'essence même de la vie monastique. Dans les abbayes cisterciennes, les verrières de couleur et les chapiteaux historiés étaient proscrits, non par rejet de l'art ou de la beauté (qui sont d'ailleurs des termes et des conceptions modernes pour décrire des expériences visuelles), mais tout simplement parce que la couleur et les images attirent le regard et détournent l'esprit du but vers lequel tend tout religieux lorsqu'il prie ou s'adonne à la lecture contemplative. Si la prière et la réflexion peuvent, et doivent, occuper le moine partout et tout le temps (et c'est pour cela qu'on ne cesse de rejeter les distractions), c'est dans l'église que l'exercice spirituel est le plus intense. Les cisterciens ont donc voulu créer un cadre favorable à l'expérience intérieure, cette tension de l'âme vers Dieu grâce à la prière et aux louanges. Les vitraux aux couleurs brillantes représentant avec force détails la vie des saints ne sont pas une aide, bien au contraire, car la couleur détourne l'attention dans un mouvement d'**extériorisation**. Qui plus est, les couleurs saturées peuvent faire naître des sentiments d'excitation, d'exaltation, de superbe, pouvant conduire jusqu'au délire. Les églises cisterciennes sont parfois de grandes dimensions et peuvent témoigner des techniques les plus avancées dans l'art de bâtir, mais elles n'ont pratiquement jamais reçu de décor. Les parements sont nus ou peints en beige et l'ornementation est des plus dépouillées. "Spectaculaire" n'est certainement pas le premier mot qui vient à l'esprit pour décrire cette architecture, car son objectif n'est pas de provoquer l'admiration, d'attirer l'œil, mais au contraire d'inciter le moine à tourner son regard vers l'intérieur, doucement, afin d'apaiser le corps et l'esprit, dans ce mouvement d'intériorisation créé par la vallée elle-même. L'édifice est animé par la lumière qui se déplace d'est en ouest au rythme des heures de la journée et qui monte et descend sur l'horizon selon les saisons, tantôt projetant des zones d'ombre et de lumière fortement contrastées, tantôt baignant l'église dans une lueur diaphane, au gré du temps. La lenteur même de ce rythme jouant sur les lignes épurées de l'architecture peut aider ceux qui sont en quête d'harmonie intérieure à atteindre leur but, et tout particulièrement ceux qui vivent une grande partie de la journée sans parler. Ces remarques, rarement évoquées dans les ouvrages d'architecture, sont évidentes pour quiconque a tenté de vivre la *Règle* à l'intérieur d'un monastère cistercien.

Nous pouvons maintenant comprendre un peu mieux les édifices cisterciens. La fonction essentielle de l'église était de favoriser le processus d'intériorisation et le "message" peut se résumer dans ces trois termes, souvent utilisés pour décrire l'architecture, que sont la simplicité, l'harmonie et la tranquillité. Il est néanmoins nécessaire de considérer deux aspects distincts, bien que convergents.

Paradoxalement, la "simplicité" est un concept complexe et le mot lui-même a de nombreuses acceptions. Une conception "simple" n'est pas "simpliste", ce n'est pas le fruit de l'ignorance et sa réalisation peut demander un effort financier important (les constructions cisterciennes sont particulièrement soignées et utilisent des matériaux de qualité). Le dessin d'une église cistercienne était sans aucun doute étudié minutieusement, tant il est vrai qu'un projet "simple" demande plus d'effort qu'un projet compliqué car aucun défaut ne saurait passer inaperçu. Par ailleurs, il n'existe pas d'église type, comme nous allons le voir. Certains édifices puisent leur source d'inspiration dans le passé, alors que d'autres ont recours aux techniques "de pointe" de l'époque. A première vue, tout cela ne correspond pas vraiment à l'idée que l'on se fait de la simplicité. Peut-être doit-on lui donner un autre sens dans ce contexte ?

Quant au "processus d'intériorisation", il ne s'agit pas d'un concept architectural, même si l'architecture est au service de cette alchimie. Le but de la vie monastique, nous l'avons déjà dit, est la transformation et les moines disposent de différents moyens pour atteindre cet objectif. Il semblerait donc qu'une église construite suivant des principes géométriques de base, dont le décor très sobre ne fait appel ni aux images figurées ni à la couleur (ou du moins pas comme on les employait à l'époque dans d'autres édifices), propose aux moines et aux moniales un message de simplicité, d'harmonie et de tranquillité qu'ils sont censés intégrer dans leur vie, puis dans leur être. L'influence de l'environnement sur les hommes est évidente. Les images qui nous entourent retiennent notre attention et nourrissent notre activité mentale. Celui qui vit dans un état d'excitation permanent est agité à longueur de journée et aura beaucoup de mal à rester assis, immobile et recueilli. Un environnement surchargé et désordonné ne produira pas le même effet qu'un environnement équilibré, sans éléments superflus. Si une visite de moins de deux heures dans une abbaye nous apporte ce sentiment de paix, de réconfort et d'intérêt qui attire tant de visiteurs, quel doit être l'impact sur ceux qui passent (ou ont passé) toute leur vie dans un tel lieu ?

Les facteurs qui façonnent un être sont nombreux, mais il est indéniable que la construction symbolise la voie choisie par les cisterciens et offre un soutien et un réconfort à tous ceux qui y cheminent. Malgré la neutralité du lieu, l'atmosphère dépouillée, simple et équilibrée apporte déjà un sentiment de paix et, par son essence même, représente plus qu'une simple absence de distraction. Interrogé sur la reconstruction du palais du Parlement après les sérieux dégâts subis lors des bombardements de la Seconde Guerre mondiale, Winston Churchill répondit "nous façonnons nos édifices, puis ce sont les édifices qui nous façonnent". Cette phrase convient parfaitement pour décrire l'architecture cistercienne créée quelque huit siècles plus tôt.

Les sources d'inspiration

Quels moyens les cisterciens ont-ils utilisés pour transposer dans les constructions leurs idéaux et leurs objectifs spirituels ? Quelles ont été leurs sources d'inspiration ? Est-il possible d'identifier un style "cistercien" ou une église représentative de la quintessence de cet idéal monastique ? Toutes ces questions ont été à la base d'un grand nombre d'études et de réflexions. Mais il serait beaucoup trop long de donner ne serait-ce qu'un résumé des différentes hypothèses auxquelles elles ont abouti. Comme nous le verrons plus loin, l'architecture cistercienne est très variée ; certaines églises ont été remaniées en cours de construction, d'autres reconstruites intégralement et des centaines d'édifices splendides sont le fruit de la rencontre entre les traditions régionales, les nouvelles techniques et le mode de vie établi par la réforme cistercienne.

Au début de la fondation d'une abbaye, la première préoccupation des moines n'était pas d'élever des bâtiments durables en pierre. Certes, l'oratoire était un des édifices indispensables pour qu'une nouvelle communauté pût prendre possession d'un site, mais il n'était pas nécessaire de suivre un modèle particulier pour construire une modeste salle destinée à la prière et à la célébration de la messe. Toute l'attention était tournée vers les nombreuses tâches nécessaires à l'établissement d'une communauté viable. Les rares informations sur les premières chapelles, fournies par les descriptions, les dessins ou les fouilles, ne révèlent pas une quelconque continuité architecturale. Le pragmatisme, l'urgence et les traditions locales semblent avoir été les facteurs déterminants.

Il est généralement admis qu'un dessin d'abbaye plus formel, comprenant l'église, serait apparu dans les années 1130, mais le problème de l'évolution et de la transmission de ce "modèle" reste entier. Tout ce que nous pouvons dire c'est que pour concevoir le plan, l'élévation, le voûtement, l'ornementation les mieux adaptés à leurs besoins, les premiers cisterciens se sont inspirés des sources qui étaient à leur disposition, c'est-à-dire du vocabulaire architectural de l'époque et du lieu où ils se trouvaient. Tous ces éléments choisis ont été empruntés à l'art roman bourguignon du deuxième quart du XIIe siècle. C'est ce style qui caractérise les églises "typiquement cisterciennes" et qui est tellement apprécié de nos jours en raison de sa simplicité, de son intimité et du soin apporté à la construction. Les autres modèles et interprétations ont été quelque peu tenus à l'écart, de même que toute analyse de l'évolution de l'architecture, de l'Ordre ou de la société,

alors que chaque génération de moines puisait dans les traditions, les croyances et les techniques de construction de son époque. Lorsque des moines bourguignons fondaient une nouvelle abbaye ou participaient aux travaux d'une nouvelle fondation dans des régions éloignées de leur terre natale, les éléments bourguignons étaient exportés très loin de Cîteaux. Puis, quand ces abbayes essaimaient à leur tour, on assimilait les traditions locales. En élargissant le champ d'étude à l'ensemble du monde cistercien, nous pourrons arriver à une vision moins étroite.

On peut se demander si les idées en matière d'architecture n'ont pas été transmises par le biais des filiations. Puisque l'expansion de l'Ordre s'est faite à partir des cinq premières abbayes – Cîteaux, La Ferté, Pontigny, Clairvaux et Morimond –, la tentation est grande d'imaginer que, s'il n'existe pas de style cistercien universel, chacune des cinq branches a donné naissance à une "famille" d'églises dont le modèle serait la maison-mère. Cependant on est d'emblée confronté à un premier problème, à savoir que la seule abbaye-mère qui conserve son église médiévale est Pontigny et aucun des oratoires de ses filiales ne lui ressemble vraiment. On retrouve dans certains cas des points communs, mais qui ont pu être empruntés aussi bien à Pontigny qu'à d'autres constructions bourguignonnes, alors que d'autres édifices sont de toute évidence un mélange de styles propres à leur région. Le parti absolument innovateur choisi pour la construction de Pontigny à partir de 1140, où les techniques les plus avancées de l'époque ont permis à la lumière de péné-

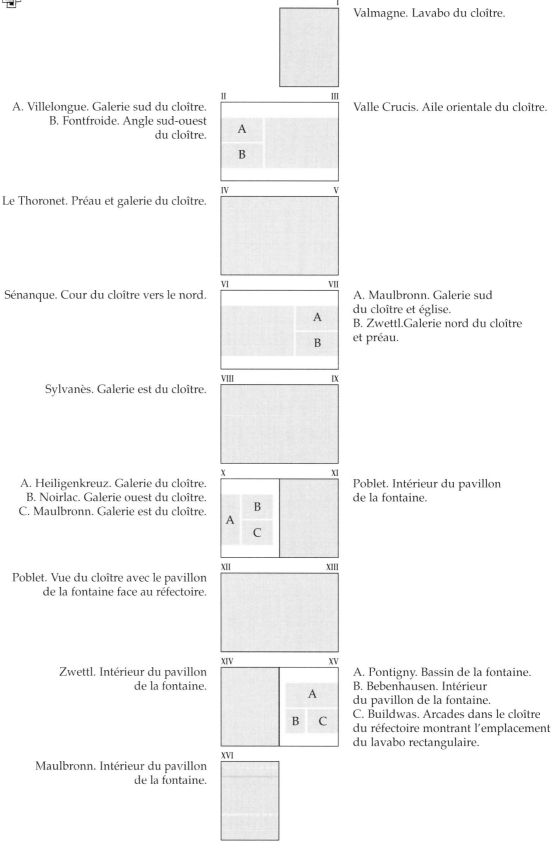

6

I — Valmagne. Lavabo du cloître.

A. Villelongue. Galerie sud du cloître.
B. Fontfroide. Angle sud-ouest du cloître.

Valle Crucis. Aile orientale du cloître.

Le Thoronet. Préau et galerie du cloître.

Sénanque. Cour du cloître vers le nord.

A. Maulbronn. Galerie sud du cloître et église.
B. Zwettl. Galerie nord du cloître et préau.

Sylvanès. Galerie est du cloître.

A. Heiligenkreuz. Galerie du cloître.
B. Noirlac. Galerie ouest du cloître.
C. Maulbronn. Galerie est du cloître.

Poblet. Intérieur du pavillon de la fontaine.

Poblet. Vue du cloître avec le pavillon de la fontaine face au réfectoire.

Zwettl. Intérieur du pavillon de la fontaine.

A. Pontigny. Bassin de la fontaine.
B. Bebenhausen. Intérieur du pavillon de la fontaine.
C. Buildwas. Arcades dans le cloître du réfectoire montrant l'emplacement du lavabo rectangulaire.

Maulbronn. Intérieur du pavillon de la fontaine.

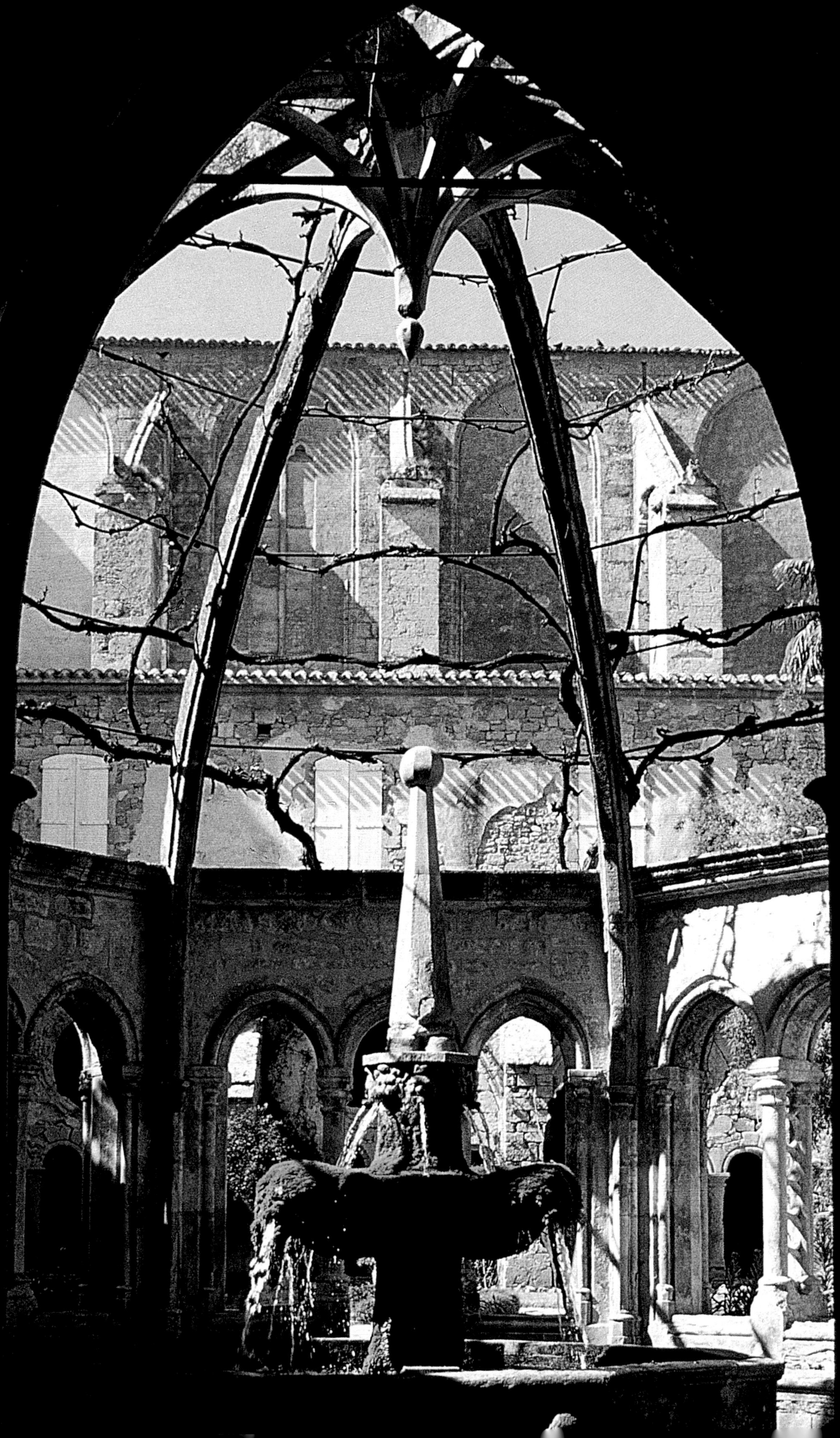

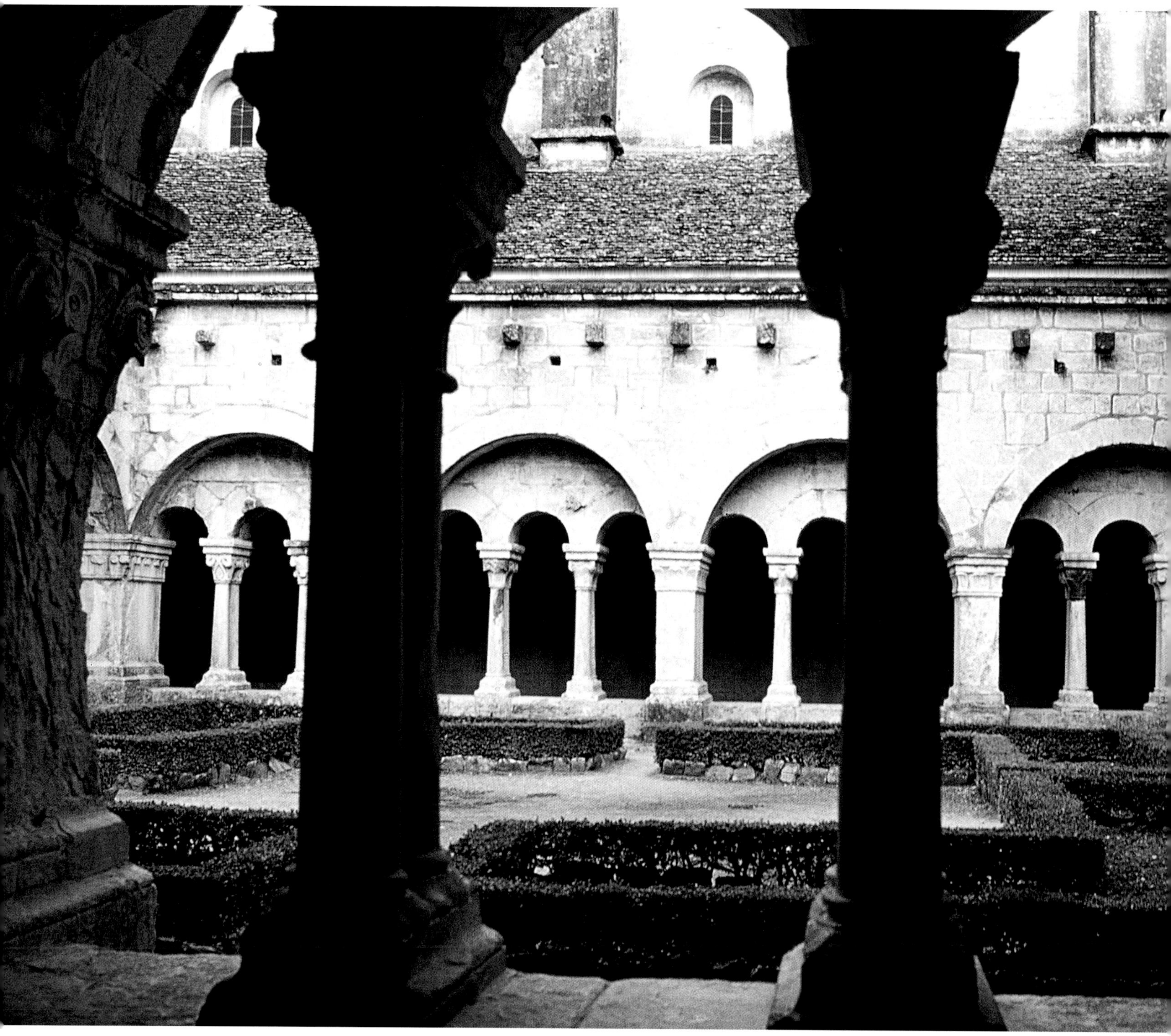

trer largement dans la nef alors que les parements gardaient la sobriété cistercienne, n'est attesté dans aucune des abbayes-filles. Les dimensions de l'église de Pontigny sont exceptionnelles (plus de 20 mètres de haut pour une longueur supérieure à 100 mètres avant la reconstruction du chevet) et d'après le peu que nous savons des quatre autres chefs de filiation il semble que leurs églises aient également été "surdimensionnées", offrant un contraste saisissant avec la plupart des abbatiales des maisons-filles dont les dimensions sont bien plus modestes. Dans une église extrêmement longue, la largeur, la hauteur et le fenestrage doivent être en harmonie avec la longueur ; tous ces facteurs sont essentiels pour donner à l'édifice son caractère, son "enveloppe spatiale", qui ne saurait être rendu en reproduisant les mêmes éléments à une plus petite échelle. Inversement, nous ne pouvons pas reconstituer l'église disparue d'une maison-mère en procédant à un agrandissement d'une de ses filiales. D'autres facteurs sont à considérer. Nous ne savons pas si Pontigny est une exception, puisque les églises des quatre autres maisons-mères ne sont pas parvenues jusqu'à nous ; en tout cas son plan seul ne permet pas de deviner les innovations extraordinaires en matière de voûtement réalisées au cours de la construction.

Les documents historiques de l'Ordre sont particulièrement pauvres sur les questions d'architecture. Bien qu'on attribue à Bernard de Clairvaux la conception du plan de l'église cistercienne, cette affirmation ne résiste pas à un examen approfondi et objectif. Comme tout abbé, Bernard devait offrir un toit à sa communauté et était par conséquent confronté aux problèmes de conception et de construction. On connaît les noms de deux moines de Clairvaux qui ont été envoyés auprès de nouvelles filiales pour participer aux travaux. Il est vrai par ailleurs qu'on retrouve des similitudes dans le plan des églises d'un grand nombre d'abbayes de la filiation de Clairvaux, mais les exceptions sont également nombreuses. Le même type de plan est repris à Bonmont en Suisse et à Fontenay en Bourgogne, qui appartiennent à la lignée de Clairvaux, mais également à La Bussière, fille de Cîteaux, et à l'Escale-Dieu fondée par Morimond.

Les églises de Fontenay et de Bonmont ont de nombreux points communs : construites sur un plan en croix latine, elles disposent toutes deux d'une nef à collatéraux simples qui était à l'origine précédée d'un porche. Le chevet peu profond, terminé par un mur droit, est flanqué de chaque côté de deux chapelles rectangulaires qui ouvrent sur les bras du transept. La structure intérieure est claire et d'une lecture facile : le vaisseau central est couvert d'un berceau brisé (continu à Bonmont, sur doubleaux à Fontenay) reposant sur de puissants piliers cruciformes ; les grandes arcades de tracé brisé sont largement ouvertes pour laisser pénétrer la lumière des fenêtres des bas-côtés. Les murs offrent de grandes surfaces nues, les sculptures étant réservées aux seuls éléments d'articulation tels que chapiteaux, pilastres et bases. Fontenay et Bonmont sont des édifices conservateurs qui appartiennent, de par leur conception, au siècle précédent. En parcourant la région, on retrouve des éléments semblables dans nombre d'églises du XIᵉ siècle, comme à Chapaize ou à Tournus, dans le sud de la Bourgogne, avec leurs murs massifs, leurs petites fenêtres et leurs voûtes en berceau. Ces édifices faisaient partie des modèles existants à l'époque où la construction cistercienne battait son plein.

A Châtillon-sur-Seine se trouve une autre église, proche par la forme et par l'esprit de beaucoup d'abbatiales cisterciennes, qui mérite qu'on s'y arrête (pl. 71). Bernard vint s'installer à Châtillon vers l'an 1098 avec toute sa famille car sa mère, Aleth, voulait que son troisième fils, âgé d'environ huit ans, fît ses études à la célèbre école des chanoines séculiers de Saint-Vorles. Il vécut donc dans la maison familiale avec ses frères et sœurs et suivit l'enseignement des chanoines pendant près de dix ans, jusqu'à la mort de sa mère en 1108. Destiné à la vie religieuse dès avant sa naissance, il reçut une éducation digne de son futur rang, apprenant la grammaire et la rhétorique ainsi que le latin et le chant des psaumes. Celui qui allait devenir le premier abbé de Clairvaux passa de longues heures dans l'église de Saint-Vorles, dont il put contempler à loisir les parements nus, les arcs brisés des baies et les voûtes en berceau sous lesquelles il chanta et lut pendant dix ans. Nous pouvons sans peine imaginer l'influence qu'a pu avoir sur lui cette architecture, comme toute son éducation, tout au long de sa vie.

Doit-on en conclure que l'église de Saint-Vorles constitue le modèle qui a façonné la vision bernardine de l'oratoire idéal ? Les seules preuves qui permettent de l'affirmer sont le contexte historique et les similitudes entre les premières églises cisterciennes et les parties du XIᵉ siècle conservées à Châtillon. Hélas, l'église construite à Clairvaux du temps de Bernard a été détruite au début du XIXᵉ siècle. Quant aux reconstitutions de son plan, elles ne restent que suppositions tant que des fouilles n'auront pas été réalisées sur place. Les sources d'inspiration ne sont pas forcément conscientes, on pourrait même dire que dans ce domaine c'est l'inconscient qui l'emporte. Par ailleurs, la "copie" en architecture était une notion couramment admise au Moyen Age et on se contentait parfois de transposer un seul aspect d'un édifice. Par conséquent, il n'est pas absurde d'avancer qu'on trouve à Bonmont et à Fontenay l'écho des parements nus, des baies non ornées au tracé brisé, des voûtes en berceau et de la simplicité massive de l'église de Saint-Vorles.

Il ne faudrait pas croire pour autant que toutes les églises cisterciennes étaient censées ressembler à Bonmont ou à Fontenay. Etant donné la personnalité et la véhémence dont il a fait preuve dans ses écrits et ses combats, Bernard a certainement exposé devant le Chapitre Général ses vues en matière d'architecture, afin d'édifier les autres abbés. Le plan "bernardin" est en effet repris dans beaucoup d'églises de la lignée de Clairvaux (mais pas dans toutes), ainsi que dans certaines abbatiales des autres filiations. En fait, il semblerait que les abbés pouvaient adopter ce parti ou tout autre disposition du moment que l'esprit de simplicité et de dépouillement (absence de couleur et de représentations figuratives) était respecté. Tandis que certains abbés étaient plus doués pour le chant, les manuscrits ou la production de laine, D'autres avaient sans doute un penchant pour l'architecture. Ils pouvaient puiser aux sources de l'Ordre à la recherche d'un plan adapté à leur situation, comme ce fut le cas lors de la construction de Bélapátfalva (Hongrie) au XIIIe siècle. Pour comprendre les monuments, il est nécessaire de rechercher l'esprit qui a présidé à leur construction plutôt que la lettre d'une norme stylistique qui n'a sans doute jamais existé. Et pour cela, nous devons nous pencher sur le dénominateur commun cistercien, c'est-à-dire la vie à laquelle aspiraient les moines dans le silence de leur monastère, et analyser l'architecture à partir de là.

L'implantation

L'église était placée sur la partie la plus élevée du terrain, même si, en général, c'était le dernier édifice qu'on construisait. Cette disposition est très nette dans des abbayes fondées sur des emplacements accidentés, comme à Buildwas dans le Shropshire, , au Thoronet et à Silvacane. Dans ces trois abbayes, le sol en pente a été terrassé et le cloître et les bâtiments réguliers construits en contrebas de l'église. La déclivité du terrain est visible à Silvacane jusque sur la façade, dont les trois portes sont disposées sur des niveaux différents (pl. 7 XVI).

Si les cisterciens choisissaient la partie la plus haute pour élever l'église, ce n'était pas pour construire une crypte sous le sanctuaire. Les cryptes, dont le rôle était pour l'essentiel d'accueillir les pèlerins qui affluaient pour y vénérer les reliques d'un saint, n'ont aucune fonction à remplir chez les ordres contemplatifs. Les rares cryptes que l'on trouve dans les églises cisterciennes sont probablement des vestiges de bâtiments plus anciens, conservés après le rattachement de l'abbaye à Cîteaux.

L'église, centre de la vie spirituelle, était un des édifices les plus importants de l'abbaye. Elle faisait partie des cinq structures que les moines devaient trouver sur place au moment de la fondation. Mais cette première chapelle risquait de devenir très vite insuffisante devant la croissance rapide de la plupart des communautés. Cependant le besoin pressant d'agrandir ou de reconstruire les bâtiments ne concernait pas que l'oratoire ; les dortoirs, le réfectoire, la cuisine et les autres constructions nécessaires à la vie quotidienne étaient également touchées par cette surpopulation. Un examen attentif des bâtiments entourant le cloître, éclairé parfois par quelques documents, nous apprend que les travaux de rénovation commençaient d'habitude par les constructions utilitaires et non par l'église, car s'il est possible de célébrer les offices dans une grange ou sous un arbre, il est beaucoup moins commode d'y dormir.

Les dimensions de l'église, même si celle-ci était construite en dernier, étaient sans aucun doute prévues dans le plan du cloître. L'église est orientée, c'est-à-dire que l'extrémité où se trouve l'autel (appelée chevet, abside ou sanctuaire) fait face à l'est. L'origine de cette orientation remonte aux premiers chrétiens qui se tournaient dans cette direction lorsqu'ils priaient, le lever du soleil chaque matin étant un symbole puissant de Dieu. Le levant est également la direction de l'avènement du Fils de l'homme, comme semble l'indiquer le Nouveau Testament (Mt 24,27). Ainsi dès le milieu du IVe siècle l'orientation des églises s'est imposée. Par la suite, le symbolisme associé à cette pratique ne cessa de croître. Mais pour notre propos il suffit de savoir que les cisterciens, de même que les autres bâtisseurs chrétiens de l'époque, ont respecté cette tradition dans la mesure du possible.

Déterminer l'orientation de l'église ne pose pas de problème particulier, mais étant donné que la hauteur du soleil sur la ligne d'horizon change au cours de l'année, les mesures modernes révèlent souvent un "est" légèrement dévié vers le nord ou vers le sud. Ces déviations laissent penser que le tracé de l'église a été réalisé en été ou en hiver, respectivement. Elles peuvent également avoir pour origine des dispositions topographiques, car on veillait toujours à construire l'église sur le point le plus élevé du terrain. Dans certains cas, les caractéristiques du site ont conduit à changer complètement l'orientation, comme à l'abbaye de Sénanque située dans la vallée extrêmement étroite de la Sénancole : l'autel est ici placé au nord car il a fallu faire pivoter de 90° le plan de l'ensemble de l'abbaye.

Plan et fonction

Comme dans tout édifice, c'est l'espace nécessaire aux différentes activités qui dicte le plan de l'église. Le passé a également son mot à dire, en particulier dans le cas d'une structure aussi traditionnelle qu'une église chrétienne. Au XIIᵉ siècle, le plan basilical cruciforme était le plus répandu dans l'Occident latin et c'est celui qu'adoptèrent les cisterciens. Si donc l'origine de cette forme ne fait aucun mystère, on peut en revanche se demander comment elle fut adaptée aux besoins spécifiques de l'Ordre.

Comme nous l'avons déjà signalé dans la préface, nous ne savons pas grand chose sur la vie des moniales cisterciennes en comparaison avec ce que nous savons – malgré certaines lacunes regrettables – de celle des moines. C'est dans la description des églises cisterciennes que ce vide est le plus flagrant ; les quelques pages consacrées aux édifices rectangulaires des moniales (parfois appelés "chapelles") ne font que renforcer une idée de simplicité répétitive qui semble traduire une existence étriquée.

La relative pauvreté des monastères de femmes a certes laissé plus de place au "rafistolage" : aménagement de bâtiments existants, rénovation d'anciennes constructions et adaptation à des critères souvent rigoureusement imposés par leur condition. Autre point important, la hiérarchie de l'Ordre était un reflet de la hiérarchie de l'Eglise et de la société de l'époque : les institutions de femmes étaient gouvernées par des hommes, directement ou indirectement. Toute décision, même prise par les moniales, passait par les prêtres qui exerçaient leur pouvoir sur le monastère ; ce pouvait être l'évêque, l'abbé dont dépendait la communauté ou le chapelain. Par conséquent, l'architecture de l'église et des autres bâtiments traduit la conception des prêtres.

L'élément commun que l'on retrouve dans toutes les abbatiales de femmes est la séparation stricte entre les moniales et le clergé. Les religieuses sont assemblées dans une tribune (ou galerie haute) ou séparées de l'officiant par une clôture grillagée. Le reste de la conception semble avoir été subordonné à cette contrainte, limitant ainsi le dessin de l'église. La multiplication des chapelles pour la célébration de messes privées est un problème qui ne se posait pas ; d'ailleurs les plus petites abbayes ne devaient disposer que d'un chapelain. Pourtant les églises de moniales font preuve d'inventivité dans les formes, les dimensions et les moyens utilisés pour s'adapter aux conditions imposées par le site. Souvent l'église était une simple nef unique rectangulaire, mais la longueur, la largeur, les proportions et la division de l'espace variaient considérablement. L'autel était placé à l'extrémité orientale, en général devant une fenêtre, tandis que les moniales se tenaient dans la partie occidentale. Seul le mobilier permettait de distinguer le chevet de la nef. L'église ne se terminait pas toujours par un simple mur droit ; dans certains édifices le chevet était arrondi ou polygonal, alors que dans d'autres une chapelle plate plus étroite faisait saillie dans le mur est. Sur cette forme de base (plan rectangulaire terminé par une abside), d'autres éléments sont venus se greffer : transept (avec ou sans chapelles à l'est), sacristie, porche et très souvent un bas-côté, accolé aux bâtiments conventuels, par où entraient les moniales.

On connaît également des exemples d'églises reprenant le plan basilical traditionnel, avec nef flanquée de bas-côtés, transept et abside. C'était le cas de la première maison de moniales cisterciennes, l'abbaye du Tart, fondée dans les années 1120 comme nous l'avons vu au chapitre 2. L'église, qui fut construite peu de temps après, n'existe plus mais des fouilles entreprises au début du siècle ont révélé une église de 45 mètres de long avec une nef de cinq travées à collatéraux, un transept saillant muni de chapelles à l'est et à l'ouest

Plans d'églises
de monastères
de moniales

Bouchet

Goujon

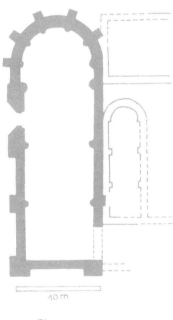

Gigean

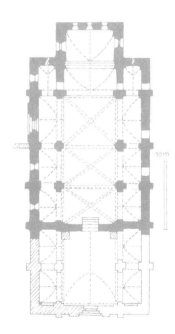

La Maigrauge

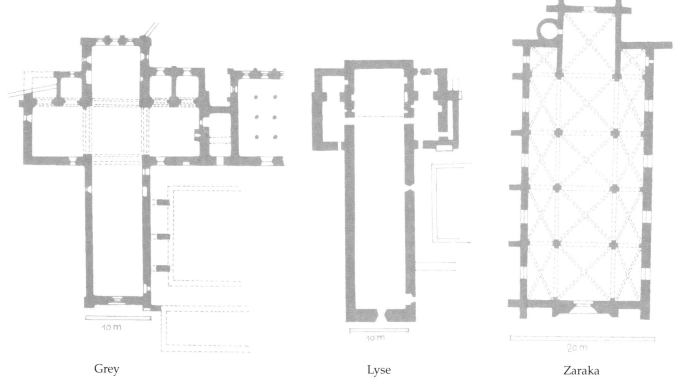

Grey

Lyse

Zaraka

Plans d'églises
de monastères
de moines

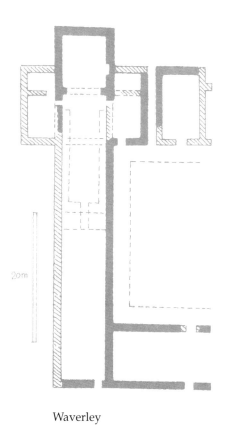

Waverley

et un chevet plat. La Maigrauge en Suisse ne possède pas de transept mais des bas-côtés terminés par une chapelle de part et d'autre du sanctuaire. Les couvents fondés et dotés par le pouvoir royal disposaient plus facilement d'églises comprenant tous les espaces architecturaux traditionnels, comme Las Huelgas (fondé par le roi Alphonse VIII de Castille) et Maubuisson (fondé par la fille d'Alphonse, Blanche de Castille, reine de France).

Les abbayes d'hommes ont davantage retenu l'attention que les couvents de femmes. L'évolution de l'architecture de leurs églises, dont la variété est considérable, a fait l'objet de nombreuses études. Il arrive également que les moines possèdent de modestes églises à nef unique ;

l'abbaye de l'Etoile (Vienne) – à qui l'on doit le remarquable auteur du XIIe siècle, Isaac – n'est qu'un exemple d'un plan que l'on retrouve à maintes reprises dans le sud-ouest de la France et qui fut repris à la fin du XIIe siècle pour la construction de l'abbatiale de Belmont en Syrie. A Waverley, première abbaye cistercienne fondée en Angleterre, l'église primitive comportait une nef unique extrêmement longue et étroite coupée par un transept dont les croisillons communiquaient à peine avec la nef. Un demi-siècle plus tard, l'abbatiale de Lyse en Norvège fut construite sur un plan semblable. On ne trouve de bas-côtés ni à Grosbot (Charente) ni à Belloc (Tarn-et-Garonne) ni à Bonnecombe (Aveyron), mais un transept ouvrant sur des chapelles qui flanquent le chevet, comme à Bugedo de Juarros en Vieille-Castille. L'église de l'abbaye d'hommes de Zaraka, en Grèce, a été construite sur le même plan que celle des moniales de La Maigrauge dont nous avons parlé plus haut (église à trois vaisseaux sans transept et avec des chapelles orientales flanquant le vaisseau central).

Le plan le plus fréquent dans les abbayes d'hommes reste cependant le plan basilical en croix latine avec nef à collatéraux, chevet, transept et une ou plusieurs chapelles ouvrant à l'est de chacun des croisillons, comme à l'abbaye du Tart. Dans certaines églises, l'abside est rectangulaire ou carrée, de même que les quatre, six, parfois huit chapelles construites de chaque côté sur les croisillons. Bien que le plan exact de Clairvaux ne soit pas connu, Karl Heinz Esser a donné à ce dessin rectiligne le nom de "plan bernardin" [1], après avoir trouvé cette disposition lors des fouilles de l'abbaye d'Him-merod dans l'Eifel, en Allemagne dont la construction fut supervisée par un moine envoyé par Clairvaux, du vivant de Bernard. D'après Esser ce plan aurait été adopté dans toutes les églises de la lignée de Clairvaux construites avant la mort de Bernard en 1153, alors qu'en fait seuls les plans de quelques douzaines d'abbatiales sont connus parmi les quelque 170 abbayes en question. Par ailleurs, il a également été repris dans certaines églises des autres filiations et a été interprété alors comme une sorte de "plan-type", même si les circonstances ne permettent pas toujours d'étayer cette hypothèse. Les dimensions modestes du chevet plat sont disproportionnées par rapport au reste de l'église qui comporte presque toujours une longue nef à collatéraux et transept. La petite proportion de moines ordonnés prêtres dans les premiers temps de l'Ordre a été invoquée pour justifier ce parti, mais les statistiques sur la population monastique au XIIe siècle sont insuffisantes pour arriver à une conclusion. On sait par exemple qu'alors que Pontigny comptait cinquante moines-prêtres en 1157 pour une communauté bien plus importante, elle ne disposait certainement pas de cinquante chapelles.

Beaucoup d'églises cisterciennes ont opté pour un type de chevet très courant dans les édifices romans : le chevet en hémicycle ou polygonal. Il est souvent flanqué de chapelles de forme polygonale ou arrondie ouvrant sur le transept. On peut citer, parmi tant d'autres, les abbatiales de Léoncel en France et d'Aulne en Belgique. Ces chapelles sont dans certains cas prises dans un mur droit, alors qu'ailleurs la forme polygonale ou arrondie est visible aussi

1. "Les fouilles à Himmerod et le plan bernardin", *Mélanges saint Bernard (Congrès de l'Association bourguignonne des sociétés savantes, 24)*, Dijon, 1953, p. 311-315.

bien à l'intérieur qu'à l'extérieur.

Les chapelles peuvent également être disposées en échelon, c'est-à-dire légèrement en retrait par rapport à l'abside qui ressort comme le joyau central d'un collier entouré de perles moins saillantes. C'est ce type de plan qui fut utilisé dans la deuxième église de Cluny et qu'on appelle parfois "plan bénédictin". Les églises cisterciennes y ont également recours, comme le prouvent Georgenthal en Allemagne, Reigny et Mazan en France, entre autres.

On trouve parfois une combinaison des différentes formes dans un même édifice : chevet plat flanqué de chapelles en hémicycle (Sept-Fons, dans l'Allier ; Vaux-de-Cernay, dans les Yvelines) ou chevet semi-circulaire encadré de chapelles rectangulaires (en particulier en Espagne). Les chapelles orientales du transept peuvent même adopter des tracés différents, comme à Fontfroide où chaque croisillon comporte deux chapelles ; la plus proche du chevet est petite et carrée, alors que la deuxième est polygonale comme l'abside centrale. L'église primitive de Mellifont en Irlande avait trois chapelles sur chacun des bras du transept : une chapelle rectangulaire flanquée de deux absidioles semi-circulaires. Il ne s'agit là que d'un échantillon d'un large éventail de formes mettant en évidence la diversité des plans cisterciens et leur capacité à s'adapter aux différentes traditions locales.

Lorsque l'on traite de l'architecture cistercienne, on ne tient pas toujours compte du nombre impressionnant de reconstructions entreprises dans les premiers temps de l'Ordre. Plus on approfondit la question et plus on s'aperçoit que l'architecture n'était

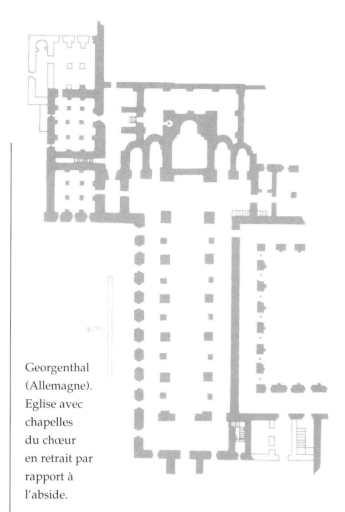

Georgenthal (Allemagne). Eglise avec chapelles du chœur en retrait par rapport à l'abside.

pas régie par des lois aussi rigoureuses. A mesure que la communauté s'étoffait, l'abbaye s'étendait et l'église était agrandie ou remplacée par une construction nouvelle qui reflétait les coutumes liturgiques – et en général le style – de l'époque.

Trois des maisons-mères – Cîteaux, Pontigny et Clairvaux – ont connu cette évolution. Leurs églises présentaient au départ un petit chevet plat flanqué de part et d'autre de trois ou quatre chapelles. Puis dans la seconde moitié du XIIe siècle, on entreprit d'agrandir le chevet en suivant des plans différents. Le parti choisi à Clairvaux et à Pontigny est le déambulatoire à chapelles rayonnantes fréquent dans les cathédrales, alors que le chœur de Cîteaux conserva un plan rectiligne mais on construisit des chapelles sur les trois côtés

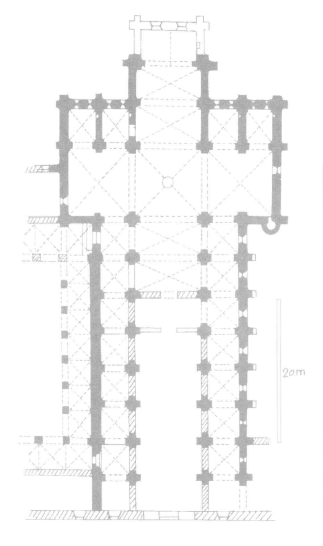

Acey. Eglise à plan
basilical à croix
latine avec abside
rectangulaire.

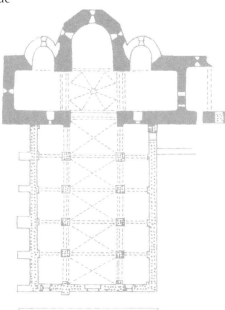

Leoncel.
Eglise avec
chevet
polygonal
flanqué de
chapelles de
forme arrondie
ouvrant sur
le transept.

du nouveau chevet. C'est ce dernier type que Villard de Honnecourt a reproduit, en modèle réduit, dans son carnet de dessins au début du XIIIᵉ siècle.

Dans les ouvrages d'architecture, la reconstruction d'une église au Moyen Age – reconstruction de tout l'édifice ou travaux importants – est indiquée par l'ajout d'un chiffre romain au nom de l'abbaye. Ainsi, Cîteaux I est le premier oratoire en pierre, consacré en 1106 ; Cîteaux II, l'église en pierre plus grande construite avec l'ensemble des bâtiments (entre 1140 et 1150 approximativement) ; Cîteaux III renvoie au nouveau chœur plus vaste qui fut consacré en 1193 (voir les plans, page suivante). On retrouve la même série de campagnes de construction dans les églises de Pontigny et de Clairvaux.

Le plan était conçu pour satisfaire aux différentes activités liturgiques qui se déroulaient dans l'église. Bien que nos connaissances ne soient pas toujours très précises, les indices dont nous disposons suffisent pour donner un aperçu de l'utilisation d'une église cistercienne avec les principaux acteurs et la place qu'ils occupaient dans l'édifice.

Les luminaires disposés dans l'église pendant l'office de nuit sont un élément précieux permettant de déterminer où étaient assis les différents groupes, où se tenaient les lecteurs et à quels endroits trouvait-on des marches. Une fois encore, les *Ecclesiastica officia* constituent une véritable mine pour l'historien. On y apprend qu'il ne doit pas y avoir plus de cinq lampes dans l'oratoire, dont trois ont une place bien spécifique : une devant les marches

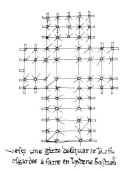

Plan d'une église
cistercienne selon
les carnets de Villard
de Honnecourt.

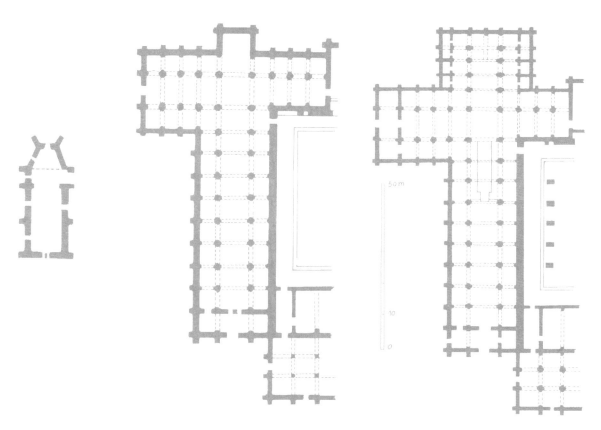

Cîteaux I, II, III :
plans des trois églises
successives.

menant au sanctuaire, la deuxième au centre du chœur des moines et la dernière dans le chœur des infirmes. On allumait ces trois lampes pour vigiles (célébrées dans la nuit été comme hiver) et pour la messe et vêpres lors des grandes fêtes.

Le **sanctuaire** est situé dans le chevet et surélevé par rapport au reste de l'église. Une lampe éclairait les deux marches qui menaient à un premier niveau. Là étaient placés à droite (au sud) les sièges réservés au célébrant et à ses ministres, alors que le pupitre portatif pour poser l'Evangéliaire était sur la gauche (nord). Lorsque le siège du célébrant (*sedilia*) n'était pas ménagé dans l'épaisseur du mur sud, une chaise ou un banc faisaient l'affaire. C'est sur ce premier niveau que le prêtre bénissait les cierges, les cendres et les rameaux le jour de la fête correspondante.

L'autel, monté plus haut sur un degré, occupait l'extrémité est du sanctuaire. Il n'était pas disposé contre le mur afin que les religieux pussent passer derrière l'autel lors de la communion pour y recevoir le vin eucharistique. Le calice était sans doute l'objet le plus précieux de tout le monastère. Un statut édicté selon toute probabilité entre 1109 et 1119 exige que tous les ornements liturgiques, vases sacrés et ustensiles soient "sans or ni argent ni joyaux", à l'exception du calice et du chalumeau eucharistique (*fistula*) qui peuvent être en vermeil. Le chalumeau était un tube en métal (en général, fait en or ou en argent à l'extérieur du monastère) à travers lequel les communiants aspiraient le vin consacré contenu dans le calice.

La simplicité et l'absence de décor exigées pour les autres "ornements, vases et ustensiles" traduit le désir cistercien de pauvreté et le rejet de toute distraction. Cette même volonté transparaît dans un nombre significatif de statuts promulgués par le Chapitre Général entre 1122 et 1135, dans lesquels les sculptures et les peintures sont interdites dans l'église et dans les autres salles du monastère. Dans le même esprit, le linge d'autel ne doit pas être orné de broderies et les vêtements liturgiques doivent être d'une seule couleur. Toutes ces superfluités ne pouvaient qu'entraver la méditation et la véritable dévotion. Une seule image était autorisée, la figure du Christ crucifié sur la croix de procession en bois.

La croix de procession restait derrière l'autel lorsqu'elle n'était pas utilisée, flanquée de chaque côté d'un grand chandelier posé par terre. Des statuts de la seconde moitié du XIIᵉ siècle autorisent les croix en métal tandis que les croix de grande taille (*notabilis magnitudinis*) sont formellement interdites. Un excellent exemple de ces modestes croix en fer en provenance de l'abbaye de Fountains est parvenu jusqu'à nous.

A droite de l'autel, une crédence était prévue pour disposer le pain, le vin et l'eau nécessaires à l'Eucharistie. Au XIIᵉ siècle elle était parfois ménagée dans l'épaisseur du mur sud. Elle comportait en général une piscine double, l'une pour l'eau ayant servi à purifier les vases sacrés et l'autre pour l'eau des ablutions. Dans certaines abbayes, on voit encore deux trous dans le sol du côté sud de l'autel qui devaient être surmontés d'une colonne creuse ou d'un bloc percé. Les eaux usées étaient versées dans le trou et évacuées sous l'église. Une plus petite niche dans le mur servait à garder les linges d'autel ou les vases sacrés.

On avait l'habitude de suspendre la réserve eucharistique au-dessus de l'autel pour la protéger des rongeurs. Au fil des siècles, des tabernacles plus sophistiqués furent construits ici et là, les cisterciens suivant en général les coutumes locales.

Le maître-autel occupait tout le chevet, lorsque ce dernier se limitait à une petite chapelle rectangulaire ou à une abside semi-circulaire. Les autres messes étaient donc célébrées dans les chapelles latérales, où l'on trouve un système semblable de niches creusées dans le mur pour garder les mêmes objets. Au cours du XIIᵉ siècle, la multiplication du nombre d'autels dans les abbatiales d'hommes est très répandue. Certains étaient tout simplement disposés contre un mur ou une colonne (en particulier dans les bas-côtés qui se remplirent vite de ces "chapelles" improvisées), alors que dans d'autres églises on opta pour une solution architecturale plus élaborée. Comme nous l'avons signalé plus haut, le chevet était parfois agrandi au moyen d'un déambulatoire sur lequel ouvraient toute une série de chapelles. On accédait à ces dernières en montant une marche ou deux mais, en règle générale, le sanctuaire restait toujours la partie la plus élevée de l'église.

Le **transept** n'était pas une obligation mais se révélait très utile car il offrait un espace plus vaste à l'extrémité orientale de l'église. Il facilitait la circulation et était particulièrement adapté pour recevoir des chapelles à l'est, et parfois également à l'ouest, pour la célébration des messes privées (des lampes supplémentaires étaient autorisées dans ce cas). Lors de certains offices, les moines qui venaient de subir une saignée devaient se tenir en face d'un autel dans un des bras du transept. La porte de la sacristie ouvrait sur un des croisillons, du côté du cloître, et l'escalier qui la jouxtait permettait aux moines de rejoindre directement l'église, à partir de leur dortoir, pour les offices de nuit (pl. 11 I A,B, C). Le cimetière se trouvait de l'autre côté de l'église et on y accédait par la porte des morts percée dans le mur du croisillon opposé à celui du cloître.

La **croisée**, ou carré, **du transept** est l'intersection entre le vaisseau du transept et celui de la nef. Cette zone offre naturellement un espace pour la circulation, en particulier pour permettre aux moines d'entrer dans le chœur.

Le clocher surmontait la croisée du transept et les cordes qui servaient à sonner les cloches touchaient les marches conduisant au sanctuaire. Lorsqu'on n'en avait pas l'utilité, les cordes étaient ramassées en un nœud, comme on peut toujours le voir à Sénanque. Les cloches et les clochers ont fait couler beaucoup d'encre comme nous l'avons vu précédemment.

La **nef** d'une église cistercienne était divisée en trois parties distinctes appelées chœurs. Le premier chœur, situé dans les travées les plus orientales de la nef, était réservé aux moines et aux novices (d'où le nom de **chœur des moines** qui finit par s'imposer pour le distinguer du chœur des convers). En dehors des offices, un moine pouvait se rendre dans l'église pour prier, au cours des différents intervalles de la journée et pendant la période de lecture qui suivait le chapitre dans la matinée. Il ne devait pas lire dans l'église mais s'agenouiller et prier ; il ne pouvait y amener aucun livre ni relever son capuchon, car l'oratoire est

fait uniquement pour la prière et pour aucune autre activité.

Pratiquement aucun mobilier primitif cistercien n'est parvenu jusqu'à nous. Des documents du XIIe siècle nous apprennent cependant qu'au milieu du chœur des moines se dressait un pupitre, ou lutrin, sur lequel était posé soit l'antiphonaire (recueil des chants de l'office), soit le graduel (chants de la messe), et qui était éclairé par une lampe. Les stalles, qui servaient de siège aux moines, étaient disposées en U contre les piliers, la partie ouverte faisant face à l'autel. Du côté opposé, une petite ouverture permettait d'accéder à la partie ouest de la nef. Cette porte était bordée des stalles où se tenaient l'abbé et le prieur pendant les offices (sur la droite et sur la gauche, respectivement). Les moines étaient, quant à eux, assis d'un côté ou de l'autre du chœur par ordre décroissant d'ancienneté – les moines les plus anciens près de l'abbé ou du prieur et ceux qui venaient de faire leur profession tout à fait à l'est –, tandis que les novices occupaient le centre du U. Cette disposition était inversée pendant la messe : l'abbé et le prieur se plaçaient à l'entrée du chœur (à l'est), mais toujours au sud et au nord comme pour l'office, et les moines changeaient de place pour garder leur ordre d'ancienneté.

S'il subsiste peu de mobilier ecclésiastique du XIIe siècle, en revanche des stalles finement ouvragées datant du XIVe siècle sont encore utilisées de nos jours par les communautés des abbayes de La Maigrauge et de Hauterive, toutes deux dans le canton suisse de Fribourg. L'ancienne abbatiale de Zinna (Brandebourg, Allemagne), transformée aujourd'hui en église paroissiale, possède également deux ensembles de stalles réservées autrefois aux moines. Dans tous ces exemples, chaque stalle comprend une sellette mobile avec une miséricorde sculptée. Pendant les parties de la liturgie où il fallait chanter debout, les moines relevaient leur siège et s'appuyaient contre la miséricorde qui était placée sous celui-ci.

L'**arrière-chœur**, appelé également **rétrochœur** ou **chœur des infirmes**, se trouvait juste derrière le chœur des moines, à l'ouest. Ses dispositions exactes ne sont pas connues. Il était réservé aux vieillards, aux infirmes et, du moins pour certains offices, aux moines qui venaient de subir une saignée. Au centre, on plaçait un lutrin pour y poser le psautier et une lampe était prévue à cet endroit. Le moment venu, les novices quittaient leur place dans le chœur et s'asseyaient autour du psautier pour accompagner les moines (qui eux connaissaient les psaumes par cœur). On peut donc imaginer la circulation qu'il y avait entre les deux parties pendant les offices.

Le **troisième chœur**, qui occupait la partie occidentale de la nef, était réservé aux frères convers. Il devait être garni, comme les deux autres, de stalles et éclairé éventuellement par une quatrième lampe. Les frères convers rejoignaient l'église par une entrée, qui leur était propre, pratiquée en général dans la travée la plus occidentale du bas-côté. Cette porte donnait directement dans la ruelle des convers qui longeait les bâtiments situés à l'ouest.

L'espace libre derrière le chœur des convers accueillait les personnes étrangères à la communauté – certains hôtes, les travailleurs salariés et les *familiares* (dont nous parlerons dans le chapitre 9 consacré aux frères convers et à l'aile occidentale) – et pouvait être éclairé par une cinquième lampe. Il est probable que ces personnes entraient par une porte située sur le mur ouest, mais les dispositions différaient d'une abbaye à l'autre. Il est très difficile de décrire cette partie de l'église avec précision. La seule chose dont nous soyons sûrs c'est que tous ceux qui n'étaient pas moines étaient regroupés là. On peut dire néanmoins que les hôtes (*hospes*) autorisés à entrer dans l'église ne devaient pas être les premiers pèlerins venus. Les abbatiales cisterciennes n'étaient ni des églises de pèlerinage ni des églises paroissiales. Les hôtes n'y recevaient pas la communion et on ne la donnait aux travailleurs salariés (*mercenarii*) que, si par malheur, ils étaient à l'agonie. Exceptionnellement, ces hôtes privilégiés participaient à la fête de la Purification de la Vierge (le 2 février) au cours de laquelle on distribuait les cierges bénis aux moines, aux novices, aux frères convers, aux *familiares* et aux hôtes, puis tous faisaient la procession autour du cloître. Nous serions tenté de juger la sévérité de ces restrictions, habitués comme nous le sommes, à nos sociétés plus démocratiques, mais une abbaye n'était pas une démocratie et le degré d'ouverture était déjà exceptionnel pour l'époque. L'hospitalité était certes une obligation monastique, mais une hospitalité illimitée ne pouvait pas aller de pair avec la vie de religieux contemplatifs. Les moines devaient se préserver des incursions intempestives du monde extérieur.

Au Moyen Age, la communion était administrée avec beaucoup plus de parcimonie que de nos jours. La messe quotidienne était célébrée par le prêtre désigné pour la semaine. Les jours ordinaires seuls ce dernier et ses ministres communiaient, les moines ne recevant l'eucharistie que le dimanche et les jours de fête. Au XIIᵉ siècle, les moniales suivaient également cette coutume. Quant aux frères convers, leur cas était particulier. Au XIIᵉ siècle, on les comptait souvent par centaines ; on peut imaginer sans peine les problèmes que pouvait poser la circulation d'une telle foule. La solution consistait à administrer la communion aux frères convers par petits groupes et le Chapitre Général décréta qu'ils recevraient le Saint-Sacrement douze fois l'an, nombre qui fut ramené à sept aux environs de 1147. Il ne s'agit cependant que de directives générales, car l'abbé avait le droit d'augmenter ou de diminuer cette fréquence. Au XIIIᵉ siècle, les moniales furent contraintes de communier au même rythme que les frères convers.

C'est le sacristain et son assistant qui étaient chargés du ménage quotidien de l'église ; on insiste en particulier sur le besoin de balayer le sanctuaire "aussi souvent que nécessaire" et de nettoyer les "malpropretés". Le vendredi saint les frères convers, sous la supervision du cellérier, procédaient au nettoyage de toute l'église. L'heure à laquelle ce travail de titan était accompli dépendait des abbayes (après vêpres dans certaines, dans d'autres après prime pendant que les moines récitaient l'intégralité du psautier dans la salle capitulaire).

Avant de clore la description du plan de l'église, arrêtons-nous quelques instants au **porche**, ou **narthex**, qui s'élevait à l'ouest de la plupart des oratoires cisterciens. Dans les églises destinées à accueillir des laïcs, le porche servait de lieu de transition entre le monde profane et le monde sacré. En revanche, les moines, qui vivaient constamment à l'intérieur de la clôture, ne subissaient pas cette phase de transition brutale, raison pour laquelle certaines églises cisterciennes sont dépourvues de portail central sur la façade occidentale. Les moines entraient par le cloître et les frères convers par la ruelle dont il a déjà été question. A quoi servait dans ce cas le porche ?

Le narthex est une structure architecturale qui prend la forme d'un parvis ("paradis") ou galilée dans certaines églises, bien qu'aucune règle précise n'existe. On le trouve dans quelques églises bénédictines ; d'ailleurs cet élément figure dans le plan de Saint-Gall. Par exemple, l'imposant galilée de Maulbronn fut édifié après l'église, au cours de la campagne de construction du reste de l'abbaye, avec le cloître et le réfectoire des moines ; cette chronologie n'est pas surprenante quand on sait que les églises se bâtissaient d'est en ouest. Fontenay possédait également un porche, de même que Clairvaux et nombre d'autres abbayes. A Rievaulx, le parvis spacieux servit de cimetière au XIIᵉ siècle. A Pontigny, enfin, le porche en pierre occupe toute la façade. D'un autre côté, nombreuses sont les églises cisterciennes qui sont dépourvues de narthex, ce qui semble indiquer que la présence ou l'absence de cette construction répondait essentiellement à des traditions locales.

Après avoir décrit les différents types de plan et l'utilisation de l'espace, portons maintenant notre regard sur le sol des églises. Jusqu'au XIIIᵉ siècle au moins, aucune règle ou règlement n'existait sur la nature des pavements ni sur leur décor.

Le choix du type de pavement (lorsqu'on décidait de recouvrir le sol) semble avoir appartenu à chaque abbaye. Le carrelage est la dernière étape de la construction car les céramistes ne peuvent commencer à travailler qu'après que les échafaudages mis en place pour installer les verrières ont été démontés.

Les carreaux décorés qui pavaient le sol des églises cisterciennes étaient renommés. On a retrouvé des pavements très anciens – certains remontent à l'extrême fin du XIIe siècle – dans de nombreuses abbayes françaises (pl. 1 VI A-E, VII). Beaucoup sont recouverts d'un vernis vert foncé, jaune, marron ou noir et, lorsqu'ils sont assemblés, les dessins qui les ornent s'imbriquent formant des motifs géométriques et abstraits d'une grande complexité. Le carrelage peut être beaucoup plus simple ; notons en particulier les motifs obtenus en posant des pavés carrés sur une grande surface puis des carreaux en diagonale pour former des bordures, ou bien en compartimentant le sol au moyen de bandes de carreaux monochromes courant sur toute la longueur de la nef (pl. 1 VI D). C'est peut-être cette bordure que les moines suivaient, de façon plus ou moins conscient, jusqu'au sanctuaire pour y recevoir la communion, une bénédiction ou pour la lecture (car s'ils étaient absorbés dans leur méditation, ils ne devaient pas cependant se heurter aux murs). L'effet obtenu grâce aux carreaux les plus simples pouvait donc être d'une grande subtilité.

Parmi les pavements les plus élaborés, on dégage trois groupes. Le premier type est la mosaïque : de petits carreaux de couleurs, de formes différentes, émaillés puis cuits, sont assemblés pour former des motifs. En Angleterre, des fragments de carreaux émaillés identiques ou similaires aux pavements français ont été retrouvés à Boxley, Sawley, Warden et Waverley. Même si les plus anciens remontent sans doute à la fin du XIIe siècle, les carreaux émaillés étaient rares sur l'île jusqu'en 1225 environ. A partir du deuxième quart du XIIIe siècle, commencent à faire leur apparition les magnifiques sols de mosaïque qui ont atteint leur apogée dans les abbayes du nord du pays – Byland, Fountains, Jervaulx, Louth Park, Meaux (dont le sol était pavé d'au moins quarante-trois motifs différents), Newbattle, Newminster, Rievaulx et Sawley. Les vestiges d'énormes roues en couleur et d'autres dessins qui subsistent à Byland permettent de se faire une idée de ce que pouvaient être ces splendides décorations. Ces pavements semblent dater de la période comprise entre 1235 et 1265, mais on en trouvait déjà en France avant la fin du siècle précédent. Au XIVe siècle, on posa des mosaïques complexes de ce type à Warden, dans le Bedfordshire.

Au deuxième groupe appartiennent les carreaux avec des dessins incisés à la surface de l'argile avant cuisson. Au début, le dessin était modelé ou creusé à la main dans l'argile humide. Les exemples qui sont parvenus jusqu'à nous constituent un échantillon représentatif des résultats fort variés dont était capable un artisan doué. On pouvait également tracer des cercles ou des portions de cercles ; les carreaux étaient ensuite assemblés et formaient un motif complet. Un autre procédé de fabrication, plus rapide, fut utilisé par la suite : le dessin était imprimé dans l'argile humi-

7

Châtillon-sur-Seine. Eglise Saint-Vorles :
le mur du chevet
et la croisée du transept.

Fontfroide. Chevet de l'église
vu du nord-est.

A. Fontfroide. Intérieur de l'église,
vers l'est.
B. Fontfroide. Façade de l'église.

A. Sylvanès. Extérieur de l'église,
vue du nord-est.
B. Sylvanès. Chapiteau de la nef.
C. Sylvanès. Grille en fer forgé,
fenêtre de l'abside.

Aiguebelle. Bas-côté sud de l'église.

Flaran. Façade de l'église.

A. Flaran. Chapiteaux accolés.
B. Flaran. Extérieur de l'église
vu de l'est.

Le Thoronet. Nef et sanctuaire.

Le Thoronet. Façade de l'église.

Noirlac. Bas-côté sud
et vaisseau central vers l'ouest.

A. Noirlac. Bras nord du transept.
B. Noirlac. Nef et sanctuaire.

Léoncel. Bas-côté nord de l'église.

Léoncel. Vue de l'église
prise du nord-est.

Silvacane. Grandes arcades de la nef
ouvrant sur le bas-côté nord.

Silvacane. Oculus du réfectoire.

Silvacane. Façade ouest de l'église.

7 x

de à l'aide d'une matrice sculptée (probablement en bois). On arrive ainsi à une sorte de production industrielle permettant à des ouvriers moins talentueux de fabriquer un plus grand nombre de carreaux en moins de temps.

Les carreaux en engobe à deux tons, également réalisés à l'aide d'une matrice mais selon un procédé plus élaboré, constituent le dernier groupe. Le dessin est gravé juste à la surface de l'argile (à environ 1mm), puis une fine couche d'engobe blanc (de l'argile liquide) est versée dessus. On obtient ainsi un décor blanc sur rouge ou rouge sur blanc, si c'est le fond qui est imprimé et non le dessin. Il s'agit d'une technique délicate, car l'engobe n'adhère pas toujours parfaitement à l'argile. D'ailleurs, les céramistes modernes qui ont essayé de copier ces carreaux n'y sont pas arrivés sans peine. Cependant, les artisans cisterciens maîtrisaient à la perfection ce procédé qui devint une technique courante à partir du XIIIe siècle, aussi bien à l'intérieur qu'à l'extérieur de l'Ordre. On exécuta des dessins de plus en plus complexes, dans lesquels on trouve des animaux (pl. 1 VI C) et des armoiries.

Certains abbés pouvaient donner libre cours à leur imagination dans les dessins de pavements en faisant appel au talent et aux techniques des moines, des frères convers ou des travailleurs salariés de la communauté, mais le Chapitre Général trouva certains motifs extravagants. Le premier statut cistercien sur les pavements décorés fut édicté en 1205 pour condamner l'abbé de Pontigny qui avait fait exécuter des pavements trop somptueux. Cinq ans plus tard, l'abbé de Beaubec en Normandie reçut à son tour une admonestation parce qu'il avait autorisé l'un de ses moines à passer trop de temps à l'exécution de pavements traduisant "un degré non convenable d'insouciance et d'intérêt curieux". En 1218 le Chapitre Général crut bon d'édicter un décret général dans lequel il exigeait que tous les pavements décorés fussent enlevés des églises cisterciennes avant le Chapitre de l'année suivante. Cependant, deux ans plus tard, on ne condamnait plus que les carrelages "notables", même si on ne sait pas au juste ce que recouvre ce terme. Comme pour les enluminures, les sculptures et les peintures, rien ne permet de déterminer quels types de carreau et de dessin étaient considérés comme "notables". Régulièrement et tout au long du XIIIe siècle, des statuts semblables furent promulgués.

Elévation, structure et espace

L e plan de l'église correspond à l'espace nécessaire aux différentes fonctions et aux différents groupes de personnes. Des modifications peuvent donc refléter un changement dans la liturgie, une augmentation (ou une diminution) du nombre de personnes participant à une fonction déterminée qui nécessitait auparavant moins (ou plus) de place. Le plan est projeté dans l'espace à trois dimensions créant ainsi l'enveloppe spatiale qui constitue l'édifice. On part de l'**élévation** verticale des murs, qui définit les divisions dans les niveaux supérieurs (taille et emplacement des fenêtres, baies, arcs...). Cette élévation est obtenue au moyen de la **structure** (supports, murs, voûtes), dont les surfaces peuvent être animées de sculptures, peintures, moulures et autres éléments architecturaux, qui constituent l'**articulation**. L'articulation n'a pas qu'un rôle strictement décoratif ; elle peut avoir une fonction symbolique, être au service de l'éclairage pour permettre aux jeux d'ombre et de lumière d'animer l'édifice, ou de créer un équilibre visuel.

Les dimensions, les matériaux, la hauteur, le type d'élévation ou de voûtement des églises cisterciennes n'obéissent à aucune règle précise. Dans ses statuts et décisions, le Chapitre Général ne dit pas ce qu'il faut faire mais ce qui est à proscrire. De prime abord cette position peut sembler négative, alors qu'elle donne en fait pleine liberté aux abbayes en matière de construction. Par exemple, il était défendu d'élever des clochers en pierre ; cependant dans le sud de la France, les beffrois en bois s'étant révélés trop fragiles pour résister au mistral, on autorisa les abbayes du Midi à construire un petit clocher en pierre. Les statuts ont également évolué. On s'aperçoit, par exemple, que jusqu'en 1180 les portes des églises pouvaient être peintes en noir ou en blanc, date à partir de laquelle on fut obligé de n'utiliser que le blanc. Ces prescriptions insufflent à l'architecture l'esprit cistercien – simplicité et dépouillement excluant tout luxe superflu –, tout en laissant à chaque abbaye le soin de choisir les moyens à sa convenance. Nous constatons par ailleurs que les décisions n'étaient pas imposées arbitrairement et irrévocablement ; elles étaient prises après débat et examen attentif et pouvaient être modifiées. Les seuls caractéristiques communes à tous les édifices étaient la simplicité des lignes, le soin ap-

porté à l'exécution et aux finitions (moulures, chapiteaux, qualité de la pierre et perfection de la taille…) et les vitraux en grisaille de verre incolore et translucide.

Le type d'élévation est déterminé par le nombre d'ouvertures qui se superposent verticalement dans chaque travée de la nef. L'**élévation à un niveau** est la solution la plus simple car elle comporte juste l'étage des grandes arcades qui ouvrent sur les bas-côtés. Tel est le cas à Fontenay (pl. 9 III), au Thoronet (pl. 7 VIII) et à Bonmont en Suisse. L'un des inconvénients de ce type d'élévation est que la nef est éclairée indirectement par les fenêtres des bas-côtés. Dans les régions où le soleil est souvent caché derrière les nuages, les églises à un niveau sont obscures. En revanche, dans les régions méridionales la fraîcheur peut être maintenue en plein été.

Les **églises-halles**, très répandues en Allemagne (*Hallenkirche*), ont une élévation à un niveau. Les grandes arcades ouvrent sur les collatéraux, mais comme les voûtes latérales s'élèvent à une hauteur proche de celle de la voûte centrale, les divisions en vaisseaux disparaissent pour n'offrir à la vue qu'un vaste espace ressemblant à une halle. Les églises de Haina en Allemagne), Fontfroide en France (pl. 7 III A), Alcobaça au Portugal et Vyšší Brod (ou Hohenfurt) en Bohême présentent toutes ce type de structure, avec des grandes arcades de tracé brisé montant aussi haut que la voûte du vaisseau central.

Lorsqu'on dispose au-dessus des grandes arcades un étage de fenêtres hautes, l'église a une **élévation à deux niveaux**. C'est la disposition la plus commune des églises cisterciennes car elle permet à la nef de recevoir un éclairage direct. Les exemples sont innombrables dans toute l'Europe, de Noirlac (pl. 7 XI B) et Melleray en France à Bélapátfalva en Hongrie, en passant par Buildwas et Fountains en Angleterre, Sedlec et Zlatá Koruna en Bohême, Poblet en Catalogne, Tre Fontane en Italie (pl. 8 VI C) et Varnhem en Suède. En général, l'étage des fenêtres hautes était prévu dès le départ ; toutefois dans certaines églises on optait pour cette solution en cours de construction lorsque l'éclairage indirect était jugé insuffisant. A Sénanque, située dans une vallée encaissée assez sombre, les joints attestent ce changement de parti (pl. 9 IV).

Que l'église ait un ou deux niveaux, il est nécessaire de prévoir un accès aux combles des bas-côtés. La solution la plus évidente consiste à construire un escalier en colimaçon dans l'épaisseur du mur, mais on trouve dans beaucoup d'églises cisterciennes appartenant à la filiation de Clairvaux un système bien plus simple, qui devait probablement exister dans l'église (aujourd'hui détruite) de saint Bernard. Au-dessus des grandes arcades, on prévoyait à chaque travée une baie en plein cintre, fermée par une petite porte en bois pour éviter les courants d'air. Au moyen d'une échelle on atteignait l'ouverture permettant d'accéder à un espace étroit ménagé sur les reins de la voûte de chacune des travées des bas-côtés. Ce dispositif est présent à Casamari et Fossanova en Italie (pl. 8 VII), toutes deux filles de Clairvaux et dont les églises ont une élévation à deux niveaux, ainsi qu'à Obazine qui ne possède que l'étage des grandes arcades. Dans d'autres églises dépourvues d'escalier, comme à Fontenay, on accédait aux combles des bas-côtés par une petite ouver-

ture donnant sur la façade, en utilisant là encore une échelle. Il s'agit là des moyens, sinon les plus pratiques, du moins les plus simples d'accéder à l'étage supérieur.

L'**élévation à trois niveaux** fut très utilisée dans des églises monumentales non cisterciennes dès la fin du XIIᵉ et au cours du XIIIᵉ siècle, jusqu'à devenir un élément caractéristique de la construction gothique. Dans ce cas, on disposait un autre niveau entre les grandes arcades et la claire-voie ce qui permettait d'animer une surface laissée nue dans les églises plus anciennes. Cet étage intermédiaire, appelé triforium, comporte des arcatures qui donnent sur un passage très étroit pratiqué dans le mur au-dessus des bas-côtés, permettant entre autres d'accéder aux combles. Le triforium rythme la partie centrale du mur au moyen de structures décoratives. Bien que ce parti ne connût jamais un grand succès chez les cisterciens, il fut tout de même utilisé dans certaines grandes églises de cette époque, comme à Aulps, Longpont, Royaumont, Rievaulx, et aux chevets du Breuil-Benoît et d'Acey. A Villers en Belgique, les grandes arcades étaient surmontées d'un faux triforium, c'est-à-dire d'arcatures aveugles simplement plaquées contre le mur, sans passage.

Si le plan définit le tracé de l'église au sol et l'élévation les différentes parties du mur (dont l'éclairage) pour que l'édifice soit complet ces deux éléments doivent être réunis par la **structure**, elle-même animée par l'**articulation** de la surface. Cela ne surprendra personne d'apprendre que la construction d'une église cistercienne peut prendre des formes très variées, en fonction des techniques et des matériaux dispo-

Voûte en berceau.

Voûte d'arêtes.

Voûte en berceau brisé.

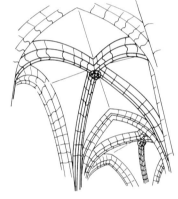

Voûte d'ogives.

nibles dans chaque région et à chaque époque. Nous ne citerons ici que quelques exemples pour montrer la diversité des solutions adoptées.

L'édifice est supporté à l'extérieur par les murs gouttereaux et à l'intérieur par les supports qui reçoivent les retombées des grandes arcades. Les formes de ces supports sont très variées, pouvant aller des massifs piliers de section carrée construits sans articulation dans le prolongement du mur supérieur – avec un parement en pierre comme à Eberbach en Allemagne et à Melleray en Bretagne, ou en brique comme à Tre Fontane – jusqu'aux colonnes sveltes

et élancées de Longpont dans l'Aisne, en passant par les puissantes piles cylindriques en pierre que l'on trouve à Buildwas ou en brique à Morimondo. Les piliers cruciformes sont conçus pour recevoir les arcs à double rouleau du haut-vaisseau et des bas-côtés, comme à Casamari et Fossanova au nord de Rome ; on trouve également des piliers fasciculés posés sur une base cylindrique, à Byland et Kirkstall dans le Yorkshire, ainsi que les deux types disposés alternativement comme à Chorin, près de Berlin, où ils sont en brique (pl. 8 IX).

Le **voûtement** des églises cisterciennes offre également une grande diversité. Le type de voûte le plus courant dans les constructions les plus anciennes est le **berceau**, qui doit son nom à son tracé semi-circulaire. Les voûtes en berceau, qui furent inventées par les Romains, doivent reposer sur des murs épais épaulés par des contreforts pour que leur poids et leurs poussées soient contenus. La **voûte en berceau brisé**, très utilisée dans l'architecture bourguignonne, a souvent été adoptée par les cisterciens car elle offre moins de contraintes (pl. 7 VIII). En effet, la flèche d'une voûte en berceau plein cintre est proportionnelle à la portée du vaisseau à couvrir, tandis qu'on peut donner un tracé plus ou moins aigu aux arcs brisés.

Les voûtes en berceau plein cintre ou brisé sont en général renforcées par des **arcs doubleaux** disposés à intervalles réguliers tout au long du vaisseau et qui épousent le tracé de la voûte (pl. 7 III A). Au début du XIIe siècle, leur profil est rectangulaire ou carré, avec parfois des arêtes taillées en biseau. Les doubleaux deviennent ensuite un élément essentiel du voûtement et adoptent un profil moins abrupt. De travée en travée, les arcs doubleaux qui reposent sur des pilastres verticaux donnent l'impression que des "courroies" amarrent la voûte aux murs du vaisseau. Ils permettent de définir les travées visuellement et impriment une progression rythmée à la voûte à mesure que le regard avance vers le chœur. Mais ces pilastres, au lieu de monter de fond, se terminent en encorbellement à plusieurs mètres au-dessus du sol. Ces culots sont un des éléments caractéristiques de l'architecture cistercienne. On prétend parfois que cela permettait de laisser suffisamment de place pour y disposer les stalles, mais on trouve des culots dans les coins les plus cachés, où il n'y avait aucun mobilier, ce qui laisse penser que cette solution devait obéir également à d'autres impératifs. Les culots sont décorés de sculptures géométriques ou de feuillage, comme les chapiteaux.

Les bas-côtés peuvent également être couverts d'un berceau. Ces voûtes latérales permettent par ailleurs de contrebuter les poussées de la voûte centrale. A Fontenay et l'Escale-Dieu en France, à Bonmont en Suisse, chacune des travées des collatéraux est couverte d'un berceau transversal (perpendiculaire à l'axe de la nef) de tracé brisé. Ce type de voûtement offre un contrebutement efficace à la voûte du haut-vaisseau, mais ne permet pas d'avoir de claire-voie, car les poussées exercées par les voûtes des bas-côtés sur le mur supérieur sont concentrées aux endroits où les fenêtres hautes devraient être percées. C'est peut-être pour cela que les cisterciens abandonnèrent ce système au profit d'autres types de voûtement. Dans d'autres églises, comme au Thoronet et à

Léoncel, les bas-côtés sont couverts de voûtes en demi-berceau, tandis qu'à Silvacane on trouve un berceau brisé rampant. A Sénanque après une première campagne de construction au cours de laquelle on éleva les murs de l'église, on couvrit les bas-côtés d'une voûte en berceau brisé rampant sur doubleaux, comme à Silvacane. Les visiteurs remarqueront qu'à Sénanque les retombées des arcs doubleaux ne sont pas placées au même niveau. Ces anomalies ne sont pas rares et reflètent des changements structurels en cours de construction, en fonction de l'évolution des styles et des techniques, qui devaient s'adapter aux parties plus anciennes de l'édifice. L'impression qui se dégage est que les constructions avançaient de façon empirique, le parti d'origine étant rejeté et de nouvelles solutions adoptées à mesure que le chantier progressait. C'est justement cette fraîcheur, cette adaptation au site et aux conditions environnantes, cette absence de rigidité qui font tout l'intérêt de ces édifices.

Dans certaines régions de France, les **coupoles** étaient très utilisées, en particulier pour couvrir la croisée du transept. Dans l'église de Léoncel, les quatre angles du carré du transept sont garnis de trompes qui forment huit côtés sur lesquels repose une coupole octogonale. Quant aux absides et absidioles semi-circulaires, elles sont la plupart du temps voûtées en cul-de-four.

La **voûte d'arêtes** fait également partie de l'héritage romain. Par rapport au berceau, elle offre l'avantage de localiser les poussées aux quatre angles de la travée au lieu de les reporter sur les deux murs latéraux, ce qui permet de percer des fenêtres. Elle a été très utilisée pour couvrir les bas-côtés tout au long du XIIe siècle, même lorsqu'on choisissait un autre type de voûte pour le haut-vaisseau. Les voûtes d'arêtes sont particulièrement adaptées aux travées carrées, mais leur construction étant assez difficile on hésitait à les choisir pour voûter de vastes espaces. Le voûtement des bras du transept de Pontigny n'en est que plus remarquable, car les travées, sont non seulement larges, mais de plan barlong (9,78 m sur 4,53) et non carré ; en outre, c'est le tracé brisé, au lieu du plein cintre, qui a été choisi pour la construction des voûtes. Malgré toutes ces difficultés, les arêtes offrent un profil droit et témoignent de la perfection de l'exécution.

La **voûte sur croisée d'ogives** est une invention médiévale qui présente un certain nombre d'avantages par rapport aux types que nous venons de décrire. On ne sait pas exactement où ni quand elle est apparue pour la première fois ; dès la fin des années 1130, elle fut utilisée pour des édifices importants construits dans le Bassin parisien. Son rôle dans la création du style gothique est primordial. Les cisterciens se sont empressés d'adopter ce nouveau type de voûte plus souple, dont la construction était plus rapide et qui nécessitait moins de pierre (d'où un poids et des poussées moindres), ce qui permettait d'élever des murs moins épais et de percer des fenêtres plus grandes. A Pontigny, au milieu de la campagne de construction (vers 1145), on abandonna le système audacieux de voûtes d'arêtes choisi pour couvrir le transept au profit des voûtes sur croisée d'ogives qui permettaient d'augmenter la hauteur et la luminosité du vais-

seau central (pl. 9 VII). Il s'agit là du premier exemple d'application de ce nouveau procédé constructif en Bourgogne. En dépit de la persistance de traditions locales dans certaines régions, la voûte sur croisée d'ogives finit par s'imposer, dans les églises comme dans la plupart des autres bâtiments médiévaux.

A noter que cette technique n'allait pas à l'encontre des principes de simplicité de l'Ordre, bien au contraire, car en plus des avantages déjà cités la voûte sur croisée d'ogives revenait moins chère, un point qui devait toucher beaucoup de cisterciens, et les bâtisseurs en général. Par ailleurs, les nervures sillonnent le plafond créant un rythme plus marqué que celui obtenu avec des voûtes d'arêtes. Les berceaux, en revanche, inspirent un sentiment de plénitude volumétrique. Si on continuait à voûter en suivant les traditions locales, la croisée d'ogives ne tarda pas à faire partie des mœurs et on la voit apparaître dans certaines églises juste à la croisée, point de rencontre entre le transept, la nef et le sanctuaire, comme à Fontfroide (pl. 7 III A) et à Silvacane.

L'évolution de cette technique fut extrêmement rapide – un peu comme l'informatique de nos jours –, de nouvelles possibilités surgissant sans cesse. Les voûtes d'ogives primitives semblent maintenant rudimentaires car très vite des nervures moins épaisses et finement taillées sont apparues ; des simples boudins on passe aux tores amincis en amande, les branches d'ogives finissant par former de complexes toiles d'araignées dans le gothique flamboyant. Pour certains édifices, les procédés à la pointe de la technique sont utilisés, alors que dans d'autres on s'en tient à un art de bâtir plus traditionnel ; parfois on associe les deux. Cette variété est encore une fois le fruit d'une combinaison d'éléments divers tels que l'enracinement des traditions locales, le progressisme d'un abbé, l'audace de la communauté, la prospérité de l'abbaye, la qualité de la pierre locale et l'habileté des tailleurs.

Le couvrement des églises n'était pas réalisé partout en pierre ; dans certaines régions le matériau traditionnel était le bois. Lorsque la voûte de Tre Fontane s'effondra peu de temps après sa construction, on la remplaça par une charpente apparente (pl. 8 VI c). Le couvrement restait ainsi dans la tradition romaine et l'église, avec ses piles massives de section carrée, évoque plus l'ancienne basilique Saint-Pierre et d'autres églises vénérées à Rome que l'abbatiale de Fontenay qui lui servit en quelque sorte de modèle. La charpente lambrissée en berceau qui couvre à l'heure actuelle l'église de Melleray ne remonte qu'au XVIe ou XVIIe siècle, mais c'est sans doute ce parti qui avait été choisi dès l'origine. Cependant il semble poser un problème acoustique car des vases sonores ont dû être ménagés dans le mur supérieur, juste sous la charpente, pour améliorer la sonorité de la nef.

Articulation et signification

Dans les églises romanes, les tympans qui surmontent les portails et les chapiteaux sont des supports privilégiés d'une superbe floraison de sculpture figurative. Des peintures de couleurs vives venaient en général compléter l'ornementation réjouissant les yeux des fidèles. Mais ces éléments décoratifs étaient également instructifs ; on les appelait parfois la "Bible des pauvres", car la sculpture enseignait l'histoire sainte à tous ceux qui ne savaient pas lire. Dans les églises cisterciennes, les tympans et les chapiteaux ne sont ornés que de dessins géométriques ou végétaux (pl. 9 X-XI), parfois même le dépouillement est absolu. Pourtant, si on se donne la peine d'observer les chapiteaux les plus simples, on s'aperçoit que la lumière joue délicatement sur les lignes ou les dessins les plus discrets, mais ni la lumière ni la sculpture ne constituent à aucun moment une distraction pour ceux dont le seul désir est de se recueillir. Comme nous l'avons déjà signalé, les colonnes engagées qui reçoivent les arcs doubleaux se terminent par un culot à plusieurs mètres au-dessus du sol. Ces culots sont eux aussi sculptés de feuillages ou de motifs géométriques, mais encore une fois la décoration reste sobre et subtile. Il s'agit d'un moyen d'apaisement architectural qui convient parfaitement.

Une représentation iconographique présente dans toutes les églises de l'Ordre est l'image de la Vierge Marie, pour la simple raison que toutes les abbatiales lui étaient dédiées même si de nos jours on se limite la plupart du temps à donner le nom du site au lieu de l'appellation complète ("Notre-Dame de…"). Quelques exemples remarquables sont parvenus jusqu'à nous : les statues en ronde-bosse de Royaumont, Fontenay et Longpont. Mais l'image de Marie est également sculptée sur une stalle de chœur à Zinna (pl. 8 XIV), une clef de voûte à Dore (pl. 8 XV) et sur un modeste relief à Bonneval placé aujourd'hui au-dessus de l'entrée (pl. 8 XVI).

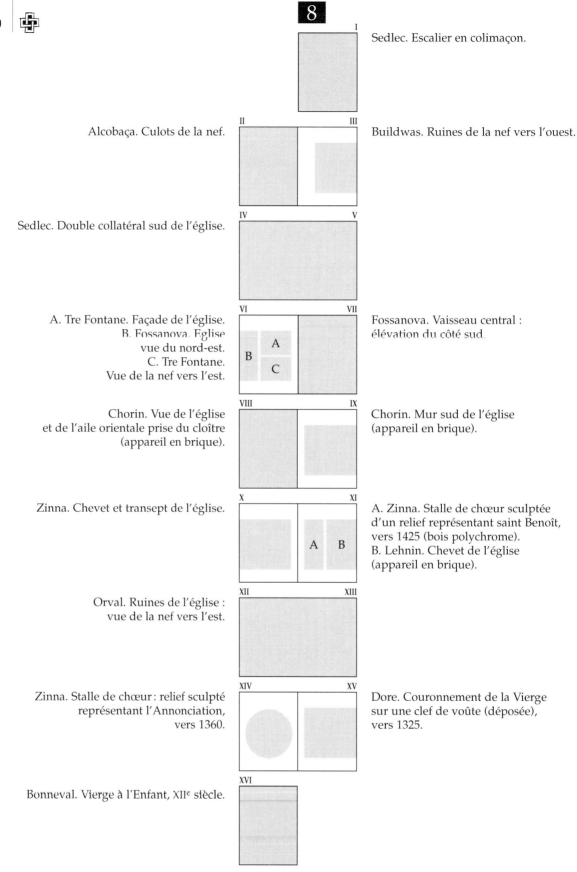

Sedlec. Escalier en colimaçon.

Alcobaça. Culots de la nef.

Buildwas. Ruines de la nef vers l'ouest.

Sedlec. Double collatéral sud de l'église.

A. Tre Fontane. Façade de l'église.
B. Fossanova. Église
vue du nord-est.
C. Tre Fontane.
Vue de la nef vers l'est.

Fossanova. Vaisseau central :
élévation du côté sud.

Chorin. Vue de l'église
et de l'aile orientale prise du cloître
(appareil en brique).

Chorin. Mur sud de l'église
(appareil en brique).

Zinna. Chevet et transept de l'église.

A. Zinna. Stalle de chœur sculptée
d'un relief représentant saint Benoît,
vers 1425 (bois polychrome).
B. Lehnin. Chevet de l'église
(appareil en brique).

Orval. Ruines de l'église :
vue de la nef vers l'est.

Zinna. Stalle de chœur : relief sculpté
représentant l'Annonciation,
vers 1360.

Dore. Couronnement de la Vierge
sur une clef de voûte (déposée),
vers 1325.

Bonneval. Vierge à l'Enfant, XIIᵉ siècle.

Dans les églises romanes, le mur monte souvent de façon ininterrompue du sol jusqu'à la voûte et les ouvertures (arcades, fenêtres) donnent l'impression d'être simplement percées dans le parement. Cette simplicité est très appréciée de nos jours. Cependant dans certaines églises, les arêtes vives des baies sont adoucies grâce à un second arc construit en retrait par rapport au premier. C'est un élément typique du roman bourguignon qui permet de multiplier le nombre de surfaces pour accrocher les rayons de lumière et créer une alternance de bandes sombres et claires. Dans le courant du XIIe siècle, les arcs formerets font leur apparition : un rouleau placé entre la voûte et le mur permet de masquer la jointure tout en soulignant l'articulation entre ces deux éléments. Dans des édifices plus tardifs, la structure et les détails architecturaux continuent de refléter l'évolution technique et esthétique de leur époque.

Comme nous l'avons déjà souligné dans la préface, ces motifs, jugés décoratifs à l'heure actuelle, avaient très certainement une tout autre signification pour les hommes du Moyen Age, et en particulier pour les moines. Les petits détails sculptés ou peints pouvaient constituer des rappels efficaces de la présence et de la protection divines. Et il convient d'en tenir compte dans toute discussion sur les peintures murales tardives, souvent condamnées en raison de leur soi-disant décadence. Bien que la notion de symbolisme soit très – voire trop – répandue de nos jours, il n'est pas facile de déterminer le sens d'un symbole pour un religieux du Moyen Age, dans le contexte de sa vie quotidienne. Par exem-ple, lorsque nous voyons un pictogramme représentant un personnage qui pose son index sur ses lèvres, nous comprenons immédiatement le message (non verbal) qu'il veut faire passer, c'est-à-dire "il est interdit de parler". Ici le message est clair et univoque, mais quel est le sens de la rose sculptée sur la clef de l'arc surmontant la porte des moines de l'église de Sénanque ? et pourquoi l'a-t-on précisément placée là ? Le visiteur qui remarque ce détail par hasard – car elle est toute petite et dans l'ombre – pourrait se dire qu'il s'agit d'une charmante décoration, isolée et sans grand intérêt. Cependant l'impact sur un moine du Moyen Age était sans doute assez différent. Ne reconnaît-il pas le Christ dans le palmier d'Engaddi et les plants de roses de Jéricho dont parle l'Ecclésiastique (24,18) et ce même livre ne nous dit-il pas que nous devons grandir spirituellement comme la rose plantée au bord d'un cours d'eau (39,17) ? Cette rose minuscule et délicate rappelait au moine qui franchissait la porte plusieurs fois par jour en quittant l'église l'omniprésence de la parole et de la sagesse divines, non seulement dans l'église mais partout où ses pas le porteraient tout au long de la journée. Maintenant, le moine s'éloigne de la porte et se retrouve dans le cloître ; après le réconfort de la prière, il doit affronter la pluie qui tombe à verse et traverser la cour pleine de boue pour aller surveiller les moutons. Il voit alors sur un pilier du cloître (comme à Silvacane) une série de roses et de motifs circulaires gravés dans la pierre qui lui rappellent, encore une fois de façon symbolique, le salut du Christ. Là où nous ne voyons qu'une charmante décoration, les yeux de l'âme découvrent quelque chose de plus profond. Cette méditation constante se poursuit avec un autre élément "décoratif" aperçu dans l'étable, afin que le moine ait toujours présent à l'esprit l'appel qui le pousse à vivre dans l'image de Dieu, en dépit des problèmes matériels auxquels il doit faire face. Ces petites sculptures sont en quelque sorte des pense-bêtes médiévaux, comme ceux que nous mettons dans la voiture ("penser à vérifier le niveau d'huile"), sur le réfrigérateur ("mange plutôt une pomme") ou sur la glace de la salle de bain ("souris !"), pour nous rappeler à l'ordre et arriver à changer notre comportement. La "conversion des mœurs", c'est-à-dire l'effort sans cesse repris pour modifier ses vieilles habitudes et sa façon de vivre, est un des vœux pris par le moine cistercien. Et les sculptures disséminées ici et là étaient un rappel iconographique de ce qui était primordial dans la vie d'un moine : l'omniprésence de Dieu.

La disposition des fenêtres dans le chevet, les croisillons et la façade occidentale dépendait d'un certain nombre de facteurs. Il fallait tenir compte des bâtiments contigus ou de la hauteur et de l'épaisseur du mur. Le choix du nombre de fenêtres et de leur emplacement est toujours très important. Quelles que soient les contraintes structurelles, on constate une préférence très marquée pour les ouvertures rondes (oculi) dans les premiers édifices cisterciens et pour les combinaisons de trois baies : par exemple, deux fenêtres en lancette ou trois lancettes de même hauteur surmontées d'un oculus, ou bien une grande fenêtre encadrée par deux plus petites. Dans les constructions du Moyen Âge tardif, ce triplet continue de prédominer dans les

églises comme dans les cloîtres, ce qui laisse à croire qu'il ne s'agit pas d'un pur hasard, comme l'a justement montré Helen Zakin dans son excellente étude consacrée aux vitraux en grisaille [1].

D'après un statut promulgué par le Chapitre Général entre 1145 et 1151, les verrières des fenêtres devaient être *albus*, c'est-à-dire blanches, mais en fait il s'agissait plutôt d'un verre gris verdâtre, jaune fumeux ou bleuâtre, étant donné la présence d'impuretés et les procédés de verrerie du XIIe siècle. On obtenait ainsi ce qu'on appelle aujourd'hui des vitraux en **grisaille**. Ceux-ci n'étaient pas utilisés – comme on l'a souvent dit – parce que leur réalisation coûtait moins cher ; l'exécution des rinceaux et entrelacs, des courbes élégantes et des motifs complexes prenait autant de temps que celle des images figuratives (pl. 2 VII). Les cisterciens cherchaient tout simplement un maximum de clarté et un minimum de distraction. La finesse des dessins géométriques ou végétaux sertis dans le plomb produise, comme le style monochrome des enluminures, une impression générale de beauté austère et d'harmonie. Si les verrières font parfois preuve d'une grande complexité, elles ne font pas naître le sentiment de *curiositas* produit par les scènes historiées, ni l'excitation des sens et la distraction de la couleur. Au-delà de leur beauté plastique, le rôle essentiel des fenêtres en grisaille est de fournir un fond lumineux neutre.

Il apparaît que ce statut a été observé d'assez près, car on trouve des vitraux en grisaille à travers toute l'Europe. Cependant, certaines abbayes n'étaient pas très pressées d'enlever ou de détruire les fenêtres

1. *French Cistercian Grisaille Glass*, Garland, New York, 1979. En ce qui concerne les dernières recherches dans ce domaine, on consultera Meredith P. Lillich, "Recent Scholarship concerning Cistercian Windows", *Studiosorum Speculum : Studies in Honor of Louis J. Lekai, O.Cist.*, éd. F. Swietek & J. Sommerfeldt, Kalamazoo, 1993, p. 233-262.

colorées qui étaient déjà installées. C'est ainsi qu'un statut de 1159 demande que les vitraux de couleurs antérieurs au statut de 1145-1151 soient enlevés dans les trois ans. Le Chapitre Général se fit de nouveau entendre en 1182, en précisant que toutes les *vitreae depictae* ("fenêtres avec des représentations") devaient être "rectifiées" dans les deux ans. Nous ne savons pas dans quelle mesure ces injonctions furent suivies d'effet ; en tout cas, ces prescriptions furent répétées au Chapitre Général de 1202 (bien après le délai de deux ans donné en 1182), puis à plusieurs reprises dans les années suivantes, mais cette fois sans mentionner le délai de deux ans.

Il semblerait donc que dans les deux premiers tiers du XIIIe siècle les principes de simplicité établis par le Chapitre Général aient été à peu près suivis, mais à la fin du siècle on constate un certain relâchement. Le Chapitre Général, conscient de cette évolution, fut obligé de modifier quelque peu ses positions au fil du temps. C'est ainsi qu'en 1289 et 1316, les interdictions ne portaient plus sur les couleurs ou les images dans les vitraux mais simplement sur les "nouveautés superflues" et les "curiosités notables". Cependant, ironie du sort, le succès de l'Ordre fit que l'autonomie recherchée par les abbayes lors de leur fondation se trouvât compromise par les nombreux seigneurs qui voulaient imposer leur patronage. William de Worcester raconte qu'il vit peintes sur la grande verrière orientale de l'abbatiale de Tintern les armoiries de Roger Bigod, comte de Norfolk, mort en 1306 et qui fut l'un des protecteurs les plus importants de cette abbaye. A Doberan, dans l'Est de l'Allemagne, la relation entre vitraux et patronage est encore plus évidente ; sur une des fenêtres datant du XIIIe siècle, une bienfaitrice anonyme vêtue d'une robe élégante (il s'agit probablement de la reine Marguerite du Danemark, morte en 1282) offre à l'abbaye une verrière ornementale, mais en grisaille. Des fenêtres postérieures, malgré les remplages et les grandes surfaces vitrées qui témoignent de la technique de l'époque, sont garnies de vitraux où prédomine le blanc. L'immense verrière qui orne la façade occidentale de l'abbatiale d'Altenberg, près de Cologne, et qui remonte à la fin du XIVe siècle, est à ce titre exemplaire. Les saints en habit blanc, qui se superposent sur deux registres, se tiennent debout sous de hauts dais de couleur jaune. Se trouvent ainsi réunis dans une seule œuvre les tendances artistiques de l'époque et les principes cisterciens immuables.

Si l'exécution et l'installation des vitraux demandaient un important investissement, leur réparation était tout aussi onéreuse. Beaucoup d'églises étaient par exemple contraintes de mettre des planches de bois sur les fenêtres dont les verrières avaient été brisées par la grêle, parce que l'argent pour les remplacer faisait défaut. Par mesure de sécurité, on choisit de protéger les fenêtres de l'église de Silvanès au moyen de grilles en fer forgé fixées à l'extérieur sur le mur de pierre (pl. 7 IV C). Malgré leur caractère fonctionnel – elles constituaient un rempart contre les oiseaux et les gros grêlons –, leur forme n'a pas été négligée pour autant : des spirales s'enroulant alternativement de gauche à droite et de droite à gauche se superposent sur quatre files. L'intérêt des cisterciens pour la métallurgie et l'exploitation des ressources locales en fer – dont ils avaient besoin pour fabriquer leurs outils agricoles et industriels – est largement attesté et les grilles de Silvanès sont un merveilleux exemple d'ouvrages de ferronnerie simples, beaux et fonctionnels. Les pentures de la fin du XIIᵉ siècle ou du début du XIIIᵉ qui ornent les grandes portes occidentales de Pontigny ou les grilles en fer forgé du début du XIIIᵉ siècle d'Ourscamp sont également magnifiques.

Chaque année, le jour anniversaire de la consécration de l'église était l'une des plus grandes fêtes célébrées dans l'abbaye. L'année de la consécration est, hélas, rarement connue, car ce qui comptait dans la vie liturgique de l'abbaye c'était le jour et le mois de la cérémonie de dédicace. Des traces de cette cérémonie sont toujours visibles dans certaines églises où subsistent les douze croix peintes à cette occasion sur les différents murs à l'intérieur de l'édifice. On accrochait un cierge à chaque croix, puis au cours de la messe qui était célébrée immédiatement après la dédicace, l'évêque procédait à l'onction des croix avec le saint chrême. Saint Bernard, dans son premier sermon pour la fête de la dédicace de l'église, fait un commentaire allégorique du premier rituel de bénédiction des croix de consécration. Si on en trouve encore dans de nombreuses églises, c'est surtout parce que les contours étaient gravés sur le mur avant que la croix ne fût peinte. Les croix sont disposées de façon symétrique : une ou deux au fond de la nef (à l'ouest), plusieurs placées face à face le long des murs de la nef et aux extrémités du transept (sur les murs nord et sud) et celles qui restaient (une, deux ou trois) autour du chevet.

A Sénanque on peut voir onze des douze croix de consécration d'origine : trois autour de l'abside, une au fond d'un des croisillons (sur l'autre croisillon une porte a été percée ultérieurement), une au fond de la nef et six disposées symétriquement sur les murs de la nef. Les croix à branches égales, de 28 cm de diamètre, ont d'abord été gravées dans la pierre à l'aide d'un compas – de nombreux trous sont encore visibles –, puis peintes en rouge. A Alcobaça au Portugal, on trouve des croix très intéressantes, finement sculptées en relief. Les branches de la croix sont de même longueur, coupées prés de l'extrémité par un trait et finies en fleur de lys ; la croix est entourée par un cercle dans lequel s'inscrit un quatre-feuilles et les interstices sont garnis de quatre autres fleurs de lys. Certaines de ces croix sont légèrement en relief et c'est le fond qui est peint (en rouge), alors que dans d'autres, la croix, le cercle et le quatre-feuilles sont gravés dans la pierre et c'est la croix qui est peinte (en brun). Ailleurs, on a rajouté un carré (gravé mais non peint) tout autour, dont les quatre coins sont ornées d'élégantes fleurs de lys. Chaque motif s'étend sur deux ou trois pierres, ce qui prouve qu'ils étaient exécutés après la construction du mur. On peut également voir à Pontigny dix croix de consécration (les deux autres ont sans doute disparu lors de l'installation des stalles de chœur au XVIIᵉ siècle) ; les croix noires (pl. 9 VI B) sont inscrites dans un cercle vert et noir et offrent, de par leur forme et leur détail ornemental, une ressemblance frappante avec celles d'Alcobaça, à la différence près qu'à Pontigny elles sont simplement peintes sur une épaisse couche d'enduit et n'ont, apparemment, pas été gravées dans la pierre.

Les croix de consécration peintes, qui jouaient un rôle essentiel dans la liturgie, nous amènent à nous interroger sur la peinture en général. Universitaires, architectes et restaurateurs se sont tous penchés sur la question, car une opinion fort répandue voudrait que pour suivre les principes de simplicité imposés par le Chapitre Général, les bâtiments cisterciens devaient offrir des murs complètement nus, sans la moindre peinture. Pourtant, les recherches en cours trouvent chaque jour de nouveaux exemples qui nous prouvent le contraire.

Mais qu'entend-on au juste par peinture ? Les plus anciens statuts dans ce domaine remontent à 1122-1135 ; ils interdisent bien les peintures et les sculptures dans tout le monastère, mais sans jamais définir ces deux termes. Peut-on qualifier de "peinture" le badigeon qui recouvre les parements des murs pour protéger la pierre ? Et les faux joints dessinés sur les murs en blocage blanchis à la chaux pour donner l'impression d'un appareil régulier, leur rôle ne serait-il pas plutôt d'assurer une certaine homogénéité dans la construction ? Lorsque les joints ne sont pas peints directement sur le mortier mais sur les pierres afin d'obtenir un tracé plus régulier, on peut se demander si la peinture a ici un rôle "décoratif" ou "structurel". Quant aux motifs en écailles de poisson qui "ornent" certains parements, ont-ils été choisis au hasard ou pour leur charge symbolique ? En fait, ces premiers statuts avaient sans doute pour objectif d'interdire uniquement les peintures figuratives et historiées, mais le rôle de la peinture géométrique ou florale n'est pas mentionné.

Un autre problème qui se pose est de savoir comment étaient peints les murs à l'origine. La première couche de peinture est, par définition, considérée comme la couche d'origine, mais rien ne permet de déterminer si la peinture était appliquée juste après l'achèvement de l'édifice ou au bout de cinq ou de cinquante ans. Ce n'est peut-être qu'un détail, mais si nous ne tenons pas compte de tous ces éléments notre compréhension de l'ensemble risque d'être faussée.

Technique et innovation

La fréquence des changements dans la construction des églises est un autre point sur lequel il convient d'insister. Les monastères ne sont pas des musées figés mais des sortes de villages en constante évolution. Et cette évolution se retrouve dans l'église. Pontigny, la seule maison-mère de l'Ordre qui conserve son abbatiale médiévale, est particulièrement intéressante non seulement en raison du rôle qu'elle a joué en tant que deuxième fille de Cîteaux et chef de filiation. L'église, très bien conservée, a été construite très tôt et des changements importants ont été apportés en cours de construction.

Malgré ses dimensions impressionnantes, l'église, commencée à la fin des années 1130, a été édifiée en très peu de temps, probablement en moins de vingt ans. Le chevet, construit en premier, a été dessiné sur le plan carré qui était de règle au cours des siècles précédents (le plan de Saint-Gall du début du IXe siècle utilisait le module carré). L'extrémité orientale était à l'origine un chevet plat de même hauteur que le transept, avec trois chapelles disposées à l'est sur chacun des croisillons, traits carac-

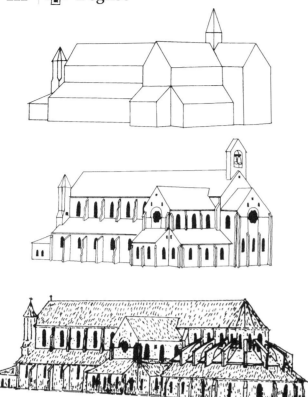

Pontigny
De haut en bas:
- Projet d'église,
vers 1137.
- L'église réalisée,
vers 1150.
- l'église avec le
chevet reconstruit

téristiques d'un plan "bernardin" à grande échelle. Mais cette disposition ne survécut pas longtemps et fut remplacée par une structure non moins intéressante.

Alors que la construction en était à peine à la moitié (étaient finis le chevet plat et les bras du transept, couverts de voûtes d'arêtes, probablement la croisée, plus la partie inférieure des murs des deux travées orientales de la nef), le maître d'œuvre fit la connaissance, semble-t-il, d'un atelier précurseur de ce qu'on appelle aujourd'hui le style gothique. A son retour à Pontigny, il n'hésita pas à adopter un grand nombre d'éléments de ce style naissant – entre autres le module rectangulaire, la modification des proportions intérieures, des détails ornementaux légèrement effilés et mis au goût du jour, ainsi que des fenêtres plus grandes – et décida de changer radicalement de parti en choisissant d'augmenter la hauteur de l'ensemble de l'édifice et de couvrir le vaisseau central de voûtes sur

croisée d'ogives – premier exemple de ce type en Bourgogne – (pl. 9 VII). Le résultat est une église plus élancée, plus claire, construite selon les techniques les plus avancées de l'époque, y compris l'adjonction d'arcs-boutants le long de la face nord. Dans cette région, bastion du style roman, ces innovations audacieuses ont introduit une nouvelle façon de concevoir la construction. Mais les lignes de l'église de Pontigny restent simples et claires. Les modifications font ressortir la verticalité du vaisseau central par l'ajout de dosserets derrière les colonnes engagées qui reçoivent les retombées des arcs doubleaux, permettant par ailleurs de souligner l'articulation en travées. La couleur et les images figuratives sont absentes de l'église, dont les chapiteaux sont simplement à godrons, en campane ou ornés de feuilles d'eau, et grâce aux grandes baies et à la blancheur de la pierre calcaire, l'intérieur est inondé de lumière.

Toutes ces modifications, effectuées avant 1150, sont contemporaines de la fondation d'un grand nombre d'abbayes et de la construction des premières églises monumentales en pierre. On a souvent négligé Pontigny, ce qui prouve bien que l'étude des innombrables possibilités offertes par l'architecture cistercienne, dès les premiers temps, est loin d'être finie.

Mais l'histoire de la construction de Pontigny ne s'arrête pas là. En effet, à la fin du XIIe siècle on décida d'agrandir le chevet, en ayant recours, une fois encore, aux tout derniers procédés de construction. On a dû adopter un nouveau tracé pour les arcs-boutants et élever des murs en forme de coin pour contenir les poussées des voûtes (la forme hexagonale des chapelles masque l'épaisseur des "coins" – 3 m 50 – qui les séparent et qui supportent en outre le poids des murs supérieurs). Le chevet de Pontigny est particulièrement en avance sur son temps car ce parti ne deviendra courant qu'à partir du XIVᵉ siècle. En dépit de la modernité de la conception, des techniques et du détail ornemental, l'édifice très lumineux ne cède pas à la tentation des représentations figuratives. Ainsi, mise à part sa monumentalité, on peut dire que Pontigny est un exemple d'architecture "cistercienne" la plus pure. Le nouveau sanctuaire est entouré de colonnes monolithiques et on ne trouve dans tout le chevet que de simples chapiteaux à crochets ; les clés et les culots sont ornés de motifs géométriques ou végétaux ; le profil des branches d'ogives du déambulatoire est caractéristique du tout début du XIIIᵉ siècle, alors que les murs sont totalement nus et que le reste n'est pas beaucoup plus décoré. Les verrières étaient en grisaille, avec, là aussi, des motifs géométriques et végétaux. Le seul reproche que le Chapitre Général fit en 1205 à la nouvelle construction concernait les pavements jugés trop somptueux, sans doute parce qu'ils étaient trop colorés. On ne sait si l'abbé fit enlever les carreaux, comme on le lui demandait, mais en tout cas ce qui se trouvait au-dessus du sol ne fut pas remis en question.

Les Cisterciens ont eu recours à un large éventail de solutions pour bâtir leurs églises, choisissant un parti plutôt qu'un autre pour des raisons diverses et complexes, mais tous ces édifices avaient en commun d'être des espaces neutres conçus pour favoriser la recherche intérieure. Nous l'avons vu, aucune "église type" n'était apparemment imposée par l'Ordre, même si on constate une synthèse de certains éléments du roman bourguignon aboutissant à un plan utilisé dans beaucoup d'églises appartenant à la lignée de Clairvaux ou dépendant d'autres abbayes-mères. Par sa simplicité, l'intérieur de l'église reflète l'objectif de la vie monastique – atteindre la perfection pleinement incarnée dans le Christ – en rappelant sans cesse aux moines et aux moniales le voyage intérieur dans lequel ils se sont engagés. Les murs eux-mêmes contribuent au développement spirituel en créant un environnement propice à l'intériorisation. L'intérêt suscité de nos jours par ces abbayes tend à montrer que notre attirance pour les choses simples est en résonance avec l'esprit du XIIᵉ siècle. Cependant les siècles suivants allaient proposer un nouveau défi: concilier les techniques et les goûts nouveaux, ainsi que les nouvelles conditions historiques, avec les traditions cisterciennes d'harmonie entre la structure, la fonction et le message.

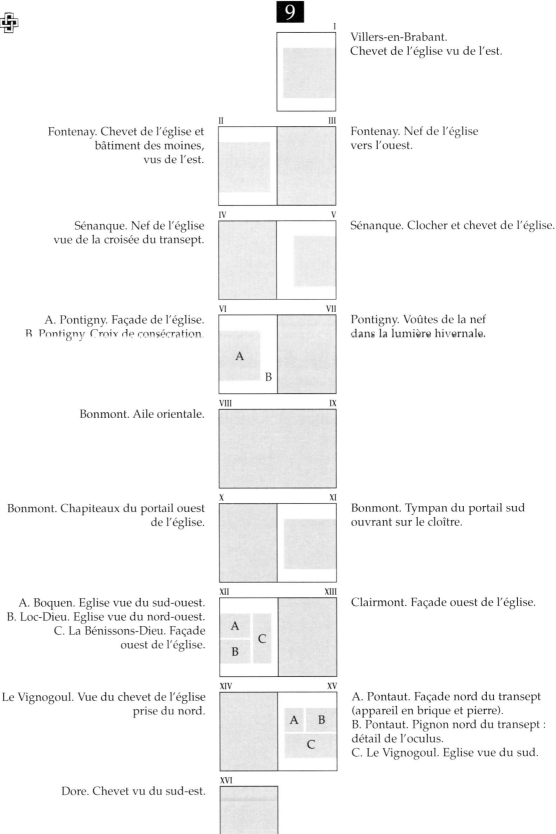

9

I — Villers-en-Brabant. Chevet de l'église vu de l'est.

II — Fontenay. Chevet de l'église et bâtiment des moines, vus de l'est.

III — Fontenay. Nef de l'église vers l'ouest.

IV — Sénanque. Nef de l'église vue de la croisée du transept.

V — Sénanque. Clocher et chevet de l'église.

VI — A. Pontigny. Façade de l'église. B. Pontigny. Croix de consécration.

VII — Pontigny. Voûtes de la nef dans la lumière hivernale.

VIII — Bonmont. Aile orientale.

X — Bonmont. Chapiteaux du portail ouest de l'église.

XI — Bonmont. Tympan du portail sud ouvrant sur le cloître.

XII — A. Boquen. Eglise vue du sud-ouest. B. Loc-Dieu. Eglise vue du nord-ouest. C. La Bénissons-Dieu. Façade ouest de l'église.

XIII — Clairmont. Façade ouest de l'église.

XIV — Le Vignogoul. Vue du chevet de l'église prise du nord.

XV — A. Pontaut. Façade nord du transept (appareil en brique et pierre). B. Pontaut. Pignon nord du transept : détail de l'oculus. C. Le Vignogoul. Eglise vue du sud.

XVI — Dore. Chevet vu du sud-est.

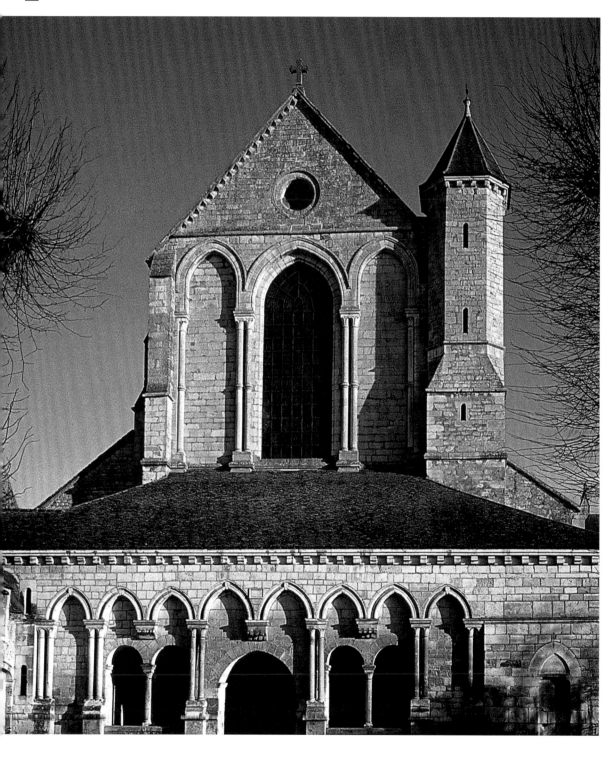

7

L'aile orientale

L'église longe tout un côté du cloître et la galerie correspondante était réservée à la *collatio*, la lecture du soir de la communauté qui est une activité d'essence méditative. Les bâtiments qui courent le long de la galerie orientale remplissent une tout autre fonction. D'une nature moins liturgique, l'éventail des activités comprend aussi bien les réunions relatives aux affaires de la communauté que des cérémonies, telles que la réception des postulants ou l'élection de l'abbé, et diverses occupations se déroulant à l'intérieur, dont l'enseignement. C'était également là où l'on rangeait les objets utilisés dans cette zone – les livres pour la lecture personnelle et collective, les vêtements et objets liturgiques pour la célébration du culte, les outils pour le travail. La galerie orientale peut être considérée comme le centre intellectuel et pragmatique de l'abbaye, le lieu où l'on transmettait et débattait les informations, où se prenaient les décisions de la communauté.

La sacristie

C'est dans la **sacristie** (*vestiarium*) que sont gardés les linges, les vases et les livres liturgiques. Comme son nom latin l'indique, on y rangeait également les vêtements que le prêtre revêtait pour célébrer les offices. C'est la pièce la plus proche de l'église et, si rien ne s'y oppose, elle y est adossée. A certaines occasions, les officiants doivent se rendre dans la sacristie en plein service, comme c'est le cas lors des vigiles de Pâques lorsque le prêtre vient pour y préparer la messe, ou quand l'abbé doit retirer sa chasuble avant de reprendre sa place dans le chœur. Après les aspersions dominicales d'eau bénite dans tout le monastère, le ministre ramène les vases et le goupillon (ou aspersoir) dans la sacristie. Le mercredi des Cendres, c'est là que les acolytes laissent leurs chaussures, alors que les autres frères se déchaussent dans le cloître.

Cette salle ne doit pas être construite sur un plan déterminé. Sa double fonction de rangement pour les objets liturgiques et de vestiaire font que ses dimensions augmentent avec l'équipement et le nombre de prêtres. La forme la plus classique et la plus simple consiste en une salle rectangulaire adossée au transept et prise entre l'église et la salle capitulaire. Une fenêtre, percée dans le mur est, laisse entrer la lumière et la communication avec l'extérieur se fait par deux portes, une à l'ouest qui ouvre directement dans le cloître, et l'autre qui donne dans le croisillon de l'église. Cette disposition simple et logique répond aux besoins fonctionnels de la pièce et rend la circulation plus aisée. Les moines-prêtres entraient par la galerie du cloître dans la sacristie, où ils se préparaient et s'habillaient, puis se rendaient dans l'église en passant par la porte ménagée dans le mur latéral qui menait au transept. Après la messe, ils empruntaient le même chemin

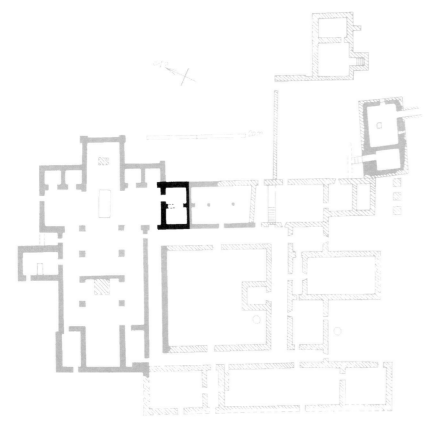

La sacristie à Alvastra.

profonds renfoncements dans le mur nord de la sacristie, ou à Silvanès qui possède une magnifique série de trois niches communiquant entre elles. Des armoires en bois étaient également utilisées et plusieurs pièces datant du Moyen Age sont parvenues jusqu'à nous. Avec l'évolution de la liturgie et l'augmentation des moines-prêtres, on assiste à un accroissement de la collection de vêtements et d'objets liturgiques possédée par le monastère. Par conséquent, les sacristies ont dû subir des remaniements à maintes reprises tout au long de leur histoire.

Une autre raison permet d'expliquer certaines transformations apportées aux dispositions de la sacristie à la fin du XIIᵉ et au XIIIᵉ siècle. Comme nous l'avons vu dans le chapitre consacré au cloître, on gardait les livres destinés à la *lectio divina* et à *l'opus Dei* dans l'*armarium* qui se trouvait dans la galerie orientale, entre la salle capitulaire et l'église (pl. 5 IV A-D). Le temps passant et le nombre de volumes ne cessant de croître – en particulier grâce à des dons –, l'armoire originelle ne suffisait plus pour contenir tous les livres. Il est possible que des armoires en bois disposées dans le cloître aient permis de résoudre ce problème (c'était sûrement le cas dans certaines maisons bénédictines), mais les preuves de l'existence et de l'utilisation de ce mobilier portatif sont aussi rares que les pièces qui sont parvenues jusqu'à nous. Ce que nous savons, en revanche, grâce aux témoignages de l'architecture et de l'archéologie, c'est comment les sacristies ont été transformées pour répondre aux nouveaux besoins et comment les transformations effectuées dans des abbayes plus anciennes

mais en sens inverse : ils sortaient par la porte du transept, se dévêtaient, rangeaient les ornements et les objets liturgiques, puis sortaient par la porte du cloître.

La sacristie n'était pas qu'un espace utilitaire, c'était également une zone de transition psychologique pour les moines qui revêtaient ici leurs attributs de prêtre et adoptaient un état d'esprit propice à la célébration de la liturgie. Une fois qu'ils avaient quitté l'église et ôté leurs vêtements dans la sacristie, leur fonction d'officiant de l'Eucharistie était terminée et ils se retrouvaient de nouveau dans leur habit monastique, face à leurs devoirs de simples moines.

Les sacristies, qui servaient de rangement, avaient besoin d'armoires. Des niches pratiquées dans les murs subsistent ici ou là, comme à Buildwas, où on peut voir deux ont influencé les dispositions des sacristies en cours de construction.

Une abbaye d'hommes de taille moyenne devait posséder dans la seconde moitié du XIIe siècle une collection d'une soixantaine de volumes (les chiffres concernant les maisons de moniales pour la même époque sont pratiquement inexistants). La capacité de l'*armarium* devait être vite dépassée avec les nouvelles donations, mais les livres ne pouvaient être rangés qu'*inter ecclesiam et capitulum* (entre l'église et le chapitre), disent les textes. C'était précisément l'emplacement de la sacristie, d'où la solution qui consistait à diviser cette pièce en deux par une cloison placée à peu près au milieu. La partie donnant sur le cloître par une porte unique devint un *armarium* supplémentaire, garni de coffres en bois, de rayons et d'étagères fermées par des portes pour ranger les livres. La seule lumière naturelle qui entrait dans la pièce provenait de la porte ouvrant sur le cloître (et dans certains cas d'une petite ouverture percée au-dessus de l'entrée), car cette pièce n'était pas une salle de lecture. C'était tout simplement un espace de rangement, plus grand que les premières niches, mais qui n'avait rien à voir avec nos bibliothèques. On peut voir des exemples de transformations effectuées au XIIIe siècle dans les abbayes anglaises de Beaulieu, Bordesley, Buildwas, Croxden, Fountains, Neath, Newminster, Rievaulx et Sawtrey, et en France à Clairvaux, Flaran, La Garde-Dieu, Mortemer, Obazine et Vauclair, pour ne citer que quelques-uns des monastères ayant choisi cette solution plus que fréquente.

En contrepartie, l'espace de rangement pour les objets liturgiques était réduit de près de la moitié et on y accédait désormais uniquement par la porte du transept. Les traces de cloisons sont encore visibles dans certaines sacristies qui ont depuis retrouvé leur espace d'origine, comme par exemple à Valmagne.

D'autres moyens étaient possibles, mais il s'agit là d'une solution typique et très répandue, comme le prouvent les abbayes qui ont construit ou refait l'aile orientale du cloître à la fin du XIIe ou au XIIIe siècle. Nous nous contenterons de citer Silvacane et Le Thoronet. L'espace qui, une génération ou deux plus tôt, aurait été entièrement occupé par la sacristie, est désormais conçu et construit dès le départ en deux parties : une petite pièce à l'est et une salle pour les livres, voûtée en berceau et ouvrant sur le cloître par une baie géminée. Des traces dans le mur indiquent l'emplacement précis des étagères. Au Moyen Age, la division de la sacristie est la solution adoptée par la plupart des abbayes. Puis aux XVe et XVIe siècles, on assiste à un nouvel accroissement de la taille des collections de livres des monastères, en particulier après l'invention de l'imprimerie, qui exige une tout autre approche du problème. Nous reviendrons sur ce point dans le chapitre consacré aux bibliothèques.

A Sénanque, une nouvelle sacristie fut greffée à l'est dès le Moyen Age, peut-être peu de temps après la première construction. Il s'agit d'une pièce carrée qui fait saillie sur le mur du bâtiment des moines et à laquelle on accède par un couloir étroit. Il se peut que la sacristie antérieure ait été sacrifiée afin de disposer de suffisamment de place pour agrandir la salle capitulaire. Cet exemple est particulièrement intéressant, mais c'est un des épisodes de l'histoire architecturale de Sénanque qui risque de ne jamais être élucidé. Au fil des événements, chaque abbaye trouvait une solution adaptée au problème et lorsqu'une disposition était à son tour périmée, elle laissait la place à une autre, répondant aux nouveaux besoins.

La salle capitulaire

Pendant les premiers siècles du monachisme chrétien, les réunions officielles de la communauté se tenaient probablement dans le cloître, mais dès le début du XIᵉ siècle une salle est prévue dans l'aile orientale. C'est dans cette tradition qu'est conçue la salle capitulaire des abbayes cisterciennes. Il s'agit de la "salle de la communauté", un lieu de réunion très important chargé d'un sens profond (pl. 10 I-XVI). Des activités liturgiques, commémoratives, disciplinaires et éducatives s'y déroulaient, et c'est là également qu'on discutait des affaires de l'abbaye. Les dispositions – les baies d'accès qui permettaient à la lumière d'entrer et aux sons de sortir –, la décoration et l'aménagement de l'espace intérieur, tous ces éléments reflètent les différentes fonctions de la pièce.

La salle capitulaire ou salle du chapitre doit son nom à la *Règle de saint Benoît*, document qui est la base du monachisme médiéval, car on y lisait tous les matins un chapitre de la *Règle*. Même si la plupart des moines et des moniales connaissaient ce texte par cœur, la lecture quotidienne d'un passage mettait l'accent sur l'importance de la *Règle* dans la vie monastique et invitait chacun à méditer chaque verset et chaque mot pour

mieux comprendre son sens. Cette réunion de la communauté reçoit le nom de "chapitre" ou "office du chapitre". Le chapitre est donc aussi bien un terme d'architecture (la salle) qu'un terme de la vie monastique, c'est-à-dire la réunion qui, par les activités et délibérations qui s'y tiennent, modèle toute la vie de la communauté.

Chaque matin le sacristain ou la sacristine sonne la cloche pour appeler les moines ou les moniales au chapitre ; le moment précis varie en fonction de la saison et des solennités de la journée. Tous les membres profès doivent y assister, tandis que les novices et les frères convers ou les sœurs converses tiennent des chapitres à part. Les moines pénètrent dans la salle en silence par ordre d'ancienneté (qui ne correspond pas à leur âge mais au temps depuis lequel ils sont dans le monastère). La place de l'abbé est contre le mur est, au centre (plus tard il aura un siège ou trône abbatial légèrement en saillie mais on ne connaît aucun mobilier ancien de ce type) ; le prieur et le sous-prieur encadrent l'abbé et le reste de la communauté s'assoit sur des bancs à gradins (jusqu'à trois dans certaines abbayes) adossés aux murs de la salle. Lorsque tous sont assis – les membres les plus jeunes près de l'entrée –, la communauté se retrouve disposée le long des quatre côtés de la pièce, face au centre et en vis-à-vis. Tout ce qui doit être dit en communauté est dit au chapitre et ne doit pas sortir de ses murs. La "position centrale" de la réunion se trouve renforcée par le plan de l'espace et la disposition des sièges.

Lorsque les moines rejoignent leur place, ils s'inclinent vers l'est – le Christ –, puis se tournant vers le centre ils s'inclinent devant

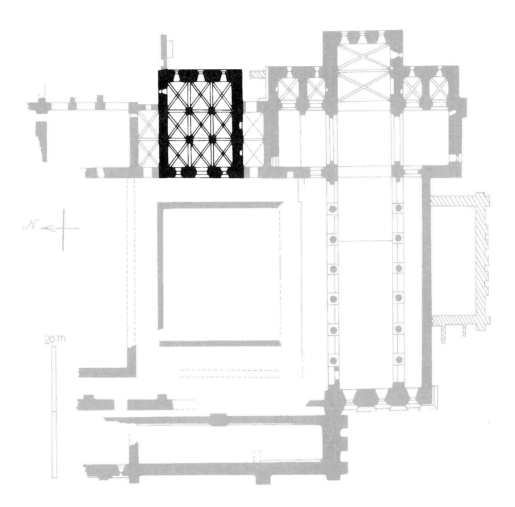

Le chapitre
à Buildwas.

toute la communauté. Cette salutation est bien plus qu'une marque de politesse, c'est la reconnaissance de son prochain dans la communauté, pour la première fois de la journée, car les frères ne se souhaitent pas le bonjour en se levant et n'échangent pas de salutations à l'église. Jusque-là, toutes les activités – les offices de nuit et du matin, la prière privée, la *lectio divina* et la messe – sont des interactions personnelles ou collectives avec le divin, que ce soit sous forme de dévotion ou d'étude. Il s'agit de la dimension verticale de la vie religieuse. Lorsqu'elle s'assemble pour le chapitre, la communauté présente une autre facette, qui est la vie en commun.

C'est le supérieur (l'abbé ou l'abbesse) qui préside le chapitre. Lorsqu'il entre, tous se lèvent et s'inclinent sur son passage, puis se rassoient. Le lecteur de semaine vient se placer devant le pupitre, au milieu de la pièce, et s'incline pour la bénédiction. Il commence par lire le martyrologe, citant les noms des saints célébrés ce jour et leur martyre. On récite ensuite une brève prière matutinale, la *Pretiosa*, puis le chapitre ou le passage de la *Règle* désigné ce jour est lu. La *Règle de saint Benoît* contient 73 chapitres, mais leur longueur peut aller de quelques lignes à plusieurs pages comportant de nombreux sous-titres. Par exemple, le chapitre consacré à l'humilité donne la description de chacun des douze degrés que doit monter le moine pour atteindre à cette vertu, illustrée par des citations des Ecritures et des commentaires. Le livre était par conséquent divisé de façon à ce qu'un passage, pas trop long, pût être lu chaque jour au chapitre. On lisait la *Règle* en entier plusieurs fois par an, et ce cycle recommençait le 21 mars, jour de la fête de saint Benoît. L'abbé commente ensuite le passage qui vient d'être lu pour l'édification de toute la communauté. Parfois ces commentaires dépassaient le temps prévu (on sait que saint Bernard avait coutume d'empiéter largement sur le temps alloué au travail manuel). Le dimanche et les jours fériés, on lisait à haute voix et on expliquait des statuts du Chapitre Général ou des passages des *Consuetudines*, le Coutumier, choisis pour l'occasion.

Un des préceptes fondamentaux de la *Règle* est la confession des manquements et des faiblesses devant la communauté. Saint Benoît précise que lorsque quelqu'un a commis une faute, brisé ou perdu quelque chose, en quelque lieu que ce soit, il doit se confesser immédiatement en présence de l'abbé et de toute la communauté, car si on vient à le connaître par un autre, la correction sera plus sévère (chapitre 46). C'est le rôle du "chapitre des coulpes" qui se tient chaque jour après la lecture du passage de la *Règle*, au cours duquel chaque membre de la communauté peut s'accuser en public de ses manquements et dénoncer les fautes commises par les autres, si le fautif hésite à se confesser. Puis le coupable se prosterne par terre, demande grâce et attend la décision de l'abbé. La pénitence consiste en général en des actes d'humilia-

tion, jeûne, exclusion de l'oratoire ou châtiments corporels. La fustigation était infligée immédiatement ; le coupable défaisait et baissait son habit et était corrigé par un frère de même rang ou plus ancien. Les crimes plus graves (meurtre, vol, désobéissance et insurrection) étaient punis par des peines d'incarcération dans la prison du monastère. L'excommunication (au sens étymologique, *ex-communicatio*, c'est-à-dire interdiction de communiquer avec le reste de la communauté) et l'expulsion faisaient également partie des châtiments possibles. Etant donné la nature des sujets traités, on comprend pourquoi il ne fallait pas rapporter ce qui avait été dit au chapitre ; l'infirmier ne pouvait même pas faire un compte-rendu de ces réunions à ses malades. Toutes les informations devaient être de première main. Saint Benoît avait très bien compris le caractère pernicieux des rumeurs et ses effets délétères sur la vie de la communauté.

Le chapitre traite également d'affaires d'ordre pratique. La distribution du travail était annoncée d'après le tableau (*tabula*), une tablette en bois évidée et remplie de cire, où le chantre inscrivait le nom des moines affectés aux différentes tâches pour la semaine. Si un moine se voyait confier un travail qu'il était incapable d'effectuer, quelle qu'en fût la raison, il devait demander une dispense sur le champ au chapitre, devant toute la communauté. C'est également dans cette salle qu'on fait les annonces, qu'on désigne les officiers, qu'on élit l'abbé et qu'on lit les lettres du pape, du roi, de l'évêque ou de tout autre personnage important. C'est pendant le chapitre que les novices sont officiellement admis au sein du monastère, les postulants font leur profession, les abbés sont investis et les livres distribués aux membres de la communauté le premier dimanche du carême. A l'occasion des grandes fêtes, l'abbé faisait un sermon, dans le chapitre et non pas dans l'église. Le chapitre quotidien se termine par la commémoration des défunts, le Psaume 129 (*De profundis*) et les dernières prières.

Le chapitre était un moment essentiel dans la vie d'une communauté forte. Aussi, l'espacement de ces réunions et la perte de leur importance marquent l'affaiblissement de l'Ordre au XVe siècle. Cependant, lors des mouvements de réforme du XVIIe cette pratique fut rétablie et retrouva son rôle central dans la vie quotidienne de la communauté.

Etant donné l'importance du chapitre dans la vie communautaire, nous pouvons nous attendre à ce que l'architecture de la salle capitulaire en soit le reflet. Cette pièce est située au rez-de-chaussée de l'aile orientale, entre la sacristie et le parloir, et son entrée donne directement sur la galerie est du cloître. En général, elle est de plan carré ou rectangulaire, mais ce n'est pas obligatoire et on trouve même quelques salles polygonales. Dans certaines abbayes, l'aile orientale est limitée par deux murs parallèles qui prolongent les murs du bras du transept de l'église. Lorsque l'église est de petites dimensions, on obtient un espace très intime. Un autre parti très fréquent consiste à développer le plan vers l'est en un carré plus grand ou un rectangle plus long, la salle capitulaire faisant alors saillie par rapport aux autres bâtiments de l'aile orientale. Que le tracé soit carré ou rec-

tangulaire, qu'on ait deux, quatre, voire six colonnes pour supporter la voûte, la caractéristique primordiale de la pièce est la convergence vers le centre, la communauté étant assise tout autour de la salle et tournée vers l'intérieur. Bien qu'il ne s'agisse pas d'une règle, le sol de la salle capitulaire se trouve souvent légèrement au-dessous du niveau de la galerie du cloître ; il est donc nécessaire de descendre quelques marches, ce qui renforce l'atmosphère intimiste de la pièce.

Le mur du fond est en règle générale percé de trois fenêtres et pendant le chapitre, qui se tenait le matin, la lumière solaire éclairait donc directement la pièce. Les murs latéraux, au nord et au sud, n'ont aucune ouverture, l'accès se faisant par le cloître, à l'ouest. Une baie centrale très large, de tracé brisé ou plein cintre et sans porte, forme entrée. Elle est flanquée de fenêtres reprenant le même type de tracé et placées symétriquement (pl. 10 II, VII B, C, XII). Selon les dimensions de la pièce, on trouve une ou deux baies latérales de chaque côté ; parfois l'ouverture très large est divisée par des colonnes en deux ou trois arcatures, formant des baies géminées ou des triplets. Ces baies, qui ouvrent directement sur la galerie est du cloître, n'étaient pas vitrées. En revanche, elles sont souvent ornées, y compris dans les abbayes les plus modestes, de chapiteaux en marbre, de colonnes sculptées ou d'autres éléments pour marquer le caractère particulier de cette pièce. On sait que les frères convers assistaient au sermon que l'abbé donnait à certaines occasions et c'est probablement pour cette raison que les ouvertures percées à l'ouest n'étaient fermées ni par des portes

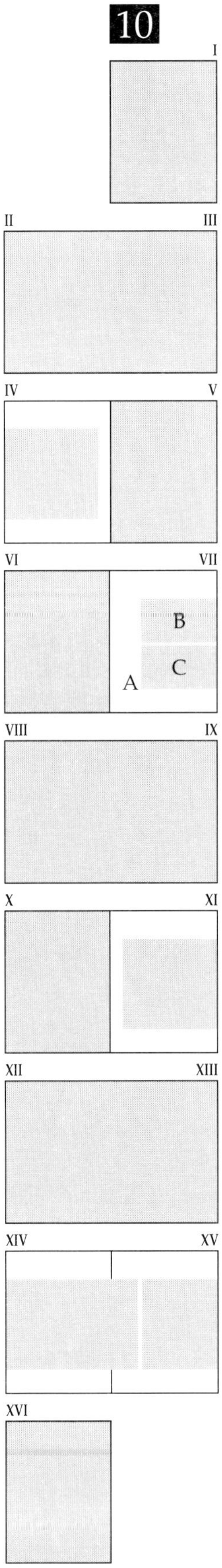

10

I

Osek. Salle capitulaire et son lutrin.

II III

L'Escale-Dieu. Entrée
de la salle capitulaire.

IV V

Saint Bernard prêchant au chapitre.
Enluminure du livre d'heures d'Etienne
Chevalier peinte par Jean Fouquet,
XVe siècle (Musée Condé, Chantilly).

Silvacane. Salle capitulaire.

VI VII

La Maigrauge. Tombeaux
dans la salle capitulaire.

B

A C

A. Zinna. Pierre tombale
de l'abbé Nikolaus († 1401).
B. Boquen. Entrée de la salle capitulaire
en ruine.
C. Hailes. Entrée de la salle capitulaire
en ruine.

VIII IX

Fontfroide. Intérieur
de la salle capitulaire.

Poblet. Intérieur de la salle capitulaire.

X XI

Eberbach. Salle capitulaire.

Rievaulx. Salle capitulaire
et son déambulatoire
(vue aérienne des ruines).

XII XIII

Fountains. Entrée
de la salle capitulaire.

XIV XV

Aiguebelle. Salle des moines.

Silvacane. Salle des moines.

XVI

Buildwas. Ruines de la salle capitulaire.

ni par des fenêtres vitrées, afin que les frères convers assis dans le cloître pussent entendre ce qui se disait à l'intérieur de la salle capitulaire.

Comme le plan et les dimensions, le voûtement de la salle du chapitre n'obéit à aucune règle. La plupart sont voûtées de croisées d'ogives. Les voûtes d'arêtes ou voûtes en berceau dont sont couvertes quelques salles capitulaires sont probablement plus anciennes. En effet, les avantages de la croisée d'ogives étaient si évidents qu'une fois cette technique maîtrisée, les bâtisseurs eurent rarement recours aux types de voûte utilisés par le passé. Par ailleurs, la construction n'était pas toujours finie en une seule campagne ; de par leurs proportions particulières, les voûtes qui couvrent actuellement la salle capitulaire de l'abbaye de Sénanque ne semblent pas être celles d'origine ou ont été construites pour remplacer une toiture provisoire.

La célèbre miniature où Jean Fouquet représente saint Bernard prêchant au chapitre date du milieu du XVe siècle (pl. 10 IV), mais les dispositions de la pièce sont tout à fait reconnaissables : les moines (qui portent des bonnets en tricot pour se protéger du froid) sont assis sur des bancs disposés autour de la pièce, trois fenêtres ouvrent à l'est et deux colonnes portent les voûtes. Cette peinture montre l'abbé debout devant un pupitre au milieu des autres moines. Dans la réalité, le pupitre était disposé dans l'autre sens, le lecteur se tenant face à l'abbé. L'artiste a pris quelques licences qui nous permettent d'observer la scène de l'entrée. Il est tout à fait exceptionnel de trouver des lutrins de cette époque – à l'abbaye d'Osek, en Bohême,

une pièce remontant aux environs de 1240 est toujours visible (pl. 10 I) –, mais des observations archéologiques attentives peuvent parfois révéler des traces de ce meuble indispensable. On peut voir sur une gravure du XIXe siècle reproduisant la salle capitulaire de Fontfroide (Aude) un trou dans le sol, légèrement à l'ouest des deux colonnes placées au fond de la salle, correspondant à l'emplacement de ce qui devait être un pupitre portatif.

Si, de son vivant, le supérieur du monastère dirigeait sa communauté et dispensait son enseignement dans la salle capitulaire, après sa mort il n'abandonnait pas ses fils ou ses filles et restait avec eux dans cette salle. En effet, les abbés et les abbesses étaient souvent inhumés dans cette pièce, du moins au début, tant qu'il y avait de la place. L'abbaye de Poblet possède au pied du trône abbatial une série de pierres tombales décorées d'effigies en haut-relief finement sculptées, sur lesquelles sont inscrits le nom des abbés et la date de leur abbatiat. Ailleurs, comme à Zwettl en Autriche, une simple croix ou une crosse signalent l'emplacement de la tombe, alors qu'à Zinna dans le Brandebourg, (pl. 10 VII A) on a réalisé en fer les contours du charmant portrait provincial représentant un abbé de la fin du XIVe afin de le faire ressortir sur la blancheur de la pierre. A l'abbaye de Fountains dans le Yorkshire, dix-neuf abbés ont été enterrés dans la salle du chapitre et à La Maigrauge en Suisse (pl. 10 VI), toute la pièce est parsemée de dalles funéraires d'abbesses, dont beaucoup en haut-relief (la salle capitulaire est encore utilisée de nos jours par les moniales lors de certaines cérémonies). Cette tradition s'est perpétuée au moins jusqu'au XVIIe siècle ; nous en avons pour preuve une tombe datant de 1636, à Alcobaça, où un abbé est représenté en relief debout, tenant sa crosse à la main, dans une niche. Au cours de fouilles effectuées récemment à Grosbot en Charente, un squelette complet a été trouvé sous une dalle marquée d'une crosse, ainsi que des ossements appartenant à trois autres squelettes, qui ont probablement été placés là pendant les travaux de reconstruction qui ont suivi les guerres de Religion.

Si le "plan centralisé" bourguignon – de tracé rectangulaire ou carré – s'est maintenu comme modèle des salles capitulaires construites dans les années 1130 et 1140, des expériences nouvelles sont menées ailleurs. Dans le Yorkshire, les cisterciens ont procédé à une série de remaniements tout à fait intéressants entre les années 1150 et 1170 qui témoignent des adaptations originales auxquelles sont parvenues les bâtisseurs confrontés aux besoins de communautés en pleine expansion. Rien ne répond mieux aux problèmes locaux que les solutions locales. Si nous comparons ces salles capitulaires à celles d'autres abbayes, nous pouvons les trouver quelque peu étranges…, d'où l'importance du contexte.

A Fountains, les premiers bâtiments ont très vite été remplacés par de nouvelles constructions, peu après l'arrivée de l'abbé Henri Murdac en 1144. La salle capitulaire était alors rectangulaire et limitée par les murs est et ouest du bâtiment des moines, comme dans la plupart des abbayes en France. Elle devait être assez basse et sombre ; en effet, le plancher en bois du dortoir, qui lui servait de plafond, ne s'élevait qu'à 2 m 14 au-dessus du sol. A la suite d'un grave incendie

survenu en 1146, on entreprit de nouveaux travaux et la salle capitulaire fut alors reconstruite entièrement en pierre. La nouvelle pièce de plan rectangulaire était de grandes dimensions – une des plus grandes jamais construites en Angleterre – ; longue de plus de 30 mètres, en forte saillie à l'est, elle était divisée en trois vaisseaux par deux rangs de colonnes. Il convient de prendre en considération deux éléments extérieurs pour comprendre les dispositions du chapitre. Premièrement le dortoir : celui-ci, construit à l'étage du bâtiment des moines, ne recouvrait que les deux premières travées occidentales de la salle capitulaire ; il fallut donc, pour que le plancher du dortoir restât à un même niveau sur toute sa longueur, réduire la hauteur sous voûte des deux premières travées par rapport au reste du chapitre. Cette partie formait un vestibule donnant sur la salle capitulaire à proprement parler. Le deuxième point concerne la façade : trois baies ouvraient sur le cloître, mais seule la baie centrale permettait d'accéder au vestibule, car les deux autres ont permis de résoudre avec beaucoup d'intelligence un autre problème. La collection de livres de l'abbaye avait largement dépassé à l'époque la capacité de l'*armarium* du cloître ; on trouva une solution ingénieuse en aménageant deux bibliothèques, une de chaque côté du vestibule central, auxquelles on accédait par les deux baies latérales.

La salle capitulaire de Rievaulx fut reconstruite sous la direction du troisième abbé, Aelred, dans les années 1150 (pl. 10 XI). C'était une pièce à deux niveaux terminée par une abside semi-circulaire, avec des fenêtres aux deux étages et entourée d'un déambulatoire voûté sur croisée d'ogives.

Le chapitre était couvert d'une charpente lambrissée en berceau et précédé d'un vestibule moins haut (sous le dortoir, comme à Fountains) qui ouvrait sur le cloître. C'est un exemple unique dans toute l'architecture cistercienne et on pense que la conception de l'ensemble a été inspirée par l'abbé. La vaste zone qui entourait le chapitre permettait aux centaines de frères convers qui ont afflué pendant l'abbatiat d'Aelred de participer plus activement à la vie de la communauté ; ils devaient s'asseoir sur des bancs disposés dans le déambulatoire.

L'abbaye de Margam, dans le Sud du Pays de Galles, possède une salle capitulaire dodécagonale, construite en saillie et reliée au cloître par un passage fermé par des murs. Ce parti n'est pas nouveau dans l'architecture anglaise – les chapitres des monastères bénédictins en Angleterre étaient souvent de plan polygonal – et il montre la compatibilité entre la souplesse dans la conception formelle des abbayes cisterciennes et la fidélité à un même esprit.

Autres pièces
et passage...
La salle des moines

Au rez-de-chaussée, après la sacristie et la salle capitulaire, on trouve des portes ou des arcades qui ouvrent en général sur des pièces plus petites ou des passages. Le nombre de baies n'est pas fixé – cela dépend des proportions du cloître et de la disposition des salles –, mais on peut citer les accès au parloir (*auditorium*), à l'escalier du dortoir, au passage qui conduit dans la partie située à l'est du cloître, ainsi que la porte de la salle des moines. Une ou plusieurs petites pièces supplémentaires peuvent également être aménagées, par exemple sous l'escalier du dortoir.

L'escalier montant du cloître au dortoir était utilisé par les moines pendant la journée pour se rendre aux latrines, situées à l'extrémité de l'étage, et au dortoir, en début d'après-midi, pour faire la sieste. Cet

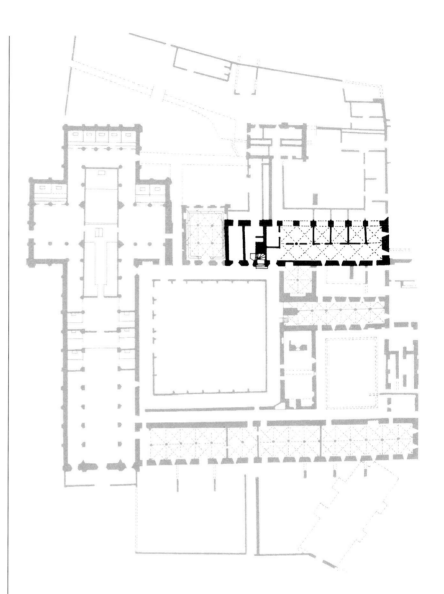

Le parloir
et le passage,
la salle des moines
et l'escalier de jour,
à Byland.

escalier de jour était indispensable, car l'autre escalier du dortoir donnait directement dans l'église et n'était utilisé pratiquement que la nuit ou aux premières heures de la journée. L'escalier de jour peut être droit, avec des paliers à 90°, ou tournant, en fonction de la taille de l'abbaye et de la hauteur de l'étage.

Le silence est primordial dans un monastère ; ce principe est maintes fois rappelé dans la *Règle*. Toutefois, les moines ne pouvaient se passer complètement de la parole, mais ils devaient dans ce cas utiliser des pièces prévues à cet effet.

On trouvait généralement deux **parloirs** (ou *auditoria*), un près de la cuisine, où le cellérier s'entretenait avec les frères convers, et l'autre à côté de la salle capitulaire, qui était réservé au prieur. Les moines se rendaient au parloir uniquement lorsqu'on les appelait, et là ils écoutaient ce que le prieur avait à leur dire.

Le parloir faisait office de bureau pour le prieur et certains officiers. Si un moine avait besoin de quelque chose, il devait se manifester à la porte par un signe ou un bruit et n'entrer que lorsqu'on l'y invitait. Pendant la période de lecture, seuls deux moines pouvaient s'entretenir en même temps avec le prieur, sauf si ce dernier convoquait un groupe plus important. Les discours, lorsqu'ils étaient autorisés, devaient être brefs et factuels, et dès que la question avait été réglée, les moines devaient quitter la pièce. C'est là aussi que le prieur écoutait les confessions des novices pendant la période de lecture et qu'il distribuait le travail, après avoir frappé la *tabula* pour convoquer les moines. Le

maître des novices s'entretenait dans le parloir avec les moines en visite et avec les novices pendant les deux premiers mois qui suivaient leur entrée à l'abbaye.

Le parloir faisait partie des pièces que le sous-diacre aspergeait d'eau bénite tous les dimanches. Il devait également être inspecté régulièrement par les moines anciens, de même que l'église, le chapitre, le dortoir, le chauffoir, le réfectoire et la cuisine, mais à la différence de ces édifices, où les moines pouvaient entrer librement, l'accès au parloir leur était interdit si quelqu'un se trouvait à l'intérieur.

Cette pièce était la plupart du temps construite sur le même plan que la sacristie : large d'une travée, de même profondeur que le reste de l'aile orientale et éclairée par une fenêtre percée dans le mur est. Elle pouvait être voûtée en berceau ou sur croisées d'ogives et devait être meublée ; on trouve d'ailleurs dans certains parloirs des vestiges de bancs en pierre adossés à un ou à plusieurs murs.

Le **passage** faisait communiquer le cloître avec les champs et les jardins qui s'étendaient à l'est. C'est probablement là que les moines attendaient qu'on leur remît leurs outils avant de partir au travail. Le voûtement du passage était identique à celui des pièces contiguës (berceau ou croisées d'ogives). Dans les abbayes qui ne disposaient pas de parloir dans la galerie orientale du cloître, c'est dans ce passage qu'avaient lieu certains entretiens.

L'emplacement du **trésor** du monastère est difficile à déterminer. Dans certaines abbayes, c'est la sacristie qui remplissait ce rôle, mais la plupart des monastères avaient besoin d'un endroit sûr et à l'épreuve du feu pour garder chartes, titres, documents et autres objets de valeurs. La disparition des chartes – suite à un incendie, un vol ou par négligence – pouvait entraîner de sérieux ennuis pour le monastère, surtout dans la société procédurière de la fin du Moyen Age où la perte d'une charte pouvait signifier la perte des terres qu'elle représentait. Aussi, dans la mesure du possible, ces documents et objets précieux étaient gardés sous clef dans un coffre à l'intérieur d'une pièce également fermée à clef. Pour réduire encore les risques, le coffre était souvent muni de plusieurs serrures (trois dans la plupart des cas) et chaque clef confiée à un officier.

Dans les abbayes bénédictines, le trésor se trouvait souvent dans une annexe du dortoir en haut de l'escalier de nuit menant à l'église, sous l'œil attentif du sacristain. Mais son emplacement n'obéit pas forcément à un raisonnement logique, car il était de toute évidence plus opportun de placer le trésor à côté du chapitre, afin que les documents et les sceaux fussent à portée de main lorsque les affaires traitées au chapitre l'exigeaient. C'est ainsi qu'à Fountains le trésor se trouvait à l'est de la salle capitulaire, accolé au passage menant du dortoir à l'escalier de nuit. Ailleurs, on utilisait l'espace sous l'escalier de jour, comme à Rievaulx. Ici, le trésor était une pièce étroite, couverte d'un berceau, ménagée sous l'escalier et garnie de petites niches. A l'origine, on y accédait seulement à partir du parloir et l'unique fenêtre en plein cintre qui l'éclairait était protégée par des barreaux et des volets. Cet exemple

n'est pas typique pour autant ; il n'y avait pas d'emplacement défini pour le trésor, car il était dans l'intérêt de chaque abbaye de garder ses objets de valeur dans un endroit inattendu.

L'extrémité de l'aile orientale, qui s'étend souvent bien au-delà du carré formé par les bâtiments claustraux, est occupée par une grande salle – parfois immense, comme à Furness – où se déroulaient des activités diverses et variées. Cette pièce n'ayant pas une fonction déterminée – laquelle était sans doute différente d'une abbaye à l'autre –, on l'appelle la **salle des moines** (pl. 10 XIV-XV). L'entrée se faisait par le cloître et dans certaines abbayes une deuxième porte ouvrait à l'extrémité de la pièce. Les fenêtres percées le long du mur est laissaient entrer la lumière dans la matinée. Lors de fouilles menées à Rievaulx on a trouvé des clefs de voûtes munies d'anneaux pour suspendre des lampes, car dans le courant de la journée la lumière naturelle pouvait ne plus être suffisante pour éclairer la pièce.

Il est difficile de donner la fonction exacte de cette salle, bien qu'elle fasse partie du plan classique et qu'on la trouve dans pratiquement toutes les abbayes. En revanche, les dimensions sont très variables, allant d'une pièce très modeste coincée dans l'angle de l'aile orientale jusqu'à un immense bâtiment rectangulaire très long, divisé par un ou deux rangs de colonnes et s'étendant bien au-delà de l'aile du réfectoire. Différents types d'activité se déroulaient sans doute dans ce lieu, peut-être en même temps car on sait que la salle des moines de certaines abbayes était compartimentée.

D'après un plan de 1760, l'immense salle des moines de Pontigny (qui a complètement disparu) était divisée en cinq pièces différentes, l'une d'elles étant le noviciat. Le bâtiment, qui dépassait largement l'aile nord du cloître et se prolongeait de l'autre côté du canal, se terminait par une pièce d'environ 10 m sur 20, le pressoir. D'après sa forme, il s'agit d'un pressoir à vin médiéval ; par conséquent sa présence sur le plan indique probablement que l'endroit était réservé à cette activité depuis plusieurs siècles (les pressoirs de ce type étant des dispositifs fixes).

On attribue souvent deux fonctions principales, et très différentes, à la salle des moines. Cependant, aucune d'entre elles ne demandait un type d'architecture particulier ni un mobilier permanent (comme le pressoir à vin) qui pourraient nous aider à mieux cerner cette salle. La première fonction évoquée est le noviciat. Dans certaines abbayes, il est fait allusion à un bâtiment distinct réservé à l'éducation des novices (se reporter au chapitre consacré au noviciat), ce qui laisse à penser que là encore c'est la souplesse qui règne. Ailleurs, les vastes dimensions de la salle des moines permettaient de compartimenter ce bâtiment en plusieurs pièces et il n'est pas impossible que l'une d'elles fût réservée au noviciat, comme à Santes Creus, en Catalogne, dont les plans montrent l'affectation de l'extrémité de la salle des moines à cette activité. Cette salle est également désignée dans de nombreux guides touristiques comme le scriptorium de l'abbaye. C'était peut-être le cas dans certaines abbayes et à certaines époques, mais ce n'était pas l'utilisation permanente de la salle des moines. En fait, le lieu où travaillaient les copistes est rarement connu, mais le scriptorium et la salle des moines n'étaient pas forcément une seule et même pièce. Nous avons donc choisi de traiter du travail des copistes dans un autre chapitre (voir chapitre 10).

L'abbaye de l'Epau fournit certains indices architecturaux permettant d'étayer l'hypothèse selon laquelle le scriptorium se trouvait dans la salle des moines. Celle-ci communique avec le chauffoir par un petit guichet pratiqué dans le mur qui, dit-on, permettait aux moines de placer l'encre près du feu afin d'éviter qu'elle ne gelât. Cette disposition était de toute évidence peu pratique – il est difficile d'écrire correctement avec des doigts gelés – car on ne tarda pas à prévoir des cheminées dans cette pièce. Ainsi en est-il dans la salle des moines de Silvacane, dont les murs présentent en outre des niches de rangement, de même que dans celle de Noirlac, qui date de la fin du XIIe siècle et qui, malgré de profonds remaniements, a conservé ses voûtes d'arêtes, reposant sur des chapiteaux très simples, et sa cheminée. Il est possible que dans ces abbayes la salle des moines ait servi de scriptorium. A Sénanque, la vallée étroite a obligé à "comprimer" le plan de l'abbaye, ce qui pourrait expliquer qu'on ait choisi de placer la salle des moines dans le chauffoir (pl. 11 VI).

En conclusion, il apparaît que la salle des moines devait plutôt être une salle polyvalente que chaque abbaye utilisait à sa guise, pour l'enseignement des novices, pour la copie des manuscrits, ou pour d'autres activités. Les possibilités, innombrables, ont certainement évolué au cours des siècles en même temps que l'évolution de l'activité économique du monastère ou la diminution de la population monastique. Comme tant d'autres pièces de l'abbaye, la salle des moines devait alors s'adapter à de nouveaux usages.

Le dortoir et les latrines

Dans la Règle de saint Benoît il est précisé que, si l'on dispose d'une salle suffisamment grande, tous les moines doivent dormir dans un même lieu, chacun sur un lit à part (ceux des plus jeunes sont placés entre ceux des anciens). Au XIIe siècle, tel était l'usage suivi par les communautés cisterciennes ; seuls certains officiers, comme le portier ou parfois l'infirmier, étaient contraints, de par leur charge, de coucher ailleurs. Le dortoir des moines (dormitorium) consistait en une grande salle non compartimentée qui occupait quasiment tout l'étage de l'aile orientale (pl. 11 II-III, IV). Les lits étaient disposés le long des murs et au centre de la pièce une structure faite de barres horizontales (qu'on appelait pertica) permettait de ranger les draps et couvertures non utilisés, les vêtements, etc.

En théorie, l'abbé devait coucher auprès de ses moines. Si la *Règle* ne mentionne pas quel doit être l'emplacement du lit de l'abbé, les coutumiers cisterciens du XIIe siècle sont formels : la place du supérieur est dans le dortoir commun à tous les moines. Cette disposition n'a pourtant pas duré très longtemps. Très tôt l'abbé disposa de ses propres quartiers et, plus tard, de son propre logis. Si l'on considère toutes les responsabilités auxquelles il de-

vait faire face, cette évolution ne semble par déraisonnable. Il en est de même de l'infirmier qui, à la fin du Moyen Age, a une habitation à part.

A l'origine, le dortoir était un grand espace non cloisonné. Lorsque la largeur était trop importante, un rang ou deux de colonnes soulageaient la voûte. La salle était éclairée par des fenêtres, au moins une par travée, disposées tout le long des murs est et ouest. Dans les grandes abbayes, la largeur et la hauteur du dortoir augmentaient en

Le dortoir des moines et les latrines à Tintern.

conséquence et il fallait donc prévoir une double rangée de fenêtres sur au moins un des murs. Cette disposition se retrouve à Poblet, où la rangée inférieure est à hauteur d'homme et la rangée supérieure au niveau de la claire-voie. Les fenêtres étaient pourvues de volets pivotants pour l'éclairage et l'aération ; on peut encore voir dans certaines abbayes les trous qui recevaient les baguettes verticales sur lesquelles pivotaient les volets.

Deux escaliers menaient au dortoir. L'escalier de jour, qui montait de la galerie est du cloître, débouchait à peu près au milieu de la pièce ; on l'utilisait dans la journée, en particulier en été pour venir faire la sieste après le repas de midi. Une porte percée dans le mur contigu à l'église ouvrait sur l'escalier de nuit qui descendait dans le transept ; les moines pouvaient ainsi se rendre dans l'église pour l'office de nuit sans sortir dehors (pl. 11 I A-C).

Un silence absolu devait régner dans le dortoir ; la parole tout comme le langage des signes étaient interdits. Les moines pouvaient se rendre dans le dortoir aussi souvent que nécessaire (c'est-à-dire plusieurs fois par jour), mais ils devaient se couvrir de leur capuchon en entrant. C'est là qu'ils se changeaient et qu'ils rangeaient leurs vêtements (mais le battage du linge se faisait ailleurs). Lorsque les moines s'habillaient et se déshabillaient, ils devaient respecter un certains nombre de règlements : la pudeur et la discrétion étaient de règle et ils ne devaient jamais montrer leur nudité lorsqu'ils se changeaient.

Il était interdit de s'asseoir dans le dortoir, sinon pour se chausser et se déchausser ou pour changer de tunique. Le moine s'asseyait alors sur son lit ou sur un tabouret bas (*suppedaneum*). Dans les premiers temps, la couche se réduisait à une simple paillasse, une couverture grossière (*sagum*) et un oreiller. Comme l'exige la *Règle de saint Benoît*, les moines dormaient tout habillés et avec leur ceinture (mais sans leur couteau, pour éviter des accidents pendant la nuit). Les moines malades ou qui avaient subi la saignée étaient autorisés à dormir sous une sorte de couverture matelassée, appelée *cottus*, qui était un peu plus chaude que la couverture réglementaire ; en été, on la laissait sur la *pertica*.

Le mot *pertica*, qui signifie barre ou baguette, désigne la structure qui servait de penderie ou de garde-robe dans les dortoirs cisterciens. On ignore quelle était sa forme exacte, mais on peut supposer qu'elle était garnie de lattes horizontales sur lesquelles le moine pouvait poser ou accrocher sa coule, son scapulaire et sa deuxième tunique.

C'est le sacristain qui réveillait les moines pour l'office de nuit. Il se levait, allumait les lampes du dortoir et de l'église. S'il le fallait, il disposait de la lumière dans le cloître, puis allait ouvrir les portes de l'église. Dans certains monastères, le sacristain dormait à part dans une chambre de laquelle il pouvait surveiller l'église par une fenêtre donnant sur le transept et regarder l'horloge qui se trouvait, dans certains cas, dans un des croisillons. Dans les siècles suivants, le sacristain avait une petite horloge à pendule dans sa cellule. Au Thoronet, dans l'angle sud-ouest près de l'escalier de nuit, et à Noirlac, quelques marches au-dessus de la sacristie, se trouve une pièce qui abritait sans doute la chambre du sacristain.

Les *Ecclesiastica officia* sont très prolixes sur les activités qui se déroulent dans le dortoir. Les prescriptions concernent le temps consacré à la sieste en été, après le repas de midi ; l'heure à laquelle les moines doivent enlever ou mettre leur scapulaire ; la fin de la journée monastique lorsque les frères, ayant reçu dans l'église la bénédiction de l'abbé après complies, se couvrent la tête de leur capuchon et montent en procession dans le dortoir. Les moindres gestes obéissaient à un rituel et le coucher n'était pas une exception : les moines ne se jetaient pas sur leur couche ; ils s'asseyaient d'abord sur le lit, puis ramenaient leurs jambes en position horizontale. Complètement vêtus et allongés sur leur paillasse, ils étaient alors libres de rêver jusqu'à ce que le sacristain vînt les réveiller pour l'office de nuit.

Vers la fin du Moyen Age, la notion de vie privée entre dans les mœurs et les cloisons en bois vont faire leur apparition dans les dortoirs pour créer des chambres individuelles. On ne sait pas au juste à quand remonte cette pratique. Si en 1194 le Chapitre Général blâme l'abbé de Longpont à cause de son dortoir "construit de façon non régulière", il est difficile de déterminer ce qui se cache derrière un reproche aussi flou. Les chambres individuelles existaient dès le début du XIIIe siècle; ce problème est abordé dans la bulle de 1335, connue sous le nom de *Benedictina*, que nous avons déjà évoquée au chapitre 3. Cependant le pape prévoit des exceptions pour certains officiers, pour lesquels le dortoir commun n'est pas adapté, et autorise les prieurs et sous-prieurs à aménager leurs cellules personnelles dans le dortoir. Quant aux autres cellules, elles doivent être démolies dans

les trois mois. Il semble bien que cette dernière exhortation n'ait pas été respectée. Nous sommes là face à un conflit entre les décisions prises au niveau individuel par chaque abbaye, au niveau collectif par l'ensemble des abbés et l'évolution des coutumes dans la société civile.

Le Chapitre Général de 1370 estime que les cellules individuelles sont une pratique "courante" et "scandaleuse" et s'y oppose fermement. Tout au long du siècle suivant, on ne cesse de répéter des injonctions semblables, avec encore plus de véhémence, et en 1461 on condamne en outre les matelas garnis de plumes et les draps en lin.

Dans la seconde moitié du XVIe siècle, l'évolution de la société et la diminution de la population monastique (et donc l'augmentation de l'espace disponible) entraînent une transformation de la disposition des dortoirs : des cloisons en bois ou en pierre divisent la salle unique en des cellules individuelles relativement confortables. En 1565, Poblet reçut l'autorisation de procéder à ces remaniements et à la fin du siècle la pratique semble s'être répandue dans toutes les maisons de l'Ordre. Dans la bulle *In suprema* de 1666, le pape ne s'oppose plus aux chambres individuelles sobrement meublées. On peut voir des exemples de ce type à Noirlac et à Flaran, avec, dans chaque pièce, un lit, un cabinet de toilette, une cheminée et un espace pour des activités diverses. Ces changements sont-ils un signe de décadence ? Rien n'est moins sûr, car ils reflètent essentiellement l'évolution de la société et l'apparition de la notion de vie privée, inconnue au XIIe siècle. Par ailleurs, aucune justification théologique ne permet d'affirmer que les prières sont plus efficaces lorsqu'on prie dans une pièce glacée plutôt que dans une pièce chauffée. Dans certains monastères, la division du dortoir permit de créer, outre les chambres, des pièces réservées à d'autres usages. L'immense dortoir de trois vaisseaux de l'abbaye d'Alcobaça (pl. 11 II-III) fut compartimenté à la fin du XVIe siècle : les travées des vaisseaux latéraux, séparés par un couloir central, furent transformées en chambres. On utilisa trois d'entre elles comme bibliothèque et archives jusqu'à ce qu'une bibliothèque fût construite au milieu du XVIIIe Au début du XXe siècle, ce magnifique dortoir retrouva sa disposition spatiale d'origine et tout son volume.

Cependant, après la réforme de La Trappe les Cisterciens de la Stricte Observance revinrent à l'ancien dortoir commun, glacial et garni de simples paillasses, des premiers temps. Et à Valsainte, dom Augustin de Lestrange supprima jusqu'aux paillasses et demanda à ses moines de coucher à même le sol.

Après le dortoir, à l'extrémité opposée à l'église, se trouvait le bâtiment des **latrines** (*necessarium*), ou "toilettes" du monastère médiéval. Il était disposé perpendiculairement au dortoir ou dans le prolongement de celui-ci ; la disposition dépendait de l'arrivée d'eau et de l'emplacement du canal utilisé pour l'évacuation (pl. 11 V A-B). Certains de ces bâtiments, conçus pour de grandes communautés, sont spectaculaires. A Rievaulx, par exemple, les latrines destinées à une population de plus de cent moines s'élevaient sur trois étages, même si seul le dernier servait de *necessarium*. Sur le côté sud du bâtiment, un étroit égout en

pierre était alimenté par un canal qui partait de la rivière toute proche et qui permettait d'évacuer les détritus et d'assurer la propreté du système. Sur les deux étages inférieurs, le canal était séparé des autres salles (des salles de construction soignée et voûtées en berceau qui étaient utilisées à d'autres fins) par un mur ; au troisième étage, des sièges en bois étaient construits au-dessus du canal ouvert. D'après les renfoncements visibles dans la maçonnerie, les latrines devaient être divisées en cabinets individuels ou au moins séparées par des cloisons – cette disposition est valable pour les autres monastères –, mais il est impossible de dire combien il y en avait. Les latrines communiquaient avec le dortoir par deux portes – une entrée et une sortie – entre lesquelles on trouve souvent une ouverture ou fenêtre intérieure. On devait y placer une lampe pour éclairer les latrines et les deux portes.

Un bâtiment tout aussi imposant fut construit à Royaumont. A l'étage, un étroit canal est recouvert de vingt-neuf arcs qui s'élèvent à une hauteur considérable. Les trente espaces ainsi créés sont divisés en deux par une structure qui s'étend sur toute la longueur, au-dessus des arcs, et qui donne naissance à soixante carrés sur lesquels étaient construits les sièges des latrines. La vanne donnant sur le canal qui coulait au-dessus pouvait être ouverte pour l'évacuation. Le bâtiment des latrines de l'abbaye de femmes de Maubuisson présentait des dispositions analogues (pl. 11 V A).

Lorsque les moines utilisaient les latrines, ils devaient garder la pudeur et la bienséance caractéristiques de la vie monastique. "Lorsqu'ils se rendent aux latrines", nous disent les *Ecclesiastica officia*, "ils doivent cacher leur visage avec leur capuchon (autant que possible) et s'asseoir de façon à ce que leurs manches soient rabattues devant eux et que leur coule descende jusqu'au sol". En fait, ce qu'il faut tirer de cette prescription c'est que toutes les parties du corps qui dépassent de la tunique (tête, mains et pieds) devaient être couvertes, afin de préserver le plus grand anonymat.

Les latrines étaient nettoyées le samedi (et le dimanche elles étaient aspergées d'eau bénite, de même que le dortoir) par les cuisiniers de semaine. Les textes ne décrivent pas en détail les opérations de nettoyage. Le verbe latin *scopare* signifie simplement balayer. D'autres opérations étaient peut-être réalisées, mais en tout cas ce n'est pas précisé. On sait que dans d'autres abbayes non cisterciennes de l'époque, on réapprovisionnait les latrines de grandes feuilles (similaires à des feuilles de chou) et rien ne permet de croire que ces mesures d'hygiène personnelle n'étaient pas en vigueur dans les abbayes cisterciennes.

La plupart des bâtiments des latrines étaient construits au-dessus d'un canal fermé par une vanne en bois. Celle-ci pouvait être ouverte, à tout moment utile, pour permettre l'afflux d'une masse d'eau suffisante pour évacuer les excréments. Dans certains cas, on laissait les matières fécales s'accumuler afin de les utiliser comme engrais ou de les déverser dans le vivier pour enrichir l'écosystème. Ailleurs, comme à Fountains, les latrines surmontaient un cours d'eau à ciel ouvert.

En règle générale, les meilleurs sujets et les plus mauvais de la communauté – les officiers et les prisonniers – disposaient de leurs propres latrines. C'est une disposition que l'on retrouve très clairement à Fountains, où chacune des cellules pour les prisonniers aménagées dans le sous-sol du logis abbatial avait ses propres cabinets ; de même les bureaux des officiers dans l'atelier de tissage, la malterie, etc., étaient tous pourvus de latrines individuelles qui étaient évacuées au moyen d'égouts en pierre ou qui se déversaient dans une fosse septique. On prévoyait également d'autres bâtiments de latrines à côté du dortoir des convers, de l'infirmerie et de l'hôtellerie.

Il ne fait aucun doute que les cisterciens, préoccupés par les aspects fondamentaux de la vie monastique, ont développé un système largement en avance sur les structures connues par leurs bienfaiteurs séculiers, dans les châteaux ou les manoirs, et certainement beaucoup plus hygiénique.

8

L'aile du réfectoire

près l'église et le cloître de la *collatio*, qui abritaient des activités plutôt "spirituelles", puis le bâtiment des moines et la galerie orientale, où se déroulaient des occupations plus intellectuelles, nous arrivons maintenant à l'aile du réfectoire qui répondait pour l'essentiel aux besoins physiologiques de la communauté. C'est là que se trouvait le lavabo, source d'eau pure à l'intérieur de l'abbaye, autour duquel étaient regroupées les activités utilisant l'eau. Dans la plupart des abbayes, le lavabo était situé en face de la porte du réfectoire. Ce dernier était flanqué de la cuisine et du chauffoir. On prévoyait également dans cette aile un second parloir qui servait de bureau au cellérier ; c'est là qu'il tenait ses comptes et ses inventaires et qu'il s'entretenait avec les moines et les frères convers lorsque les affaires du monastère l'exigeaient.

Le chauffoir

es coutumiers du XIIe siècle nous apprennent que les seules pièces où l'on pouvait faire du feu étaient les cuisines, l'infirmerie et le chauffoir (*calefactorium*). En raison de l'évolution des techniques de chauffage et du mode de vie depuis le Moyen Age, rares sont les chauffoirs qui sont parvenus intacts jusqu'à nous. Néanmoins un certain nombre d'exemples sont connus grâce à des fouilles et à des restaurations.

Le chauffoir était situé dans l'aile du cloître opposée à l'église, à côté d'autres pièces dont la principale fonction était de répondre aux besoins physiologiques de la communauté (cuisine, lavabo, réfectoire et latrines). Il faisait partie des bâtiments réguliers qu'on aspergeait d'eau bénite le dimanche.

Les moines étaient autorisés à entrer dans le chauffoir pour se réchauffer (mais non à longueur de journée), graisser leurs chaussures (la graisse ramollie par la chaleur pénétrait mieux dans le cuir) et se faire saigner. Les *Ecclesiastica officia* précisent que les frères ne peuvent pénétrer dans la cuisine tant qu'il y a suffisamment de feu dans le chauffoir ; la pièce devait donc être chauffée toute la journée. Un moine ancien était désigné pour vérifier que personne ne se réfugiait là pendant la *lectio divina* afin de profiter de la chaleur, au lieu de lire dans le cloître. Lorsque les moines se retiraient quelques instants dans le chauffoir, ils ne devaient jamais rester pieds nus s'ils n'étaient pas seuls dans la pièce ; la plus grande pudeur était de rigueur dans ce domaine, comme lors du *mandatum* dont nous avons déjà parlé.

Lorsqu'une activité particulière devait se dérouler, l'officier responsable était tenu de s'assurer, personnellement ou par des tiers, que la pièce était suffisamment chauffée. La nuit de Noël cette tâche revenait au cellérier qui envoyait deux frères convers pour y faire du feu, afin que les moines pussent se réchauffer après vigiles s'il faisait trop froid. Quand on procédait à la saignée, c'était le

Le chauffoir
à Fountains.

prieur qui devait désigner quelqu'un pour allumer le feu ; l'infirmier était chargé de le surveiller après vigiles, matines ou prime et d'assurer une température convenable pour la circonstance.

La saignée, ou phlébotomie, était une des principales activités qui avaient lieu régulièrement dans le chauffoir. Cette pratique était couramment utilisée, aussi bien dans les monastères qu'à l'extérieur, pour soigner des maladies physiologiques et psychologiques. Tous les moines étaient saignés jusqu'à quatre fois par an, en février, avril, juin et septembre, sauf s'ils étaient malades, en voyage ou occupés à des travaux physiques fatigants. La saignée se faisait par tours, tous les moines occupant la même table au réfectoire étant saignés le même jour. Cette opération et ses suites

devaient certainement entraver un tant soit peu le bon fonctionnement de l'abbaye, car à chaque fois environ un quart ou un tiers de la communauté se retrouvait momentanément indisponible. On ne la pratiquait ni au temps des moissons (car tous les bras n'étaient pas de trop pour faire face à la charge de travail supplémentaire), ni pendant l'avent ou le carême (périodes de prière et de jeûne intensifs avant les grandes fêtes), ni pendant les trois jours qui suivaient Noël, Pâques et la Pentecôte (consacrés à des célébrations liturgiques majeures).

Selon les saisons, la saignée avait lieu entre la fin de la matinée et le milieu de l'après-midi. Les frères se préparaient dans le chauffoir où ils étaient ensuite saignés pratiquement jusqu'à l'évanouissement, d'où le terme latin de *minutio* ("diminution"). Ils pouvaient perdre jusqu'à deux litres de sang, ce qui paraît aujourd'hui considérable mais qui, selon les manuels médicaux du Moyen Age, était censé renforcer la mémoire, purifier le cerveau, aiguiser l'ouïe, apaiser les angoisses, donner une voix mélodieuse, nourrir et désintoxiquer le sang et constituer un gage de longévité. Ces mêmes raisons furent invoquées au XIXe siècle pour justifier cette pratique.

A la fin de l'opération, l'infirmier était chargé de recueillir le sang et de laver les bassines. Les moines qui venaient de subir la saignée pouvaient prendre un repas léger dans le réfectoire, puis s'allonger sur leur lit. Pendant les trois jours de convalescence qui suivaient, ils restaient *extra chorum* ("hors du chœur"), ne quittaient le cloître que pour se rendre dans le dortoir, étaient dispensés de travail et de lecture et recevaient une portion supplémentaire de nourriture. Les tâches qui leur étaient normalement assignées – telles que le chant et la lecture dans l'église ou le *mandatum* des pauvres – étaient confiées à d'autres frères. Ils célébraient l'office des vigiles à part, dans l'infirmerie ou la salle capitulaire, pour pouvoir lire des leçons plus courtes que le reste de la communauté. Ils étaient également autorisés à se recoucher après vigiles. Pour les autres offices, les frères convalescents prenaient place dans l'arrière-chœur qui leur était réservé derrière les stalles des moines et se contentaient d'écouter sans participer activement à la célébration. Ils reprenaient progressivement leurs activités normales ; le troisième jour ils réintégraient le chœur et le quatrième jour ils retournaient au travail. Cependant on leur réservait les tâches les moins pénibles et, si leur état l'exigeait, ils étaient encore dispensés pendant un certain temps. Au XIIᵉ siècle, des soins particuliers étaient prodigués à ces infirmes temporaires dans les bâtiments réguliers habituels et ils étaient autorisés à passer plus de temps dans le chauffoir.

Nous connaissons plusieurs types de chauffoir. Ces salles ont également évolué avec les progrès réalisés dans la construction des cheminées. L'abbaye de Longpont dans l'Aisne (pl. II VII C), fondée et construite au début du XIIIᵉ siècle, possède un chauffoir à cheminée centrale situé au rez-de-chaussée. Le foyer, disposé au centre de la pièce, est surmonté d'une hotte qui repose sur quatre colonnes et se poursuit à l'étage. Un système similaire existait à Tintern au Nord du pays de Galles ; ici on pouvait accéder à tout le pourtour de l'âtre par des arcades (pl. II VII B). L'abbaye de Sénanque, construite dans la seconde moitié du XIIᵉ siècle, a une cheminée adossée au mur est de la pièce qui faisait office de chauffoir et de salle des moines (pl. II VII A) ; par rapport à celui de Longpont, le foyer de Sénanque est beaucoup plus réduit ; le conduit a été construit dans l'épaisseur du mur et se prolonge à l'étage dans le dortoir, où il se détache légèrement sur le parement. Les cheminées sur le toit, qui dateraient de la toute première construction, font partie des rares exemples épargnés par le passage du temps.

Les cheminées adossées étaient également courantes dans bon nombre d'abbayes anglaises et irlandaises. On peut citer Rievaulx et Jervaulx, dans le Yorkshire, et l'abbaye de Grey en Irlande, où la cheminée était disposée contre le mur latéral contigu au réfectoire à l'ouest.

Un troisième système tout à fait remarquable, utilisant le procédé de l'hypocauste, se retrouve dans quelques abbayes allemandes. Le chauffoir de Maulbron est composé de deux pièces superposées : on allumait le feu dans la chambre située au rez-de-chaussée ; la fumée était évacuée à l'extérieur, tandis que la chaleur remontait à travers des "tuyaux" en pierre pratiqués dans la voûte jusque dans le chauffoir à proprement parler qui se trouvait à l'étage. La chambre supérieure dispose d'une petite fenêtre surmontée d'un arc à double rouleau, d'une porte en plein cintre et son sol, recouvert de dalles en pierre, est percé à intervalles réguliers pour laisser passer la chaleur. L'espèce d'égout qui longe le mur intérieur du chauffoir de Maulbronn est une disposition inhabituelle qui servait peut-être à l'évacuation du sang recueilli par l'infirmier lors de la saignée.

Le chauffoir de Bebenhausen également dans le Wurtemberg était situé au rez-de-chaussée et ouvrait directement sur le cloître. Le système semble être encore plus perfectionné qu'à Maulbronn, car des fouilles ont révélé que le feu était allumé dans une pièce souterraine. Un vaste réseau de conduits permettait d'évacuer la fumée et la chaleur montait pour réchauffer les moines au rez-de-chaussée. A Eberbach, c'est l'étage au-dessus du bâtiment de la cuisine qui servait de chauffoir.

Un système de chauffage semblable à celui de Maulbronn a été découvert récemment à Chorin. Une petite chambre en partie souterraine – l'extrémité de l'aile orientale du cloître est construite sur un terrain en pente – est recouverte d'une voûte en berceau garnie de tuyaux en terre cuite qui devaient servir à chauffer la pièce située à l'étage. Cependant, celle-ci n'était pas un chauffoir distinct mais la salle des moines. Aujourd'hui, elle a été transformée en temple protestant et son sol pavé. Cette découverte souterraine a permis de mettre en lumière les adaptations nécessaires à la vie monastique dans les régions froides.

Avec l'évolution progressive des us et coutumes qui a abouti à la fin du Moyen Age à l'aménagement de chambres individuelles munies de cheminées, le chauffoir devient évidemment superflu. Il a alors été transformé en salle de réunion ou tout simplement supprimé.

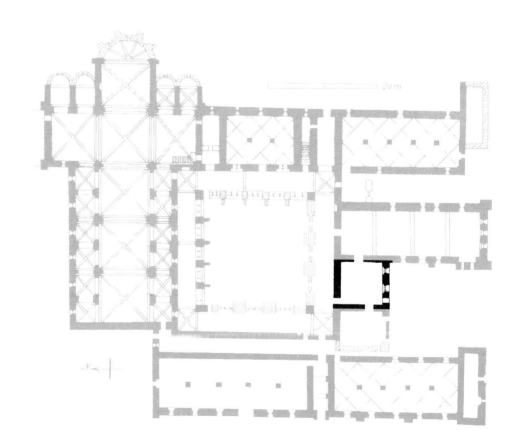

La cuisine
à Aiguebelle.

La cuisine

Le travail de la cuisine, comme d'autres tâches, était confié à tour de rôle aux moines pendant une semaine, du samedi au samedi. A la fin de leur semaine de service, les cuisiniers nettoyaient ce qui concernait leur office, lavaient les linges avec lesquels les frères s'essuyaient les mains et les pieds et, aidés de ceux qui entraient en service, exécutaient le *mandatum* de la communauté. Les ustensiles de cuisine, nettoyés et en bon état, étaient remis au cellérier qui les confiait aux nouveaux serviteurs. On procédait ainsi à un inventaire hebdomadaire.

Chaque tâche était considérée comme l'*opus Dei* et, à ce titre, s'accompagnait de certains rituels. Le moine se remémorait de cette façon, même au cours des travaux quotidiens les plus simples, Celui à qui il devait sa force et ses facultés et vers qui il pouvait se tourner dans les moments difficiles. Le dimanche, aussitôt après l'office des matines, ceux qui entraient en semaine et ceux qui en sortaient se prosternaient dans l'église aux pieds de la communauté, demandant qu'on priât pour eux. Les serviteurs qui finissaient leur semaine recevaient la bénédiction après avoir répété trois fois le verset "Béni sois-tu, ô Seigneur Dieu, toi qui m'as aidé et consolé". Ceux qui entraient en semaine disaient ensuite "Ô Dieu, viens à mon secours, ô Seigneur, hâte-toi de venir à mon aide". Ce verset ayant été répété trois fois par toute la communauté, les serviteurs recevaient la bénédiction et entraient dans leur fonction.

Les tâches débordaient le strict cadre de la cuisine. La nourriture des moines et des frères convers était préparée en général dans la même cuisine, mais ces membres de la communauté étaient considérés comme deux groupes distincts et, comme en outre ils avaient des emplois du temps différents, ils ne mangeaient pas ensemble. L'extrémité occidentale de l'aile nord ou sud, entre le réfectoire des moines et celui des convers, était l'emplacement normalement réservé à la cuisine, non loin du cellier situé dans l'aile occidentale. Des passe-plats prévus dans les murs latéraux de la cuisine permettaient d'amener la nourriture dans les deux réfectoires. A l'abbaye de Fountains, l'ouverture cintrée qui faisait communiquer la cuisine avec le réfectoire des moines disposait d'une desserte circulaire (*rota*) tournant autour d'un pivot ; un dispositif plus petit ouvrait dans le mur du réfectoire des convers.

Chaque jour il fallait préparer au moins deux mets cuits et un troisième à base de fruits ou de légumes de saison, lorsqu'il y en avait. Si la viande est formellement interdite dans la *Règle de saint Benoît*, œufs et poisson étaient autorisés certains jours. Le pain, nourriture de base au Moyen Age, était cuit dans les fours de l'abbaye ; chaque moine avait une miche d'une livre par jour. Saint Benoît, qui connaissait les faiblesses de la nature humaine, prévoit de donner aux cuisiniers – dont les papilles étaient excitées par les odeurs qu'ils humaient en préparant les repas – une portion supplémentaire de nourriture ; ils la mangeaient une heure avant le repas de la communauté, sauf les jours solennels où ils ne pouvaient prendre de nourriture avant la messe. Jusqu'au XIVe siècle, seuls les moines malades étaient autorisés à manger de la viande et celle-ci était préparée dans la cuisine de l'infirmerie ou dans une cuisine à part réservée à cet usage. Par la suite, cette pratique s'étendit au reste de la communauté et finit – comme nous l'avons vu au chapitre 2 – par jouer un rôle important, quoique symbolique, dans la division de l'Ordre entre la Stricte Observance et la Commune Observance.

S'il reste peu de témoins des cuisines du XIIᵉ siècle, dans les abbayes cisterciennes comme ailleurs, c'est principalement pour trois raisons. Premièrement, les incendies étaient une menace constante dans ces bâtiments qui disposaient de fours et de cheminées ; les cuisines ont été reconstruites suite à des accidents, puis très vite on prit l'habitude de les couvrir de voûtes en pierre. Deuxièmement, l'évolution des techniques au cours des siècles entraîna des changements dans les cuisines ; quoi de plus naturel que de faire appel au progrès lorsque l'on doit préparer des repas pour toute une communauté de moines. Troisièmement, le remplacement des structures et des matériaux, usés par une activité quotidienne intensive, était inévitable. Et il ne faut pas oublier que les cuisines – qui étaient souvent alimentées en eau – furent transformées pour d'autres usages après la désaffection des monastère (et parfois avant). A l'issue de tout ce processus de transformations, on a parfois du mal a reconnaître la forme première, quand celle-ci n'a pas complètement disparu.

Cependant, des vestiges et certains éléments dénichés ici et là permettent de se faire au moins une petite idée de ce que pouvaient être les cuisines des abbayes cisterciennes. Celle de Fountains possédait deux grandes cheminées adossées l'une contre l'autre et disposées au centre de la pièce ; la porte de derrière menait à une cour où était entreposé le bois. A l'origine cette cuisine était couverte d'une charpente apparente et la chaleur était évacuée par des ouvertures percées très haut dans le mur. Mais, par peur des incendies, on ne tarda pas à construire des voûtes de chaque côté de la hotte pour protéger la charpente.

L'abbaye de Chorin a conservé une grande cuisine qui remonte à la fin du XIIIᵉ siècle (pl. II VIII A, B, C). Construite en brique, comme le reste des bâtiments, cette pièce rectangulaire de six travées possède une colonne centrale et un foyer ouvert sur trois des côtés. Les fines branches d'ogive de la voûte retombent sur des culots disposés sur les murs tout autour de la pièce, libérant un vaste espace de travail. La cuisine, située à l'extrémité de l'aile des convers, est éclairée par deux rangées de fenêtres percées sur trois des côtés. Des niches ménagées dans l'épaisseur des murs servaient d'espace de rangement.

La cuisine médiévale d'Aiguebelle, avec sa voûte en berceau, continue d'être utilisée par les moines. Malgré les remaniements, certains éléments, tels les fenêtres en plein cintre et les traces des conduits de cheminée, sont les témoins de nombreux siècles d'utilisation. A Longuay dans l'Aube, la cheminée médiévale de la cuisine est toujours sur place. A Reigny dans l'Yonne, cette pièce a été détruite, mais on peut toujours voir sur le mur est, contigu au réfectoire, des traces de la voûte, des portes, d'un passe-plats et de niches de rangement. Les ruines des cuisines de Furness, Kirkstall et Sawley, en Angleterre, révèlent

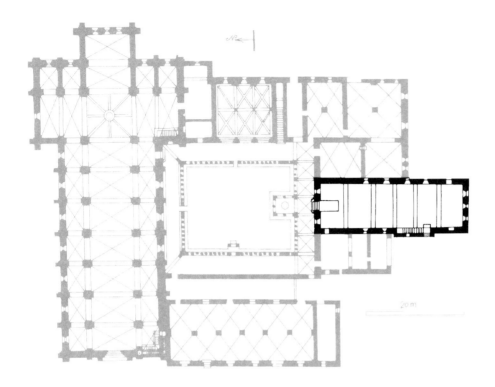

Le réfectoire.
à Fossanova.

toutes trois la présence de systèmes d'adduction et d'écoulement de l'eau. Quant à
la cuisine de l'abbaye d'Alcobaça, ses murs
sont toujours debout mais les dispositions
intérieures ont subi de profondes modifications (pl. 11 IX).

Nos connaissances sur les cuisines cisterciennes restent fragmentaires, mais les vestiges nous montrent qu'elles ressembaient
beaucoup aux cuisines des autres établissements monastiques de l'époque, sauf pour
ce qui est de leur emplacement. Ici, elles
sont en effet entre les deux réfectoires. Elles
devaient être avant tout fonctionnelles et
c'est cet aspect qui prime dans les premières constructions tout comme dans les
modifications ultérieures.

Le réfectoire

L e réfectoire faisait partie des cinq
bâtiments que les moines
devaient trouver sur place lors
de la fondation de l'abbaye, car les frères,
même s'ils se consacraient pour l'essentiel
à l'*opus Dei*, avaient besoin de quelques
nourritures terrestres.

Au cours des campagnes de construction
du cloître et des bâtiments alentour entreprises pour faire face à l'expansion de la
communauté, le réfectoire des moines prenait place, avec les autres pièces répondant
aux besoins de nature physiologique, dans
l'aile opposée à l'église. Si la topographie
le permettait, il était construit perpendicu-

lairement au cloître, plutôt que parallèlement comme le voulait la tradition bénédictine (pl. 11 X-XI).

Ce changement de disposition, dont l'évolution semble être empirique, avait sans
doute pour objectif de dégager plus d'espace pour le bâtiment des convers dans
l'aile occidentale et suffisamment de place
pour construire une cuisine permettant de
desservir le réfectoire des moines comme
celui des convers. Cependant certains
bâtiments anciens parallèles au cloître
sont parvenus jusqu'à nous, comme ceux
des abbayes anglaises de Merevale, dans
le Warwickshire, et de Sibton, dans le Suf-
folk ; pourtant dans cette dernière la cuisine est perpendiculaire. D'autres abbayes
resteront fidèles à ce parti primitif,
comme Haina en Allemagne qui possède
un splendide réfectoire gothique construit
le long de la galerie sud ; ou encore Zehdenick, un couvent de moniales méconnu,
non loin de Berlin, dont le réfectoire, bien
que divisé en deux salles à une époque
ultérieure, conserve ses superbes voûtes
sur croisée d'ogives, appareillées en
brique, qui reposent, vers l'intérieur, sur
des colonnes et, du côté du mur, sur des
culots également en terre cuite et ornés de
motifs géométriques et végétaux. Avec la
diminution des vocations au cours des
siècles suivants, on revint parfois à l'ancienne disposition des monastères bénédictins. Ce fut le cas à l'abbaye de Cleeve,
qui reconstruisit son réfectoire parallèlement au cloître au XVe siècle, de même que
Silvacane au XIVe siècle ; mais dans ce dernier exemple, des fouilles archéologiques
ont montré qu'on avait adopté ce parti
dès la première construction.

Des témoignages de cet héritage bénédictin
sont fournis par les réfectoires primitifs de
Fountains, Rievaulx et Kirkstall, dans le
Yorkshire, et celui d'Alcobaça, au Portugal
(pl. 11 XII). Tous étaient parallèles au cloître
mais leur capacité se révéla très vite insuffisante. En effet, il fallait disposer de suffisamment de place pour tous les moines ou
moniales, car les repas étaient pris en commun (pl. 11 XIV A) ; aussi, en raison de l'expansion rapide que connaissaient certaines
communautés, la reconstruction du bâtiment était entreprise pratiquement dès
l'achèvement de la première structure en
pierre, voire avant. L'espace disponible le
long de la galerie du cloître était par définition limité et, comme il était pratique de
disposer le réfectoire près de la cuisine, des
dépenses et du chauffoir, on choisit de
changer l'axe du bâtiment et de le construire perpendiculairement au cloître, sur toute
la longueur nécessaire.

A Alcobaça, par exemple, les bâtisseurs du
nouveau réfectoire utilisèrent le plus possible la structure primitive, mais ils allon-
gèrent le bâtiment vers le nord, la longueur de l'ancien réfectoire devenant la
largeur du nouveau. A Rievaulx, où le terrain est accidenté au sud, il fallut construire un étage souterrain tout le long du nouveau réfectoire.

La construction du réfectoire perpendiculairement au cloître offrait un certain
nombre d'avantages. En plus de libérer de
l'espace pour le bâtiment des convers, cela
permettait d'élever dans l'aile du réfectoire
d'autres structures liées aux besoins matériels ou domestiques – cuisine, réserves et
dépenses, chauffoir, parloir du cellérier –,
facilitant ainsi l'accès et la circulation dans

cette zone. On pouvait désormais percer des fenêtres sur deux ou trois des côtés de la salle et allonger le bâtiment autant que nécessaire, sans être limité par la longueur de la galerie comme dans les réfectoires parallèles au cloître. Ce dernier point n'était pas négligeable pour des communautés dont les effectifs ne cessaient de croître. Pour toutes ces raisons, le réfectoire était souvent magnifique et l'une des salles les mieux éclairées de toute l'abbaye.

La topographie de certains emplacements s'opposait à la nouvelle disposition. Les bâtisseurs ont donc été contraints de s'en tenir au plan bénédictin traditionnel, mais en y apportant quelques adaptations. C'est ainsi qu'à Pontigny le réfectoire fut construit parallèlement au cloître, sans doute en raison de l'emplacement du bief du moulin, mais, au lieu d'occuper le centre de la galerie, il se détachait à l'extrémité nord-ouest, afin de laisser de l'espace libre pour la cuisine, le chauffoir, le parloir, etc. Il se terminait à l'ouest par une abside et était éclairé par des fenêtres percées sur tout le pourtour.

Si le plan rectangulaire était le plus répandu, les dispositions intérieures offraient quant à elles une grande diversité. On trouve des espaces à un seul vaisseau, comme le réfectoire voûté en berceau à Aiguebelle (pl. 11 XIV C) ou à Poblet en Catalogne (pl. 11 XIV B), sur croisée d'ogives à Huerta en Espagne, ou encore les salles couvertes de charpentes apparentes comme à Rievaulx et Cleeve, qui ont conservé leurs blochets saillants ornés d'anges sculptés. Le réfectoire peut être divisé par un rang de colonnes, comme à Maulbronn (pl. 11 XV), Royaumont, Noirlac (pl. 11 XVI)

et Reigny (pl. 11 X-XI), ou par deux rangs de colonnes en trois vaisseaux, comme à Alcobaça. Pratiquement partout de grandes fenêtres – parfois superposées sur deux niveaux – laissent abondamment pénétrer la lumière, donnant parfois à cette pièce, utilitaire par définition, un éclat d'une rare beauté.

Si ces bâtiments nourrissent nos aspirations esthétiques, ce n'était certainement pas le cas des moines qui venaient là pour de tout autres raisons. On ne sonnait la cloche que lorsque le repas était prêt ; les moines se rendaient alors au réfectoire en procession. Ils se lavaient d'abord les mains au lavabo tout proche, puis prenaient place par ordre et attendaient l'arrivée du prieur ; c'était lui qui présidait le repas car l'abbé mangeait à part avec les hôtes. Après la prière du *Benedicite*, le cellérier et les cuisiniers amenaient les plats chauds de la cuisine à travers les passe-plats ménagés dans le mur commun et les disposaient sur les tables. Les bancs étaient appuyés contre le mur et les tables placées devant, tout autour du réfectoire. Si la communauté était nombreuse et que la salle fût suffisamment large, une ou deux rangées supplémentaires occupaient le centre de la pièce (pl. 11 XIV A).

En été, les moines prenaient deux repas par jour et un seul le reste de l'année, sauf le dimanche. Le repas de midi était servi à la sixième heure (vers 11 h en été et 13 h 30 en hiver), mais de la mi-septembre au début du carême les moines ne pouvaient pas manger avant la neuvième heure. Puis de la Pentecôte (à la fin du printemps) jusqu'en été, cette restriction ne concernait plus que le mercredi et le vendredi, mais l'abbé pouvait dispenser les moines de ce jeûne si la charge de travail était trop lourde ou s'il faisait trop chaud. Le dîner, lorsqu'il y en avait, était pris dans la soirée. Cependant, il est précisé dans la *Règle de saint Benoît* que les repas doivent toujours se dérouler à la clarté du jour ; il fallait donc choisir l'heure du dîner de sorte qu'aucune lumière ne fût nécessaire.

Le repas de midi, que l'on prenait à l'heure de sexte ou de none, était composé de deux mets cuits pour toutes les tables, comme nous l'avons déjà signalé lorsque nous avons décrit la cuisine. Si les travaux étaient particulièrement pénibles, l'abbé, de même qu'il pouvait alléger les jeûnes, avait le droit d'améliorer l'ordinaire, mais tout en veillant à ce qu'aucun excès ne fût commis.

Saint Benoît encourage les moines à s'abstenir de vin, tout en admettant que la plupart ne peuvent s'en passer complètement. Comme tous les abus, l'ivresse est à proscrire et il limite par conséquent la quantité de vin à une hémine par jour. Là encore, l'abbé pouvait accorder un supplément si les travaux ou la chaleur le justifiaient. Quelle que fût la quantité (jamais excessive), elle devait suffire pour tous les repas de la journée. L'hémine romaine valait environ un quart de litre ; à l'époque de saint Benoît, et par la suite, cette mesure devait être un peu plus abondante. Au XIIe siècle, on était sans doute plus près d'un demi-litre, mais les mesures médiévales variaient considérablement d'une région à l'autre. Par ailleurs, le vin n'était pas disponible partout. En raison du climat et des traditions, en Angleterre, au pays de Galles et en Ecosse l'hémine de vin prévue par la Règle était remplacée par des quantités bien supérieures de bière non houblonnée ou parfois de cidre.

Le repas n'était pas une source de plaisir ni une simple nécessité physiologique. En effet, c'était une nouvelle occasion pour l'instruction de toute la communauté. Saint Benoît recommande qu'on lise à haute voix pendant les repas et décrit en détail cette activité. Cette lecture était d'ailleurs une coutume répandue dans tous les monastères, cisterciens ou non. Dans les maisons cisterciennes, la chaire du lecteur était en général placée dans le mur occidental, dans une des travées centrales. Le lecteur (*lector*) entrait en fonction le dimanche pour une semaine, mais à la différence des autres tâches qui étaient assignées à tous les moines à tour de rôle, la lecture n'était pas confiée à tout le monde. Seuls ceux qui pouvaient "édifier" leur auditoire étaient choisis, car l'objectif de la prescription de saint Benoît était de nourrir l'âme par la lecture en même temps que le corps était nourri par les aliments. Pendant la *lectio divina*, le lecteur semainier s'entraînait à répéter son texte à haute voix dans le cloître pour parfaire la prononciation et la prosodie.

Le silence le plus complet devait être observé à table et il fallait faire le moins de bruit possible lorsqu'on passait les différents objets, de sorte que le lecteur pût être clairement entendu. Les réfectoires étaient souvent des pièces immenses et la chaire était construite dans l'épaisseur du mur, légèrement en saillie et en hauteur. Le lecteur y accédait par quelques marches réservées dans le mur. Certains de ces escaliers sont des chefs-d'œuvre de simplicité et d'élégance, rehaussés à Beaulieu dans le Hampshire, par exemple, de colonnes en marbre de Purbeck dont la couleur sombre contraste avec les murs blancs et la clarté des arcs en pierre calcaire. Il ne s'agit pas là d'ornements purement frivoles, mais d'éléments permettant d'attirer l'attention et de rappeler aux moines que la lecture était la vocation spirituelle de la salle. Comme il était placé bien au-dessus des frères qui mangeaient, le lecteur pouvait se faire entendre distinctement dans tout le réfectoire.

Comme les autres livres, ceux qui étaient lus pendant le repas devaient être à l'origine rangés dans l'*armarium* du cloître. Puis, lorsque ces armoires ne pouvaient plus contenir tous les volumes, les livres spécialisés, comme ceux qui étaient lus dans le réfectoire (par opposition à ceux réservés à la *lectio divina*), furent gardés à portée de main. Il fallait bien entendu prévoir des endroits appropriés, pour éviter que les livres ne fussent éparpillés, et on trouve en effet des traces de niches dans la cuve ou dans l'escalier de la chaire. Les abbayes de Reigny et de Fountains possèdent d'admirables exemples de ces mini-*armaria*.

Pour le réfectoire, les cisterciens recommandaient exclusivement la lecture de la Bible et précisaient quels livres convenaient à chaque période de l'année. Au début, cette lecture se faisait en latin, mais à partir du XIVe siècle la langue vernaculaire fut également autorisée car il semble que les moines et les moniales suffisamment versés en latin pour tirer profit de ce qu'ils entendaient étaient de moins en moins nombreux.

Par ailleurs, comme le prouve la taille des armoires à livres du réfectoire de Fountains par exemple, la lecture s'étendit à d'autres ouvrages. On ne sait exactement de quelle époque date cette pratique, probablement de la fin du XIIe siècle lorsque les bibliothèques commencèrent à se développer, mais, là encore, les coutumes devaient varier d'une abbaye à l'autre.

Les volumes destinés à une lecture en public – dans le réfectoire, l'église ou ailleurs – étaient parsemés de signes placés au-dessus des syllabes accentuées (pl. 11 XIII). La lecture à haute voix était, on le voit, tout un art qu'il fallait accomplir à la perfection. Lorsque la cloche sonnait la fin du repas, le lecteur devait sans doute marquer l'endroit où il s'arrêtait avec une goutte de cire, car on trouve des traces de ce type dans de nombreux livres, comme dans la Bible d'Etienne Harding.

Ce n'est pas un hasard si le réfectoire présente des similitudes avec l'église. Les repas monastiques étaient de nature sacramentelle, car au cours de ces "cérémonies" les dons de Dieu étaient célébrés en communauté. Aussi la présence d'une peinture ou d'une sculpture sacrée sur le mur oriental renforçait cette impression, comme le crucifix en bois sculpté à Fountains ou la magnifique Crucifixion peinte sur le mur du réfectoire remanié de Cleeve dans la seconde moitié du XVe siècle. Le réfectoire cistercien était bien plus qu'une simple "cafétéria", c'était un lieu sacré conçu aussi bien pour nourrir le corps que l'âme.

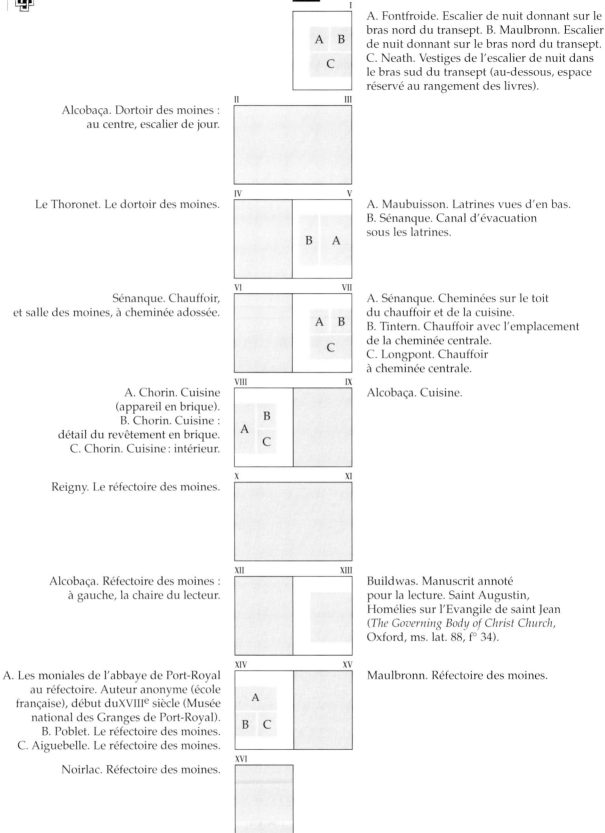

11

I

A. Fontfroide. Escalier de nuit donnant sur le bras nord du transept. B. Maulbronn. Escalier de nuit donnant sur le bras nord du transept. C. Neath. Vestiges de l'escalier de nuit dans le bras sud du transept (au-dessous, espace réservé au rangement des livres).

II · III

Alcobaça. Dortoir des moines : au centre, escalier de jour.

IV · V

Le Thoronet. Le dortoir des moines.

A. Maubuisson. Latrines vues d'en bas. B. Sénanque. Canal d'évacuation sous les latrines.

VI · VII

Sénanque. Chauffoir, et salle des moines, à cheminée adossée.

A. Sénanque. Cheminées sur le toit du chauffoir et de la cuisine. B. Tintern. Chauffoir avec l'emplacement de la cheminée centrale. C. Longpont. Chauffoir à cheminée centrale.

VIII · IX

A. Chorin. Cuisine (appareil en brique). B. Chorin. Cuisine : détail du revêtement en brique. C. Chorin. Cuisine : intérieur.

Alcobaça. Cuisine.

X · XI

Reigny. Le réfectoire des moines.

XII · XIII

Alcobaça. Réfectoire des moines : à gauche, la chaire du lecteur.

Buildwas. Manuscrit annoté pour la lecture. Saint Augustin, Homélies sur l'Evangile de saint Jean (*The Governing Body of Christ Church*, Oxford, ms. lat. 88, f° 34).

XIV · XV

A. Les moniales de l'abbaye de Port-Royal au réfectoire. Auteur anonyme (école française), début du XVIIIe siècle (Musée national des Granges de Port-Royal). B. Poblet. Le réfectoire des moines. C. Aiguebelle. Le réfectoire des moines.

Maulbronn. Réfectoire des moines.

XVI

Noirlac. Réfectoire des moines.

nat qui morsi fuerant: & ppter morsum serpentis
erectus é serpens id: mors dñi ppter mortales ho
mines quos inuenit mortuos: qm intelligitur
hoc é iudiciu: qm lux uenit in mundu & dilexe
runt homines magis tenebras qm lucem. Erant
enim mala opa eor. Qd é hoc. Quor cum erant
bona opa? Nonne uenisti ut iustifices impios?
S; dilexerunt inquit magis tenebras qm lucem.
Ibi posuit rem. Multi enim dilexerunt peccata
sua: multi confessi sunt peccata sua. Qui confi
tetur peccata sua. qui accusat peccata sua: iam
cum dõ facit pactum. Accusat peccata tua ds:
& tu si accusas iam coniungeris deo. Quasi due
res sunt: homo & peccator. Qd audis homo: ds
fecit. Qd audis peccator: ipse homo fecit. Dele
qd fecisti: ut saluet ds qd fecit. Oportet ut o
deris in te opus tuum: & ames in te opus di. Cu
autem cepit displicere t qd fecisti: inde incipi
unt bona opa tua: quia accusas mala opa tua.
Iniciu opum bonor: confessio é opum malo.
Facis ueritatem: & uenis ad lucem. Quid é facis ue
ritatem? Nonne palpas: non blandiris: non adu
laris non dicis iustus sum cu sis iniustus: & incipis
facere ueritatem. Venis autem ad lucem ut mani
festentur opa tua. quia in dõ facta sunt: qa &
hoc ipsum qd t displicuit peccatu tuu n ubi
displiceret n ds t luceret: & ei ueritas t os
tenderet. S; qui etiam amonente diligit peccata
sua. odit amonentem lucem: & fugit eam: ut n ar
guantur opa eius mala que diligit. C autem facit
ueritatem: accusat in se mala sua: n s parcit
n s ignoscit ut ds ignoscat: quia qd uult
ut ds ignoscat ipse agnoscit: & uenit ad
lucem cui gras agit: qd illi quid in se odisset
ostenderit. Dicit deo. Auerte faciem tuam a
peccatis meis. Et qua fronte dicit n iterum
dicat: qm facinus meu ego cognosco & pec
catum meu coram me é semper. Sic ante te: qd
n uis ee ante dñm. Si autem p te feceris pecca
tum tuu: reconquet illud t ds ante oclos tuos.
Et tunc reconquet: qñdo iam penitentie fruct

nullus erit. Currite ne tenebre uos comphen
dant. Frs mei euigilate ad salutem uram: euigila
te dum tempus est. Nullus retardetur a templo
dei: nullus retardetur ab ope dñi: nullus auoce
tur ab oratione contin Qua nua: nullus a solita
deuotione fraudetur. Euigilate q cum dies é.
Lucet dies: xpc é dies. Paratus é ignoscere. Si ag
noscemab: punire autem defendentes se & iusto
se iactantes: & putantes se ee aliqd cum nichil
sint. In dilectione autem ei & in misedia eius qui
ambulat: etiam liberatur ab illis letalib; & qñ
dib; peccatis qualia sunt facinora hominu ho
micidia. furta. adulteria: prec illa que minu
ta uident ee peccata lingue aut cogitacionu
aut immoderationis in reb; concessit facit ue
ritatem confessionis & uenit ad lucem in opib;
bonis: qm minuta peccata plura si negligant
occidunt. Minute sunt gutte que flumina
implent: minuta sunt grana harene; S; simul
ta harena imponatur primit atq; opprimit. Hoc
facit sentina negglecta: qd facit fluctus irru
ens. Paulatim p sentinam intrat: S; diu intrando
& n exhauriendo mergit nauem. Qd é autem
exhaurire n bonis opib; agere: ne obruant
peccatis: gemendo. ieiunando. tribuendo. ignos
cendo. Iter autem huius seculi molestu é: plenu
é temptationib; In reb; psperis ne extollat in
reb; aduersis ne frangat. Qui t dedit felicita
te huius seculi: ad consolationem dedit n ad cor
ruptionem. Rursusq; qui te flagellat in isto
sclo: ad emendationem n ad dampnationem facit.
Ferro patrem erudientem: ne sentias iudicem pu
nientem. Hec cotidie dicimus uobis: & sepe di
cenda sunt: quia bona & salutaria sunt.
Explicit omelia duodecima. Incipit xiii. ab eo qd
scriptum é post hec uenit ihs & discipuli ei
in iudeam tram: usq; ad illud amice autem
sponsi qui stat & audit eu: & gaudeo gau
deo ppter uocem sponsi.
Ordo lectionis euangelice secundm
iohm. sicut potestis meminisse

9

L'aile occidentale et les frères convers

Le quatrième côté du cloître, l'aile occidentale, était le domaine des frères convers (pl. 12 I-XVI). Ces hommes étaient des religieux laïques, qui prononçaient des vœux monastiques mais dont la vie au sein de l'abbaye était plutôt orientée vers le travail manuel que vers la célébration de la liturgie. Cependant la tradition cistercienne primitive ne plaçait pas le travail au-dessous de la prière, puisque ces deux activités étaient des manifestations authentiques de l'*opus Dei*, l'œuvre de Dieu.

Dans la partie consacrée aux membres de la communauté, nous avons déjà signalé que l'institution des convers n'était pas une nouveauté cistercienne, même si son importance a été plus grande ici que dans tout autre ordre. L'idée commence à germer avec Benoît d'Aniane (vers 750-821), l'austère et ascétique abbé chargé par Louis le Pieux (778-840) de la réforme des monastères de l'Empire carolingien. Son interprétation de la *Règle de saint Benoît* fut officiellement approuvée par le synode d'Aix-la-Chapelle en 817. Benoît d'Aniane demandait, entre autres, que le moine passât plus de temps à l'église, car pour ce zélateur de la liturgie l'*opus Dei* ne pouvait avoir lieu que dans la maison de Dieu et non dans les champs.

A partir du IXe siècle, il était très fréquent d'ordonner prêtres les jeunes moines qui entraient au monastère. Et les prêtres n'avaient pas pour vocation, ni pour obligation, d'être des laboureurs. Même s'ils n'avaient pas reçu l'ordination, les moines lettrés (et la *Règle de saint Benoît* souhaite que tous les religieux sachent lire et écrire) prirent l'habitude de consacrer toujours plus de temps à l'étude et à la *lectio divina*. Louis était peut-être un roi faible et indécis, mais il fut un grand protecteur des lettres et beaucoup des réformes de l'enseignement proposées par Charlemagne furent mises en application pendant le règne de son fils.

C'est également à partir du IXe siècle que les domaines des monastères ne cessent de s'étendre. Les besoins de main-d'œuvre pour s'occuper de toutes les terres étaient forcément incompatibles avec les obligations liturgiques, l'étude et le mode de vie imposé par la prêtrise. Les moines, qui n'étaient pas dans leur grande majorité des saints, n'avaient pas le don d'ubiquité. Par conséquent, Cluny, comme la plupart des monastères de cette époque, choisit de gérer son immense propriété comme un fief médiéval en confiant la culture et l'élevage aux paysans des environs de sorte que les moines-prêtres pussent se consacrer entièrement aux activités spirituelles.

Malgré ses avantages, cette solution posait un problème. Les paysans étaient des laïcs – les populations rurales ont, au sens propre, des préoccupations plus terre à terre que les autres hommes – et leur présence introduisait parfois une agitation mondaine susceptible de perturber la vie de clôture. Les papes réformateurs du XIe siècle – Léon IX et Grégoire VII – étaient

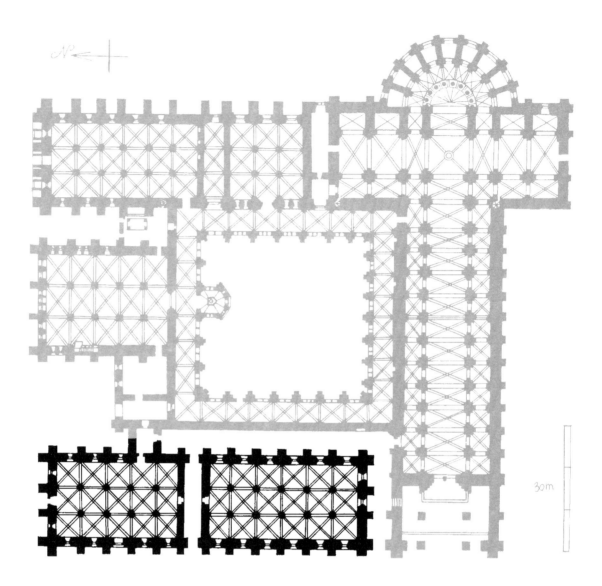

Le bâtiment
des frères convers
à Alcobaça.

certainement de cet avis car, dans leur volonté de séparer la sphère du monde de celle de l'Eglise, ils tentèrent d'imposer une sorte de discipline monastique aux travailleurs laïques. Par ailleurs, on trouvait des laïcs qui voulaient suivre la vie monastique, sans s'engager complètement. C'est ce désir de se soumettre au joug de l'Evangile qui distinguait les frères convers des travailleurs salariés ordinaires.

C'est ainsi que dans le courant du XIe siècle, des congrégations réformées en Italie et en Allemagne accordèrent un statut religieux précis à leurs travailleurs laïques. Les chartreux instituèrent cette pratique vers 1084, les clunisiens vers 1100 et lorsque les cisterciens adoptèrent ce système dans les premières années du XIIe siècle, il était déjà répandu dans toute l'Europe. Cependant le mouvement ne prit nulle part une telle ampleur ni ne donna de tels résultats que dans l'Ordre de Cîteaux.

Nous ne pouvons donner avec précision la date à laquelle cette institution fut introduite chez les cisterciens. Ce n'est d'ailleurs pas la seule zone d'ombre dans l'histoire des convers, mais une étude approfondie dépasse les limites de notre ouvrage. Il apparaît néanmoins que la nécessité d'enrôler des frères convers se manifesta dès les premières années de l'abbatiat d'Etienne Harding, en raison de l'accroissement des possessions de l'Ordre. L'institution remonte peut-être au temps d'Albéric, mais nous ne pouvons l'affirmer. Quoi qu'il en soit, les frères convers étaient indispensables, car même si l'interprétation cistercienne de la *Règle* mettait l'accent – et d'une façon révolutionnaire – sur l'importance du travail manuel pour tous les moines, ces activités étaient limitées à un certain nombre d'heures par jour. Aussi les moines, qui devaient disposer de temps et d'un esprit suffisamment dégagé pour célébrer l'*opus Dei* dans l'église, se voyaient dans l'impossibilité matérielle de s'occuper des domaines toujours plus vastes de leur abbaye et de l'immense charge de travail qui en résultait.

Voici ce que nous apprend l'*Exordium parvum* : "Désormais avec l'approbation de l'évêque, ils décidèrent d'admettre des frères convers portant la barbe et de les traiter dans la vie et la mort comme eux-mêmes, à l'exception [des choses réservées] aux [seuls] moines et aussi [d'admettre] des travailleurs salariés. Car ils s'aperçurent que sans leur aide ils ne pourraient pas observer pleinement les préceptes de la *Règle* [de saint Benoît], de jour comme de nuit". Il semble d'après ce texte que les frères convers ont été introduits pour des raisons purement pratiques ; néanmoins une fois admis ils ne devaient pas être traités comme des travailleurs salariés ou des citoyens de seconde classe, mais comme des frères re-

ligieux dont le mode de vie méritait le même respect que celui des moines. La *Summa cartae caritatis*, rédigée probablement dans les années 1120, précise que les *conversi* doivent être considérés comme des coadjuteurs (*coadjutores*) et des frères, et "à l'égal des moines, ils partagent nos biens, qu'ils soient spirituels ou temporels".

Dans le même document, on exige une probation d'un an, comme pour les moines – toutefois le Chapitre Général de 1220 imposa une période préalable de postulat en habit séculier de six mois –, puis à la fin de cette année le postulant qui désirait rester et qui avait fait ses preuves était admis dans l'Ordre devant le chapitre. Une fois qu'il avait prononcé ses vœux, un frère convers ne pouvait jamais devenir moine, même s'il le demandait avec insistance, et devait suivre la vocation qu'il avait choisie. Les postulants devaient être âgés d'au moins quinze ans – comme les moines là encore –, puis à partir de la seconde moitié du XIIᵉ siècle de dix-huit ans.

Les frères convers étaient pourtant différents des moines, par l'habit (ce point a été étudié dans le chapitre correspondant), mais également par l'origine sociale, le niveau d'instruction et le mode de vie. Il y avait bien des frères convers lettrés de haute naissance – il suffit de citer Alain de Lille, l'un des théologiens les plus brillants du XIIᵉ siècle, qui finit ses jours comme berger à Cîteaux, ou encore les cinquante nobles et chevaliers qui s'engagèrent comme frères convers à Himmerod au cours des XIIᵉ et XIIIᵉ siècles –, mais ils ne constituaient pas la majorité des effectifs. La plupart des activités agricoles des monastères, et surtout les innombrables granges (une abbaye possédait entre cinq et vingt-cinq granges), étaient à la charge d'hommes de la région – comme les Anian, Cnaithur, Caradog, Kethereth et Rhiryd qui travaillaient dans l'abbaye anglo-normande de Margam – qui n'avaient nul besoin d'être lettrés. D'un autre côté, Margam avait également reçu l'autorisation du pape Innocent III d'admettre comme frère convers tout clerc désirant fuir le monde. On imagine alors l'incroyable diversité que devait offrir la population des frères convers.

Les frères convers s'occupaient de tout ce qui avait trait à la gestion quotidienne des biens de l'abbaye : élevage des troupeaux de vaches et de moutons, défrichement des terres et assèchement des marais, culture des champs, construction et réparation des bâtiments, achat et vente des produits sur les marchés locaux, et parfois, ils servaient de messagers et de domestiques. Ils pouvaient être assistés par des *familiares*, des hommes qui vivaient avec les frères convers et qui effectuaient le même type de travail, sans avoir fait profession de vie religieuse et donc soumis à des obligations différentes. Ces *familiares* étaient probablement très nombreux – plus qu'on ne le pense généralement – et on les recevait dans le monastère de façon solennelle. Ils devaient, du moins au XIIIe siècle, faire vœu d'obéissance à l'abbé et renoncer au droit de propriété. En contrepartie on leur offrait le gîte et le couvert. Le monastère leur fournissait également des vêtements, qui étaient parfois différents de ceux des frères convers. Nous ne connaissons pas grand chose sur leur statut et leurs fonctions ; ce que nous savons, en revanche, c'est qu'au cours du XIIIe siècle les *familiares* étaient de plus en plus nombreux, alors que le nombre de frères convers diminuait. A la fin du siècle, ils prirent une telle importance que des problèmes de discipline firent leur apparition. C'est ce qui incita le Chapitre Général de 1293 à abolir l'institution des *familiares*, mais celle-ci survécut, quoique sous d'autres formes, bien au-delà du Moyen Age.

Dans les couvents de cisterciennes, les sœurs converses avaient à peu près le même rôle que leurs confrères masculins. En raison de la clôture plus stricte imposée par les règles du XIIIe siècle, la plupart des travaux physiques effectués à l'extérieur furent confiés à des sœurs et à des frères convers, à des *familiares* ou à des travailleurs salariés. Les frères convers étaient formés dans une abbaye d'hommes, mais faisaient leur profession devant l'abbesse. Bien que vivant en dehors de la clôture, ils faisaient partie de la famille monastique et se joignaient à la communauté des moniales en certaines occasions. En 1239, par exemple, toute la communauté de l'abbaye du Bouchet – l'abbesse, les moniales, les sœurs converses et les frères convers – s'est réunie dans la chapelle Saint-Nicolas pour assister à une importante transaction. La division des tâches entre les sœurs et les frères convers reste une question mal connue, car si l'institution des convers recèle encore de nombreuses zones d'ombre, celle des sœurs converses est encore plus obscure.

Moines et frères convers étaient censés mener des vies bien distinctes, mais cette séparation était sans doute moins nette qu'on ne l'a prétendu. Certains officiers – l'infirmier, l'hôtelier, le cellérier, entre autres – étaient aidés par des frères convers et bon nombre d'activités rapprochaient, tout au moins physiquement, les deux groupes. En théorie il y avait deux états distincts – "dans l'enceinte de notre monastère nous avons deux monastères," écrivait Idung de Prüfening, "un pour les frères convers et l'autre pour les clercs" – avec chacun son propre mode de vie. Le dimanche et les jours de fête mis à part, les frères convers n'assistaient pas aux offices divins et récitaient à la place trente *Pater noster* et *Gloria*, coupés après le vingtième par le *Kyrie eleison*, sur leur lieu de travail. Ceux qui étaient affectés à des granges éloignées étaient pour l'essentiel sous la responsabilité du maître des granges six jours sur sept ; ils ne rentraient à la maison-mère que le dimanche et pour les fêtes importantes. Ils avaient l'obligation de communier seulement douze fois par an, puis, à partir du milieu du XIIe siècle, sept fois, mais l'abbé pouvait toujours augmenter cette fréquence. Ils tenaient leur propre chapitre hebdomadaire – probablement dans leur réfectoire car ils ne disposaient pas de salle capitulaire –, au cours duquel l'abbé ou son délégué prononçait un sermon. Leur supérieur immédiat était le cellérier ou le maître des granges (*grangiarius*). Au XIIIe siècle, dans les abbayes où les frères convers étaient très nombreux, le cellérier nommait un "maître des convers" chargé de les surveiller, de les diriger, de les confesser, de présider leur chapitre et de les visiter dans les granges.

Les XIIe et XIIIe siècles ont été, sans conteste, l'âge d'or des convers. L'aide matérielle fournie par les frères convers pendant la période de plus forte expansion de l'Ordre fut à ce point essentielle que leur présence devint indispensable. En fait, l'institution profita de son propre succès et, bien que les chiffres donnés pour la période médiévale soient souvent gonflés et donc peu fiables, il ne fait aucun doute que dans les grands monastères les frères convers étaient bien plus nombreux que les moines. En 1135 il y avait environ 200 moines et 300 convers à Clairvaux ; au début du XIVe siècle l'abbaye des Dunes comptait 180 moines et le double de convers ; à Rievaulx sous l'abbatiat d'Aelred, les frères convers étaient, semble-t-il, au nombre de 500 contre seulement 140 moines.

Les motivations qui poussaient ces hommes à entrer dans un monastère étaient, on s'en doute, fort variées. Certains recherchaient une vie religieuse entièrement consacrée à la prière dans le travail, comme le prouvent non seulement l'*Exordium magnum*, qui regorge de frères convers comblés de toutes les vertus monastiques, mais également le Ménologe cistercien, où l'on trouve un nombre non négligeable de frères convers parmi les bienheureux et les saints, dont Arnaud de Villers et Simon d'Aulne, pour ne citer que les plus connus. Il est vrai que d'autres avaient des préoccupations plus terre à terre ; les bouleversements économiques du XIIIe siècle les poussaient à chercher la sécurité et un endroit où chaque jour ils étaient assurés de trouver de quoi remplir leur estomac. Nous avons déjà raconté l'histoire de ce postulant qui, lorsque l'abbé lui demanda ce qu'il cherchait, répondit "Du pain blanc et souvent". Beaucoup de paysans déracinés trouvèrent refuge dans les armées des croisades ; d'autres se ruèrent vers les centres urbains en plein essor ; ceux qui voulaient continuer à travailler la terre cherchèrent des domaines plus vastes et sauvages où ils étaient soumis à un tribut moins lourd ; les plus téméraires gagnèrent la forêt et quelques-uns passèrent à la postérité, tel Robin des Bois ; certains, attirés par la vie religieuse, rejoignirent les rangs des ordres mendiants ; d'autres enfin – on ne sait combien – trouvèrent dans les domaines en pleine expansion de l'empire cistercien la sécurité à laquelle ils aspiraient.

La relation harmonieuse décrite dans l'*Exordium parvum* et la *Summa cartae caritatis* ne fit pas long feu. Le Chapitre Général de 1188 décréta que tous les nobles entrant dans l'Ordre devaient devenir moines et non convers – ce qui suggère que ces derniers avaient un statut inférieur – et l'image d'une famille monastique heureuse et unie peut difficilement résister à l'examen. Les frères convers vivaient à part (beaucoup passaient une grande partie de l'année dans les granges); ils avaient des offices et des usages différents et généralement ce qui se passait dans l'église ou au chapitre ne les regardait pas. En outre, à la fin du XIIIe siècle la société agraire connaît en Europe une évolution qui met un terme à un grand nombre de menaces des siècles passés – même si la courte vie de la grande majorité des paysans est toujours très pénible – et qui permet désormais de chercher la sécurité ailleurs que dans les monastères cisterciens.

Les vocations vont donc devenir plus rares et les abbayes, qui dépendaient toujours des frères convers pour assurer leur autosuffisance économique, devront accepter des compromis. Cependant à mesure que les critères deviennent moins exigeants et que les frères convers, tels des serfs, sont de plus en plus soumis aux moines, les exemples d'insubordination vont en augmentant. Les procès verbaux du Chapitre Général aux XIIIe et XIVe siècles montrent beaucoup d'exemples d'intimidation et de violence, de *Realpolitik*, de rejet de l'autorité et parfois de révolte ouverte des frères convers.

La solution de ce problème était loin d'être évidente, mais le Chapitre Général de 1237 fit un grand pas dans ce domaine en autorisant les monastères qui disposaient de moins de huit frères convers à employer des domestiques laïques à la cuisine. Ce principe s'étendit bientôt aux autres activités de l'abbaye et au début du XIVe siècle on commença à adopter un autre système de gestion des biens ruraux : les terres étaient affermées à des fermiers plus ou moins sérieux qui payaient en échange un loyer régulier.

Dans la première moitié du XIVe siècle, le nombre de frères convers dans les monastères de France, d'Angleterre, d'Autriche, d'Allemagne et des Pays-Bas ne cessa de diminuer. Ce mouvement était moins prononcé dans l'Est et le Centre de l'Europe, où les relations serf-maître faisaient partie de l'ordre des choses (et allaient le rester pendant de nombreux siècles) et les progrès économiques étaient plus lents. En Europe occidentale ce phénomène n'atteignit un point critique qu'après les ravages de la peste noire de 1347-1350 ; si des chiffres vraiment fiables sont difficiles à obtenir, ceux dont nous disposons font entrevoir les changements radicaux qui ont affecté l'Ordre au cours de cette période dramatique.

Meaux, dans le Nord de l'Angleterre, qui comptait encore 60 moines et 90 convers en 1249, n'avait plus que sept convers un siècle plus tard ; après la grande peste il n'en restait pas un seul. Dans toute l'Angleterre, les recensements effectués entre 1377 et 1381 font état d'un nombre de convers très inférieur à celui des moines ; dans chaque abbaye on peut les compter sur les doigts d'une main : trois convers à Rievaulx en 1381, deux à Jervaulx, un à Bordesley et Roche et – comme à Meaux – aucun à Holmcultram, Saint Mary of Graces à Londres, Revesby et Vaudey. Dans la seconde moitié du xive siècle, les documents ne font mention d'aucun frère convers aux Dunes, dans les Flandres, et il semblerait que la situation dans les abbayes allemandes n'ait été guère meilleure. Camp avait encore 75 convers en 1300 et aucun n'apparaît dans le recensement de 1355 ; à Himmerod on passe d'une population d'environ 200 convers en 1200 à neuf en 1450. Même si les plus grandes abbayes de l'Ordre – dont Cîteaux, Clairvaux, Santes Creus, Poblet, Piedra – continuent à attirer quelques vocations, il est certain qu'à partir de la fin du xive siècle l'institution des convers ne joue plus un rôle majeur dans l'économie cistercienne. Lors du renouveau trappiste du xixe siècle on assiste à un regain, mais cet épisode de l'histoire des convers ne rentre pas dans le cadre de cette étude.

Les représentations de frères convers ne sont pas rares. Nous en trouvons sur des carreaux (Les Dunes), des culots (Eberbach), des murs (La Maigrauge, Zwettl), des stalles de chœur (Doberan), des vitraux peints (Wettingen, Altenberg), dans des manuscrits (Heiligenkreuz) et même dans une indulgence du pape où ils sont peints en procession (Herkenrode). L'abbaye de Poblet conserve un tombeau, datant du début du xive siècle, sur lequel est représenté en relief le frère convers qui repose là. On peut également voir sur le magnifique tombeau sculpté d'Etienne d'Obazine tout un groupe de frères convers. Dans tous les cas, les frères convers sont toujours représentés avec la barbe qui les caractérise.

L'histoire architecturale de l'aile occidentale du cloître (pl. 12 I-XVI) suit de près l'histoire institutionnelle des convers. Aux xiie et xiiie siècles – période à laquelle ont été construites la plupart des abbayes –, il fallait prévoir des structures appropriées pour accueillir une main-d'œuvre nombreuse. L'entrée des convers dans l'Ordre, puis le formidable accroissement des effectifs, posait un problème architectural que le plan bénédictin ne permettait pas de résoudre. Les frères convers avaient besoin d'un réfectoire, d'un dortoir, de latrines, d'un parloir pour la transmission des informations et la réunion avec des personnes extérieures au monastère, d'ateliers, d'un espace de rangement pour les outils, l'équipement, etc. et d'une infirmerie. A l'exception de cette dernière, qui trouvait sa place ailleurs et dont nous parlerons dans le chapitre consacré aux infirmeries, les autres pièces étaient situées dans l'aile occidentale. Le cellier gardait la place qui lui était réservée au rez-de-chaussée sur le plan bénédictin, mais dans les monastères cisterciens ce bâtiment accueillait en plus le réfectoire – séparé généralement des autres pièces par le passage d'entrée du cloître –, les ateliers et le parloir (lorsqu'il n'était pas dans l'aile du réfectoire), et à l'étage le dortoir et les latrines. Les frères convers devaient égale-

12

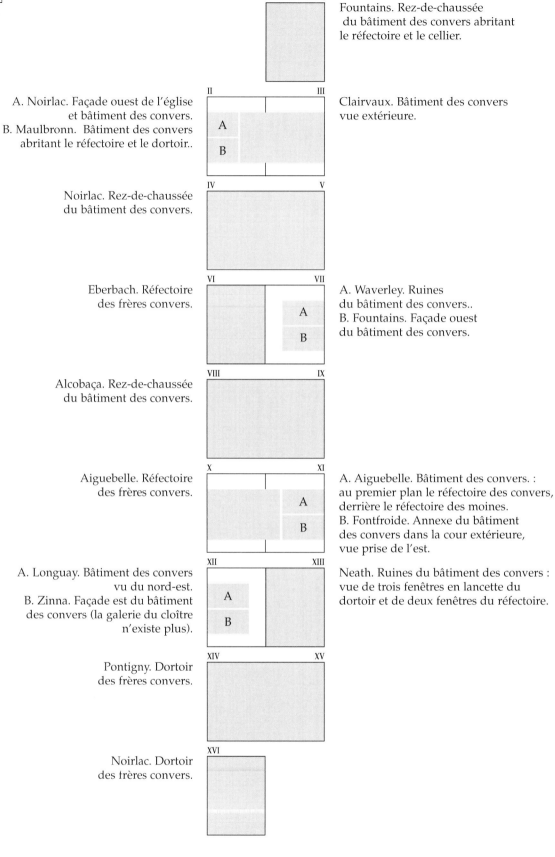

Fountains. Rez-de-chaussée
du bâtiment des convers abritant
le réfectoire et le cellier.

A. Noirlac. Façade ouest de l'église
et bâtiment des convers.
B. Maulbronn. Bâtiment des convers
abritant le réfectoire et le dortoir..

Clairvaux. Bâtiment des convers
vue extérieure.

Noirlac. Rez-de-chaussée
du bâtiment des convers.

Eberbach. Réfectoire
des frères convers.

A. Waverley. Ruines
du bâtiment des convers..
B. Fountains. Façade ouest
du bâtiment des convers.

Alcobaça. Rez-de-chaussée
du bâtiment des convers.

Aiguebelle. Réfectoire
des frères convers.

A. Aiguebelle. Bâtiment des convers. :
au premier plan le réfectoire des convers,
derrière le réfectoire des moines.
B. Fontfroide. Annexe du bâtiment
des convers dans la cour extérieure,
vue prise de l'est.

A. Longuay. Bâtiment des convers
vu du nord-est.
B. Zinna. Façade est du bâtiment
des convers (la galerie du cloître
n'existe plus).

Neath. Ruines du bâtiment des convers :
vue de trois fenêtres en lancette du
dortoir et de deux fenêtres du réfectoire.

Pontigny. Dortoir
des frères convers.

Noirlac. Dortoir
des frères convers.

ment disposer de leur propre entrée dans l'église et de leur propre espace pour pouvoir assister aux offices. Dans la plupart des monastères un passage – la ruelle des convers – courait le long de l'aile occidentale, entre la galerie du cloître et le bâtiment des convers. Cette ruelle permettait d'accéder à la porte percée dans les travées ouest de l'église, ainsi qu'au cloître et aux parties situées à l'extérieur de celui-ci. Même si les exemples sont rares, il arrive, comme à Clermont en Mayenne et à Zinna au Brandebourg, que la nef de l'église soit trop courte pour communiquer directement avec l'aile occidentale. A Clermont un passage couvert, fermé par une porte, fut construit pour relier l'église à l'extrémité du bâtiment des convers.

La ruelle des convers de Byland, dans le Yorkshire, est particulièrement intéressante. Dans le bas de l'aile occidentale (situé au sud), on peut voir les vestiges de l'escalier de jour qui montait autrefois jusqu'au dortoir, et dans le haut (au nord), une rangée de trente cinq sièges creusés dans le mur sur lesquels s'asseyaient les frères convers avant de pénétrer dans l'église. L'abbaye de Fontfroide a conservé intacte sa ruelle couverte d'une voûte en quart de cercle ; l'architecture témoigne de toute une série de petites modifications – en particulier dans la disposition des portes – qui traduisent l'évolution de la communauté et servent de repère pour délimiter les différentes étapes des travaux. La ruelle, qui date de la fin du XIIᵉ ou du début du XIIIᵉ siècle, débouche dans la travée la plus occidentale du bas-côté nord de l'église et ouvre également sur le cloître, une cour extérieure et le bâtiment des convers. La ruelle de Tre Fontane con-

serve également son voûtement en berceau. Des recherches récentes ont permis de mettre en lumière une solution originale utilisée dans l'abbaye de Chorin ; ici, contre toute attente, la ruelle des convers ne longeait pas le cloître mais était adossée au mur ouest de l'immense bâtiment qu'elle desservait.

Devant l'expansion rapide du nombre de frères convers, les premiers bâtiments, regroupés dans la partie ouest du cloître, ne suffisaient plus dans certaines abbayes et il était indispensable d'entreprendre de grands travaux de reconstruction. C'est ce qui arriva à Fountains dans la seconde moitié du XIIᵉ siècle. On commença par construire un bâtiment de latrines pour les frères convers avec des fosses d'aisance sur deux niveaux, au rez-de-chaussée et à l'étage. Puis on procéda à une reconstruction complète de toute l'aile occidentale. Le nouveau bâtiment des convers était immense et magnifique (pl. 12 I) : il était deux fois plus grand que l'ancien (13 m x 91 m 50) et ses dimensions dépassaient celles de l'aile occidentale de Clairvaux, sa maison-mère. Il était divisé en deux vaisseaux de vingt-deux travées et le dortoir situé à l'étage pouvait accueillir non moins de 400 frères convers. Le parloir occupait les deux travées nord du rez-de-chaussée ; les six suivantes étaient réservées au cellier et à des rangements ; venait ensuite l'entrée du cloître (qui prenait deux travées), puis sur les douze travées restantes le réfectoire des convers, une splendide salle éclairée par des fenêtres en lancette de style gothique. La nouvelle infirmerie des convers fut édifiée de l'autre côté de la rivière, à l'ouest des latrines. Les travaux s'étendirent sur vingt ans.

Comme nous l'avons vu plus haut, on assiste au XIVe siècle à un déclin du nombre des frères convers. Ces immenses structures n'avaient plus lieu d'être et dans beaucoup d'abbayes les bâtiments désaffectés étaient transformés pour d'autres usages ou, parfois, laissés à l'abandon. C'est ainsi qu'à Byland l'aile occidentale a sans doute été aménagée en grange, tandis qu'à Marienfeld on compartimenta l'ancien réfectoire des convers et on le transforma en bibliothèque, en 1403-1404, pour pouvoir y ranger la collection de livres qui ne trouvait plus place dans la bibliothèque du cloître aménagée dans la sacristie. Le dortoir des convers d'Altzelle subit le même sort en 1514. Nous connaissons rarement avec une telle précision l'utilisation qui a été faite de ces bâtiments. A Rievaulx les travées sud furent démolies et la partie nord transformée en grenier, alors qu'ailleurs (comme à Fontenay, Sénanque et Santes Creus) l'aile occidentale, qui n'était plus d'aucune utilité, fut complètement rasée.

En dépit de ces démolitions et remaniements, les bâtiments anciens qui sont parvenus jusqu'à nous sont assez nombreux pour offrir un magnifique témoignage de cette architecture. Par exemple, à Noirlac (pl. 12 II A, XVI) le cellier était à l'origine couvert d'un simple plafond qui fut remplacé par des voûtes vers 1230 ; cette salle de six travées, hautes de 6 m 35 , était divisée en deux vaisseaux par un rang de quatre colonnes. Le bâtiment des convers et le cellier de Pontigny, construits au milieu de XIIe siècle, sont eux aussi bien conservés (pl. 12 XIV-XV) ; l'aile occidentale, qui mesure ici 37 m 50 de longueur sur 12 m 50 de largeur (sans l'épaisseur des murs), est divi-

sée en deux vaisseaux de six travées par cinq colonnes, sur lesquelles reposent les voûtes. Des croisées d'ogives primitives ont été lancées sur les salles du rez-de-chaussée – cellier et réfectoire –, tandis qu'on a gardé pour le dortoir le système plus ancien des voûtes d'arêtes, exactement comme dans le bâtiment des convers de Clairvaux. D'autres exemples admirables de celliers à deux vaisseaux existaient en France à Vauclair, Beaulieu et Royaumont. Le bâtiment de Vauclair était particulièrement impressionnant, avec une longueur de 70 m 40 et une largeur de 15, mais il a été entièrement détruit au cours de la Première Guerre mondiale.

Tous les bâtiments des convers n'étaient pas pour autant à deux vaisseaux. Le Thoronet et Fontfroide, par exemple, ont chacune un cellier à nef unique couvert d'un large berceau, mais dans ces deux abbayes les frères convers disposaient de deux corps de bâtiments distincts. L'un deux, construit le long de la ruelle, forme le côté ouest du cloître. A Fontfroide, nous trouvons un élégant bâtiment avec un rez-de-chaussée et un étage, couverts tous deux d'une voûte en berceau brisé et qui communiquent par un escalier ménagé dans l'épaisseur du mur est. Un second bâtiment indépendant, dans le prolongement du premier vers le nord, forme tout le côté ouest d'une grande cour extérieure (pl. 12 XI B). On peut le dater de la fin du XIIe ou du début du XIIIe siècle – le voûtement du rez-de-chaussée présente des ogives épaisses et celui de l'étage des arcs diaphragmes – et il devait servir pour loger les nombreux frères convers qui revenaient le dimanche des vingt-six granges dispersées sur le vaste domaine de l'abbaye. Le second bâtiment du Thoronet s'étendait au nord, de sorte que le torrent qui passe là a pu être utilisé pour évacuer les latrines.

Le bâtiment des convers pouvait être divisé en trois vaisseaux. On en de bons exemples en France, à Clairvaux, Vaucelles et Longuay, avec toutefois des différences d'échelle. A Clairvaux, l'édifice – le seul qui puisse remonter au temps de saint Bernard – est magnifique. A l'origine les trois vaisseaux étaient longs de treize travées et demie et le bâtiment, qui communiquait avec la ruelle des convers par deux passages, était divisé en plusieurs salles. On a trouvé des traces d'une niche dans le mur est du rez-de-chaussée, qui servait sans doute de rangement pour le réfectoire. Le bâtiment des convers d'Eberbach est lui aussi immense ; on l'utilise aujourd'hui comme cave à vin, ce qui permet de perpétuer des traditions régionales. Longuay, une abbaye de dimensions plus modestes, choisit le même parti (pl. 12 XII A). Le bâtiment, qui mesurait 20 m sur 30 (plus un passage), était divisé en trois vaisseaux par deux rangs de colonnes qui recevaient les retombées des ogives à l'étage du dortoir (pl. 1 V B).

Nous l'avons vu, l'aile occidentale fournit un reflet fidèle de la situation économique du monastère et donne une idée de la population qui trouvait refuge entre ses murs lorsque tous les frères convers rentraient à l'abbaye. Car si ces derniers passaient une grande partie de leur vie dans les granges, ils étaient tout de même tenus d'être présents certains jours de l'année. Il fallait donc prévoir des structures pour ce qui devait être, dans certains cas, une véritable invasion. Si nous nous sommes limités à décrire les salles où vivaient les frères convers et les structures qui permettaient de communiquer avec l'église sans nous étendre sur les celliers et les ateliers, c'est tout simplement parce que l'emplacement et l'utilisation de ces pièces dépendaient très certainement de décisions locales, propres à chaque abbaye ; lorsque l'on essaie de déterminer l'utilisation et la fonction exactes de la multitude de petites chambres, niches, armoires, feuillures, étagères, etc., dont on trouve des traces dans les bâtiments encore debout, on ne peut qu'en rester à des hypothèses, aussi fascinantes soient-elles.

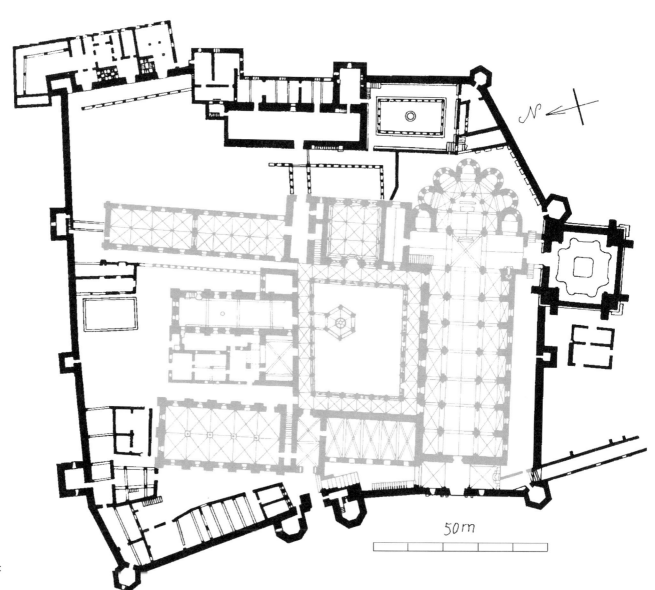

Au-delà du cloître :
Poblet.

10

Au-delà du cloître

Jusqu'ici nous avons décrit les sites cisterciens, l'arrivée des moines, les problèmes posés par l'installation, puis la construction du cloître et des bâtiments réguliers. Nous nous sommes également penchés sur les utilisations et les coutumes associées à chaque structure. Si notre propos est de mettre l'accent sur la diversité des solutions adoptées, de présenter des exemples différents et de proposer un début d'explication pour permettre au lecteur de comprendre cette extraordinaire variété, force est de constater que l'implantation des bâtiments réguliers suit, dans la plupart des abbayes, le même plan général. Ce plan reprend la disposition des monastères bénédictins avec les adaptations et modifications nécessaires à la vie et à la pratique cisterciennes. Cela n'a rien d'étonnant, car en tant qu'ordre réformé, Cîteaux n'avait pas besoin de réinventer entièrement l'architecture monastique, pas plus qu'il n'a inventé une nouvelle règle.

Cependant lorsque nous quittons le noyau formé par le cloître, les bâtiments ne répondent pratiquement plus à aucune règle. Les solutions sont complètement empiriques et c'est la topographie et le fonctionnalisme qui dictent l'agencement des constructions. L'eau constitue bien entendu une puissance organisatrice de tout premier ordre et les structures qui en ont besoin doivent dans tous les cas être implantées sur les cours d'eau ou à proximité.

Un autre facteur important est le regroupement des dépendances selon leur fonction ou selon les membres de la communauté qui les utilisent. Les moines ne suivaient pas dans ce domaine des directives fixées, mais se laissaient guider par le cours des événements : lorsqu'un groupe se sentait à l'étroit, il construisait de nouveaux bâtiments ou remaniait les structures existantes pour les adapter aux nouveaux besoins. Ces dispositions restaient en place jusqu'aux changements – d'hommes ou de fonction – et aux remaniements suivants, et un nouveau cycle recommençait alors.

En étudiant le plan d'une abbaye du XVIIe ou du XVIIIe siècle (il n'existe pratiquement pas de plan général plus ancien), on s'aperçoit que cette zone – c'est-à-dire tout ce qui se trouve hors du cloître mais à l'intérieur de l'enclos du monastère – est extrêmement complexe. Nous commencerons donc par une description succincte des structures et des activités qui faisaient partie intégrante de la vie monastique, puis nous nous intéresserons à la fin du chapitre à d'autres solutions pour dresser un tableau un peu plus complet de cette zone.

Le noviciat

L'entrée dans un monastère n'a jamais été accordée facilement. La Règle de saint Benoît (chapitre 58) est très claire sur ce point et nous dit qu'on ne consentira à introduire un nouveau venu que s'il persiste à frapper à la porte du monastère pendant quatre ou cinq jours. Le postulant devra rester pendant quelques jours dans l'hôtellerie avant d'être admis au noviciat "où il méditera, prendra ses repas et dormira". Une fois accepté, il sera sous la direction du maître des novices – un poste de confiance très délicat dont les fonctions ont été décrites dans le chapitre consacré aux membres de la communauté –, chargé de s'enquérir si le nouveau candidat cherche Dieu véritablement et "s'il est empressé à l'Œuvre de Dieu, à l'obéissance et aux humiliations". On ne doit rien cacher au postulant ; on doit au contraire l'informer de toutes les difficultés qu'il rencontrera sur la *via monastica* qui mène à Dieu.

Si le novice promet de persévérer dans une résolution stable, on lui lira la *Règle* au bout de deux mois, en lui laissant le choix de l'accepter et de rester dans le monastère ou de la rejeter et de retourner dans le monde d'où il vient. S'il accepte, il reprendra sa place au noviciat, où on continuera de l'éprouver pendant encore six mois, puis on lui lira la *Règle* pour la deuxième fois. Là encore on lui laisse le choix – rester ou partir – et s'il décide de rester il passera quatre autres mois dans le noviciat. On lui lira alors la *Règle* pour la troisième fois et il devra choisir encore une fois de persévérer ou de quitter le monastère.

S'il est toujours déterminé – douze mois après son admission –, le novice est alors agrégé à la communauté "en présence de Dieu et de ses saints" et reçoit l'habit monastique. On garde toutefois ses anciens vêtements afin que si un jour, par l'instigation du Diable, il voulait sortir du monastère, il puisse les remettre avant d'être chassé.

Les prescriptions pleines de bon sens et d'humanité de la *Règle* trouvent, comme il se doit, leur écho dans les *Ecclesiastica officia* de Cîteaux. Quiconque désire devenir moine, nous dit-on, ne sera admis au chapitre qu'au bout de quatre jours après qu'il aura exprimé pour la première fois son désir d'entrer dans le monastère. S'il persévère, il sera conduit au chapitre où il devra se prosterner devant le lutrin sur lequel est posé un exemplaire de la *Règle*. Lorsque l'abbé lui demande ce qu'il vient chercher, il doit répondre "*Misericordiam Dei et vestram*" ("La miséricorde de Dieu et la vôtre"). L'abbé le relève et lui décrit la rigueur de l'Ordre dans lequel il veut entrer. Si, après avoir entendu ces paroles, le postulant persiste toujours dans son intention, l'abbé prie pour que Dieu daigne parfaire ce qu'il a commencé. Sur ce, toute la communauté répond Amen et le novice retourne à l'hôtellerie. Cette cérémonie aura encore lieu le lendemain et le surlendemain.

Le troisième jour, s'il est toujours aussi déterminé, le postulant est admis au noviciat. Pendant l'année de probation (*probatio*, littéralement mise à l'épreuve ou à l'essai), qui commence à partir de cette date, il doit se conduire en toutes choses comme un moine. Il travaille, prie, se repose, lit, observe le silence et dort en suivant le même horaire que le reste de la communauté ; il reçoit la même nourriture et porte le même habit, à l'exception de la coule ou du voile, réservés aux seuls profès, qui est remplacé par une cape. Le novice n'est pas tonsuré. Ce symbole – la couronne (*corona*) du moine – lui est conféré lors de sa profession, au bout d'un an, et ses cheveux seront alors brûlés par le sacristain dans un vase consacré. La cérémonie de profession, qui était très complexe, avait lieu dans l'église du monastère.

Dans la pratique pourtant, l'entrée n'était pas aussi libre que le laissent entendre ces prescriptions, même lorsque le candidat était motivé par une dévotion et une vocation véritables. A l'époque de la réforme cistercienne, il était habituel – et même obligatoire – d'apporter une dot au monastère pour pouvoir y être admis. Selon les abbayes et les pays, cette dot pouvait atteindre des proportions considérables et la donation de vastes domaines n'était pas chose rare. Nous pouvons comprendre sans peine la raison d'une telle coutume (les nouveaux venus assuraient en quelque sorte leur pension); il n'empêche que l'on peut tout de même regretter les problèmes posés par cette pratique, car la vie monastique est devenue parfois moins une vocation religieuse qu'un accord contractuel, avec des attentes et des exigences de chacune des parties. Cette pratique n'est d'ailleurs pas pour rien dans les problèmes disciplinaires qui vont affecter la plupart des monastères à partir du XIIIe siècle. En effet, le gros des effectifs était constitué de moines et de moniales qui avaient des moyens financiers, plutôt que de ceux qui étaient dotés de moyens spirituels mais trop pauvres pour être accueillis à bras ouverts.

Pour ce qui est de l'âge, le postulant devait, en théorie, avoir au moins quinze ans, puis dix-huit à partir de 1175, mais ce ne fut pas toujours le cas. A la suite des ravages de la peste noire, le Chapitre Général de 1349 ramène la limite d'âge à quatorze ans et, si le novice connaît les psaumes par cœur, il pourra faire sa profession solennelle avant la fin de son année de probation. Cette décision avait pour objectif de maintenir les effectifs à un certain niveau, mais de telles adaptations aux conditions temporelles n'ont pas vraiment contribué à préserver l'intégrité spirituelle de l'Ordre.

La *Règle de saint Benoît* prévoit un lieu à part pour les novices – sans préciser toutefois s'il s'agit d'un bâtiment distinct – où ils étudieront, prendront leurs repas et dormiront. Dans les grandes abbayes bénédictines un bâtiment indépendant est souvent réservé à cet usage, mais nous ne disposons pas de suffisamment de preuves pour en déduire que cette disposition existait aussi dans les maisons cisterciennes (les plans d'ensemble des abbayes sont tous postérieurs au Moyen Age). Par exemple, du temps de saint Bernard, le noviciat de Clairvaux était apparemment dans la salle des moines à l'extrémité sud de l'aile orientale. Sur un plan de 1708, on trouve tout un ensemble de bâtiments dans la partie est de l'enclos – après l'infirmerie – appelé *Noviciatus*. Malgré la date tardive du relevé, la forme des édifices est essentiellement médiévale ; l'ensemble comprenait un dortoir des novices (*Dormitorium Noviciorum*) – une salle de deux vaisseaux longue de sept travées – et pas moins de douze autres pièces (leur fonction n'est pas identifiée, mais la présence d'un escalier dans trois d'entre elles indique qu'elles étaient surmontées d'au moins un étage), plus un petit édifice à nef unique terminé à l'est par une abside semi-circulaire (c'était probablement une chapelle) et des jardins s'étendant au-delà. Il s'agissait d'un véritable monastère en modèle réduit.

Cîteaux semble avoir suivi la même évolution. En 1689 le dortoir des novices se trouvait dans l'extrémité sud-ouest de la salle des moines, mais à la fin du siècle – à l'issue d'une campagne de reconstruction – les novices disposaient d'un bâtiment à part, avec leur propre cloître, à l'est du bâtiment des moines. A Pontigny, le noviciat ne semble pas avoir changé de place ; il était situé dans l'aile orientale (mais pas à l'extrémité) et en 1760 un jardin clôturé réservé aux novices s'étendait à l'est de ce bâtiment.

Telle était la situation dans trois des cinq maisons-mères. Il convient cependant de signaler qu'en France, au XVIIIe siècle, les novices de chaque filiation passaient leur année de probation dans la maison-mère, et non dans leur monastère. La situation dans les autres abbayes de l'Ordre pouvait donc varier considérablement. Tout porte à croire que l'utilisation de la salle des moines par les novices – comme à Clairvaux et Cîteaux – était une pratique courante ; en dehors des nombreux exemples dans toute la France, on retrouve cette disposition à Basingwerk dans le Nord du pays de Galles et à Forde dans le comté de Dorset. A Fountains, le noviciat était surmonté du bâtiment des latrines ; malgré les apparences cette disposition n'avait rien d'insalubre, car la salle des novices, très spacieuse et de construction soignée, était entièrement séparée du système sanitaire.

Des recherches archéologiques entreprises à Fontfroide ont révélé des fondations qui sont peut-être celles du noviciat mentionné dans les textes, mais de tels exemples restent rares. Les solutions adoptées dépendaient du nombre de novices, de la nature de l'enseignement et même du climat. A Reigny, la petite école des novices était une pièce de dimensions modestes adossée au mur nord de la salle capitulaire ; cet emplacement a sans doute été choisi en raison de sa proximité avec l'*armarium* du cloître. Il est là encore impossible de généraliser, d'autant plus que les salles changeaient de fonction au fil des siècles. Il est fort possible que dans la plupart des abbayes les novices vivaient dans la salle des moines et dormaient dans le dortoir commun, peut-être dans une zone séparée du reste de la communauté par une cloison. Cependant l'implantation du noviciat, et jusqu'à son existence, dépendait très certainement du lieu et de l'époque.

Le *scriptorium* et l'enluminure

Nous avons déjà signalé que la salle des moines est souvent confondue avec le *scriptorium* dans nombre de guides touristiques. L'emplacement près de la cuisine aurait certainement constitué un lieu idéal pour le *scriptorium*, car les copistes (*scriptores*) faisaient partie des rares moines autorisés à pénétrer dans la cuisine pour, nous dit-on, "poncer une *tabula*", liquéfier l'encre et faire sécher les parchemins. Cette *tabula* était peut-être le tableau d'annonces suspendu dans le cloître ou une petite tablette enduite de cire à usage personnel pour prendre des notes et écrire les textes qui étaient dictés. La salle des moines, située à l'angle de l'aile du réfectoire, était par conséquent tout indiquée pour l'atelier des copistes et a peut-être rempli cette fonction dans certaines abbayes ; ependant ce n'était pas toujours le cas. Qui plus est, le *scriptorium* a sans au-cun doute été déplacé au gré de l'évolution des besoins.

Si aucune disposition architecturale particulière n'était nécessaire pour le *scriptorium* – sinon un bon éclairage –, l'équipement des copistes était quant à lui très fourni. Le copiste disposait d'un meuble sur lequel il recopiait les manuscrits, d'encriers, de plumes, de canifs pour tailler les plumes, de boîtes pour conserver les pigments, de pierre ponce pour préparer le parchemin, d'alènes pour percer des trous, de règles, de stylets en métal ou de fil à plomb pour tracer les lignes sur les parchemins, de supports pour poser les livres qui lui servaient de modèle, de poids pour maintenir les pages et, parfois, de tablettes enduites de cire pour prendre des notes. C'était le cellérier qui fournissait tout cet équipement, dont on a trouvé des vestiges en particulier dans les fouilles des abbayes du Yorkshire : un fragment d'une tablette en ivoire à Rievaulx, un encrier en poterie à Roche, des stylets à Fountains et Rievaulx, une plume en métal à Fountains et une boîte à pigment en plomb à Rievaulx.

L'accès à l'atelier des copistes était strictement réglementé, car lorsque ces derniers se mettaient au travail, nul ne devait les déranger. Même l'officier nommé par l'abbé pour prendre soin des livres ne pouvait pénétrer dans la pièce ; s'il avait besoin de donner ou de prendre un volume, il devait rester sur le pas de la porte et ne pouvait le franchir que sur un ordre de l'abbé. Les cisterciens n'étaient pas les seuls à imposer de telles restrictions ; des prescriptions similaires, destinées à garantir un silence complet et le plus grand calme possible, se retrouvent également dans d'autres Ordres.

Si dans certaines abbayes les copistes étaient regroupés dans une seule pièce, d'autres cisterciens préféraient les petites pièces pour se consacrer à la copie des manuscrits. D'ailleurs les *Ecclesiastica officia* décrivent les *scriptoria* (au pluriel) comme des cellules séparées, fermées chacune par une porte, mais sans donner d'indication sur leur emplacement. Nicolas, le secrétaire de Bernard de Clairvaux, disposait de sa propre cellule, un endroit confortable qu'il appelait son *scriptoriolum*. La porte ouvrait sur le noviciat, entre le cloître des moines, sur la droite, et l'infirmerie et la cour où les malades venaient se dégourdir les jambes, sur la gauche. C'était une petite pièce tout à fait agréable, "remplie d'un choix de livres divins", réservée à Nicolas pour "la lecture, l'écriture, la composition, la méditation, la prière et l'adoration du Seigneur de Majesté". On peut voir sur un plan de Clairvaux de 1708 une série de quatorze cellules de copistes, disposées en enfilade à côté du chevet de l'église. Elles bordent la galerie nord d'un petit cloître construit à l'est du cloître des moines et flanqué sur la gauche de l'infirmerie. C'est là que les malades venaient sans doute prendre l'air. Ainsi, le lieu tant apprécié par Nicolas au XIIe siècle est peut-être devenu l'emplacement traditionnel des ateliers de copistes de Clairvaux pendant de nombreux siècles.

Le travail de copie était réalisé, dans la mesure du possible, en plein jour, mais parfois – surtout pendant les courtes et grises journées d'hiver – la lumière naturelle était insuffisante. Même si dans tous les Ordres, et ce pour des raisons évidentes, on se montrait très circonspect à l'idée d'amener de l'huile, de la cire et des flammes nues dans le *scriptorium*, il fallait bien à certains moments s'y résoudre. Nous avons déjà mentionné les fixations pour les lampes de la salle des moines de Rievaulx, mais rien ne permet de dire si elles étaient utilisées lorsque les copistes y travaillaient, dans l'éventualité où cette salle ait servi de *scriptorium*. Cette pratique est néanmoins attestée par des documents ; par exemple, un moine copiste bénédictin de Wessobrunn en Bavière se plaint du froid dont il a souffert en écrivant (à la différence de ses confrères cisterciens il travaillait à l'extérieur, dans le cloître) et nous dit que ce qu'il n'a pu transcrire à la clarté du jour, il l'a fini à la lueur d'une chandelle. On ne sait, en revanche, si cette pratique était répandue dans les monastères cisterciens.

Il est difficile de dire avec précision combien de temps ces ateliers sont restés en activité, d'autant que la situation n'était pas identique ni dans tous les pays ni dans toutes les abbayes. Ce qui est certain, c'est qu'au XIVe siècle la grande majorité des moines achetaient tous les livres dont ils avaient besoin à des marchands professionnels, comme les laïcs. Si dans certains monastères on continuait de copier des manuscrits, les jours de gloire de la production de livres monastiques étaient bel et bien terminés.

Alors que les besoins en matière de copie de livres diminuaient, la demande de copie d'autres documents augmentait de façon considérable. Les *Ecclesiastica officia* nous apprennent que les copistes s'occupaient dès le XIIe siècle de chartes (*cartae*) et de registres de professions (*professiones*), en plus de la copie des livres. Au fil des siècles et

à mesure que la dimension "commerciale" des abbayes ne cessait de croître – et parallèlement les procès dans lesquels elles étaient impliquées –, le volume de documents à copier et le travail de secrétariat correspondant devait représenter, dans certains cas, une charge excessivement lourde. Aux XIIe et XIIIe siècles, il y avait sans doute une division des tâches entre le *scriptorium*, où étaient recopiés les livres, et les différents bureaux des officiers monastiques, où l'on traitait les affaires économiques et juridiques de l'abbaye avec, parfois, l'aide de copistes laïcs. On connaît moins bien ce qui s'est passé ensuite mais, comme toujours, les choses devaient être très différentes selon les régions.

L'exemple de Cîteaux est particulièrement intéressant. Après la construction de la nouvelle et magnifique bibliothèque sous l'abbatiat de Jacques de Pontailler, terminée en 1509, l'énorme collection de livres trouva sa place à l'étage du nouveau bâtiment (une pratique courante à l'époque, permettant de mettre les livres à l'abri des voleurs et de l'humidité), tandis qu'au rez-de-chaussée on aménagea six petites pièces qui, selon la tradition de Cîteaux, étaient destinées aux cellules des copistes. Même si nous sommes déjà en plein dans l'ère de l'imprimerie, la chose ne semble pas si extraordinaire. En effet, mis à part les nombreux documents qui ne pouvaient être rédigés que par des professionnels, le travail de secrétariat accompagnant la gestion de la maison-mère de l'Ordre cistercien au cours des XVe et XVIe siècles n'était sûrement pas négligeable.

Clairvaux.
Initiale U.
Saint Augustin,
Contra Julianum, l. II.
(Troyes, B.M., ms. 40,
t. VII, f° 36r.)

Si cet ouvrage n'a pas la prétention de traiter de la production de livres au Moyen Age, en revanche **l'enluminure** – une des facettes les plus raffinées de l'art cistercien – trouve tout naturellement sa place ici.

La richesse et l'exubérance qui se dégagent de la décoration et de l'enluminure des premiers manuscrits du *Novum monasterium* de Cîteaux – auxquels Yolanta Załuska [1] a consacré une étude approfondie – permettent à peine de distinguer ces œuvres des manuscrits enluminés à la même époque dans les abbayes bénédictines. Le premier ouvrage sorti du *scriptorium* de Cîteaux est la magnifique Bible d'Etienne Harding, conservée aujourd'hui en quatre volumes à la Bibliothèque municipale de Dijon (Dijon, B. M., mss. 12-15). Bien que ce découpage re-

monte au XIIe siècle, la Bible fut réalisée à l'origine en deux volumes, dont le premier fut achevé en 1109. C'est cette date qui figure sur le colophon du manuscrit (Dijon, B. M., ms. 13, f° 150v), mais elle renvoie à l'achèvement du texte et non de la décoration. L'ancien second volume (aujourd'hui Dijon, B. M., mss. 14-15) n'est pas daté, mais il se distingue très nettement du premier par le style. Si toutes les illustrations, sans exception, sont superbes, le très beau cycle de David (ms. 14) mérite tout particulièrement qu'on s'y arrête. Cette série de miniatures est de toute première importance pour l'histoire de l'enluminure cistercienne bien entendu, mais également comme témoignage de la spiritualité pré-bernardine (pl. 13 II). Le folio 13 contient dix-sept scènes illustrant les grands événements de la vie de David,

1. Yolanta Załuska,
*L'enluminure
et le Scriptorium
de Cîteaux
au XIIe siècle*,
Cîteaux (*Studia et
Documenta*, vol. IV),
1989.

de son onction par Samuel jusqu'à la mort d'Absalom. Au verso du folio, le Psautier est introduit par une magnifique miniature représentant le roi couronné sur son trône et tenant sa harpe (pl. 13 III). A ses pieds, quatre musiciens jouent de l'orgue, de la viole, d'une sorte de flûte et du carillon. Au-dessus de David s'élèvent les remparts de Jérusalem défendus par des soldats armés de glaives, de lances, de frondes, de haches, d'arcs et de boucliers.

Mais c'est dans les initiales enluminées que réside la décoration principale de la Bible de saint Etienne. Ces massives et lourdes lettrines forment des tableaux luxuriants, avec des bêtes réelles et fabuleuses au milieu de rinceaux et d'entrelacs végétaux. Parfois il est pratiquement impossible de distinguer la faune de la flore, de savoir où se finit le corps d'un dragon et où commence le tronc d'un arbre. Certaines initiales, même si elles sont impressionnantes, sont surchargées d'un fouillis décoratif (pl. 13 I). On les dira "cisterciennes", puisqu'elles ont été peintes dans le *scriptorium* de Cîteaux, mais on peut se demander si parler d'un "style cistercien" à bien un sens à cette date...

Les enlumineurs de Cîteaux n'étaient pas les seuls à avoir un faible pour les bêtes fabuleuses. De telles lettres ornées se retrouvent dans les manuscrits du XIIe siècle en provenance de La Ferté, Pontigny et Vauclair en France, Hauterive en Suisse, Orval en Belgique, Altzelle en Allemagne, Heiligenkreuz en Autriche et Morimondo en Italie. Dans les maisons cisterciennes anglaises, ces représentations ne semblent pas avoir fait école ; à de rares exceptions près, comme l'âne jouant de la harpe dans

la copie d'Ennodius exécutée à Rievaulx au XIIe siècle (Londres, B. L., ms. Royal 8 E.iv, f° 1), la décoration des manuscrits anglais est résolument simple et dépouillée et semble suivre de plus près – du moins jusqu'au XIIIe siècle – les principes de l'*Apologie* de Bernard, que nous avons étudiés dans la préface.

Un autre ouvrage réalisé par les premiers copistes de Cîteaux est le manuscrit de la Bibliothèque municipale de Dijon coté mss.168-170, une superbe copie des seize premiers livres des *Moralia in Job* de Grégoire le Grand. Les trois manuscrits actuels étaient à l'origine rassemblés en un seul volume. Le colophon, très proche de celui du premier volume de la Bible de saint Etienne, nous apprend que le texte a été achevé à la veille de Noël de l'an 1111, alors qu'Etienne était encore abbé (il est mort en 1134). Dans ce célèbre manuscrit, les initiales représentent toute une panoplie de drôleries et de grotesques, des musiciens et des jongleurs, des hommes au combat entourés d'une grande variété d'animaux, réels et imaginaires, et – sans doute les représentations les plus connues – des moines cisterciens (et non des frères convers comme on l'a souvent prétendu) qui s'attellent aux différents travaux saisonniers, labourant les champs, fendant des arbres (pl. 2 II B), coupant des planches, portant du bois, vendangeant, moissonnant le blé… Ces images, qui ont été reproduites un peu partout, sont devenues si familières qu'on serait tenté de ne plus y faire attention, alors qu'elles restent de merveilleux exemples de l'enluminure cistercienne primitive. Les initiales se rapportent très rarement au texte, mais le volume commence tout de même par un portrait de Grégoire, offrant son livre à Léandre, l'évêque de Séville à qui il dédie son ouvrage, et un autre de Job, vêtu comme un noble du XIIᵉ siècle.

Vers l'an 1120 un "Deuxième style" de décoration fit son apparition à Cîteaux. Les drôleries et les fantaisies zoomorphiques du "Premier style", l'humour et les sujets quotidiens représentant les activités des moines disparaisssent. Il s'agit d'une enluminure plus sérieuse, plus spirituelle, dans laquelle la fiévreuse exubérance des initiales de la Bible d'Etienne Harding est remplacée par le hiératisme des images du Christ et de la Vierge, des patriarches, des prophètes et des saints, représentés dans une attitude digne. Nous citerons le Christ en majesté, sa main droite levée dans un geste de bénédiction et sa main gauche posée sur le livre des Evangiles ; il apparaît vêtu d'une robe qui retombe en un jeu de plis typiquement roman et entouré des douze petits prophètes, dont les visages barbus, solennels et impassibles sont tournés vers leur Seigneur qui s'élève dans une mandorle (pl. 13 IV). Nous pouvons également mentionner l'*Eleousa* ou *Glykophilousa* – "La Vierge de Miséricorde" ou "Celle qui embrasse avec douceur [son fils]" –, une représentation de la Vierge d'origine orientale (pl. 13 V). Il est remarquable de la trouver à Cîteaux, car cette image de la Mère de Dieu n'était pas très répandue en Occident et les tentatives pour la rapprocher des sermons de Bernard sur le Cantique des cantiques ne sont pas très convaincantes. Dans la partie inférieure de l'illustration, un dessin au trait représente Jessé endormi ; la Vierge est encadrée par deux anges volants et sur son auréole est

posée la colombe nimbée, symbole du Saint-Esprit. Ce portrait présente beaucoup de similitudes avec les représentations byzantines antérieures, mais l'austérité orientale est adoucie par le léger mouvement plein de grâce imprimé au corps de la Vierge et la position désinvolte et détendue de son pied gauche.

D'autres manuscrits du deuxième style représentent des prophètes et des saints : Isaïe annonçant la venue du Christ, Daniel dans la fosse aux lions (les fauves sont au nombre de sept, dont un, qui affiche une grimace sardonique, repose sous les pieds du prophète, pl. 13 VI), les Evangélistes, ainsi que de nombreux saints et plus particulièrement saint Jérôme. Le deuxième style de Cîteaux est plein de charme, à la fois vivant et traitant de sujets pleins de dévotion. Pour ce qui est de sa chronologie, nous allons y revenir.

Si rien ne prouve qu'Etienne Harding ait été lui-même enlumineur, comme on l'a parfois suggéré, on peut affirmer qu'il n'était pas vraiment opposé aux enluminures ornées et hautes en couleur. Mais une douzaine d'années avant la mort d'Etienne, Bernard écrivait son *Apologie* à Guillaume de Saint-Thierry, où il fait l'éloge du dépouillement et condamne toute extravagance. Ce texte a marqué son époque et dans les années qui ont suivi sa mise en circulation et la diffusion des vues de son auteur charismatique, la législation cistercienne s'efforça d'interdire tout ce qui pouvait être considéré comme ornements et luxe superflus susceptibles de distraire les moines. Le principal interdit dans le domaine qui nous intéresse ici est celui qui dit que "les lettres doivent être d'une seule couleur et non décorées de peintures [*non depictae*]". La date évoquée généralement pour ce statut primordial est 1134, mais on sait aujourd'hui qu'il a pu être édicté à n'importe quel moment entre 1119 et 1152, la période la plus probable étant celle comprise entre 1145 et 1151. Cependant la datation n'est pas le seul point qui pose problème, la signification même du statut est à éclaircir. De prime abord, on serait tenté de l'interpréter comme une interdiction de toute décoration, quelle qu'elle soit. La lecture de Yolanta Załuska nous paraît plus juste : le statut visait en fait à interdire les initiales ornées de représentations d'hommes ou d'animaux, telles que les lettres zoomorphiques qui envahissent les manuscrits du premier style de Cîteaux. L'expression *non depictae* devrait donc plutôt être traduite par "non figuratives". Il suffit cependant de parcourir rapidement les manuscrits produits à Cîteaux (pour ne parler que de ceux-là) pour s'apercevoir que cette réglementation a été interprétée des façons les plus diverses.

Le "Style monochrome" a peut-être fait son apparition avant le statut qui l'imposait – ce qui n'est pas vraiment surprenant car les lois sont généralement postérieures aux coutumes –, les tout premiers exemples pouvant être situés vers 1140 (pl. 13 I). L'œuvre la plus importante aurait été sans doute la Bible monochrome de Cîteaux en plusieurs volumes, ouvrage monumental dont il ne reste que des fragments (pl. 13 VIII). En revanche, les quatre volumes de la grande Bible monochrome de Clairvaux (Troyes, B. M., ms. 27) sont tous parvenus jusqu'à nous et les deux ouvrages étaient certainement comparables. L'un des princi-

paux manuscrits enluminés dans ce style, et l'un des plus connus, est conservé à Dijon (B. M. ms. 114). Exécuté selon toute probabilité à la fin des années 1180, il avait pour but de servir d'exemplaire type, de modèle, pour les principaux textes concernant la liturgie et les coutumes qui régissaient la vie des membres de l'Ordre (*Ecclesiastica officia* et *Usus conversorum*).

Il se dégage du style monochrome une beauté toute particulière, ascétique et austère, qui ne réside pas, comme dans le premier et le deuxième styles de Cîteaux, dans les miniatures et les initiales isolées mais qui est produite par l'ensemble de la mise en page. C'est le cas du *kalendarium* (pl. 13 VII) où le texte, tracé avec une écriture proto-gothique de la plus belle qualité, est disposé sur trois colonnes et orné de tout un système d'initiales monochromes de tailles différentes peintes en rouge, bleu, vert et en une sorte de brun prune. Ici les lettres ne sont pas purement décoratives, elles servent de repère pour guider le lecteur à travers la page et forment, avec le texte noir et rouge, un ensemble parfaitement proportionné et finement décoré, où beauté et utilité s'allient pour constituer un tout. Les initiales du style monochrome sont conçues pour servir le texte, non pas pour le dominer, afin que le regard et la pensée restent concentrés sur le contenu et ne soient pas distraits par la forme.

Le style monochrome est donc apparu vers 1140 et a subsisté jusqu'aux environs de 1190. Le manuscrit de Dijon que nous venons de décrire représente la phase finale de sa floraison. Il ne faut cependant pas croire que le statut interdisant les lettres de plusieurs couleurs produisit un changement immédiat et durable dans le décor des manuscrits. Un certain nombre d'œuvres, de plus en plus réduites il est vrai, restèrent fidèles au deuxième style de Cîteaux jusque dans les années 1180. Ainsi le deuxième style et le style monochrome s'éteignirent à peu près en même temps. Pour ce qui est de l'évolution de l'enluminure cistercienne à partir du XIIIe siècle, nous allons y revenir dans un instant.

Il convient ici de rappeler que les nouvelles recrues qui rejoignaient l'Ordre apportaient leurs propres livres, dont certains étaient magnifiques. Lorsque Henri de France, frère de Louis VII, fut reçu à Clairvaux par Bernard en 1145 (vingt après la rédaction de l'*Apologie*), il amena dans ses bagages un certain nombre de livres, parmi lesquels on peut mentionner un superbe Psautier richement enluminé avec des dorures (Troyes, B. M., ms. 511). En revanche la monumentale compilation alphabétique des *Distinctiones* de Garnier de Rochefort – *Distinctiones "Angelus"* –, qui fut copiée dans le *scriptorium* de Clairvaux vers la fin du XIIe siècle, contenait à l'origine des centaines d'initiales enluminées, mais dans un des volumes (Troyes, B. M., ms. 392) la plupart ont été effacées et il ne subsiste que quelques exemples remarquables illustrant la vie quotidienne des moines.

Le Chapitre Général de 1202 reprit un statut plus ancien, qui interdisait les livres avec des couvertures et des reliures précieuses dans les églises, et ajouta que les lettres (c'est à dire les initiales) ne devaient pas être figurées (*absque imagine*), ni décorées avec de l'or ou de l'argent. Quelque dix-huit ans plus tard, le Chapitre Général dut réitérer cette proscription, mais en fai-

sant preuve d'une certaine ambiguïté : les couvertures en or et en argent sont toujours interdites, alors qu'on exige seulement pour les lettres qu'elles n'aient aucune "variété notable" d'images (*absque notabili varietate imaginum*). Mais le statut ne précise pas à partir de quand la "variété" devient "notable".

Au début du XIIIe siècle, les manuscrits produits pour et par les bibliothèques cisterciennes reviennent à une décoration plus atypique et à mesure qu'on avance dans le Moyen Age il est de plus en plus difficile de distinguer les manuscrits cisterciens de ceux des autres ordres. Par ailleurs, à la fin du XIIe siècle les donations constituent une source de livres toujours plus importante. Il était très difficile, pour ne pas dire impossible, de refuser de tels dons, d'autant plus que ces objets précieux étaient fort utiles, et par conséquent les livres offerts ne pouvaient être contrôlés. Ils étaient donc décorés et enluminés en fonction des goûts de leur premier propriétaire. Puis, à partir du XVe siècle, il sort très peu d'ouvrages des ateliers de copistes monastiques, qu'ils soient cisterciens ou appartenant à d'autres ordres, et, comme nous l'avons déjà signalé, les moines achètent la grande majorité des livres dont ils ont besoin à des marchands laïques. Par conséquent, à la fin du Moyen Age les bibliothèques cisterciennes renferment souvent beaucoup de livres qui ne sont pas spécifiquement cisterciens. Le mouvement commencé à la fin du XIIe siècle atteint son point culminant avec l'arrivée d'énormes collections de livres imprimés, écrits par de nombreux auteurs et sur les sujets les plus divers.

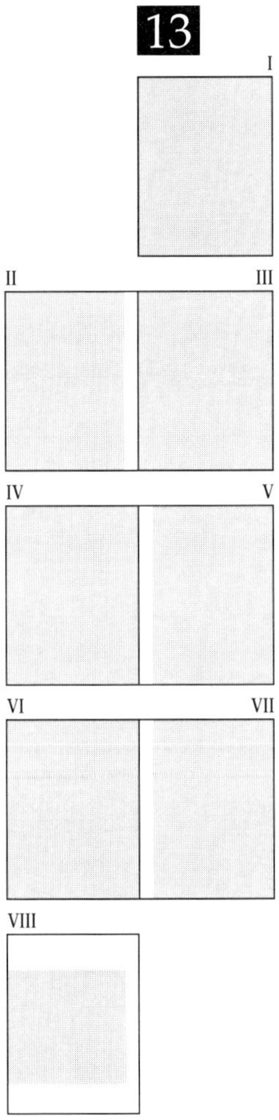

13

I

Pontigny.
Initiale S. Lettres de saint Augustin
(Auxerre, B. M., ms. 17, f° 1).

II   III

Cîteaux. David et Goliath du cycle
de David. Bible d'Etienne Harding
(Dijon, B. M., ms. 14, f° 13).

Cîteaux. David assis sur son trône
avec ses musiciens.
Bible d'Etienne Harding
(Dijon, B. M., ms. 14, f° 13v).

IV   V

Cîteaux.
Le Christ et les douze petits prophètes.
Commentaires de saint Jérôme sur Daniel,
les petits prophètes et l'Ecclésiaste
(Dijon, B. M., ms. 132, f° 2).

Cîteaux. Vierge à l'Enfant
d'un arbre de Jessé et Isaïe.
Commentaire de saint Jérôme sur Isaïe
(Dijon, B. M., ms. 129, f° 4v-5).

VI   VII

Cîteaux. Daniel dans la fosse aux lions et
Habacuc lui apportant à manger.
Commentaires de saint Jérôme sur Daniel,
les petits prophètes et l'Ecclésiaste
(Dijon, B. M., ms. 132, f° 2v).

Cîteaux. Table des matières
des *Ecclesiastica officia*
(Dijon, B. M., ms. 114, f° 1v).

VIII

Cîteaux. Initiale C.
Bible monochrome de Cîteaux
(Dijon, B.M., ms. 67, fragment).

Et IPSI
DUOLI
BSADIL
ESTURU
COMITE
VALERIUM

CUM AUDISSEM PELAGIANOS ET NESCIO
quid scripsisse de nob. qd scilicet nuptias dã
narem: asserendo originale peccatū. Quorū
librorū titulus ē. de nuptiis & concupiscen
tia. Bonitatē quippe defendimꝰ nuptiarū.
ne putaretᷓ earū esse uitiū concupiscentia
carnis. et lex in membris repugnans legi
mentis. quo malo libidinis bene utitᷓ ad fi
lios pereandos pudicicia coniugalis. Vt
autem duo libri essent. primꝰ uenit in iuli
ani pelagiani manꝰ. et scripsit aduersus eū
libros .iiii. Ex quibus quidā nonnulla de
cerpsit. et comiti ualerio misit. ille uerõ ad nos.
Que cū accepissem: alio libro ad ea ipsa res
pondi. Huius opis primꝰ liber sic incipit.
heretici noui dilectissime fili ualeri. Secꝰ
autē sic incipit. Int milicie tue curas.

DOOMINO illustri & merito prestantissimo
Datꝙ. in xpī dilectione kᷓmõ filio uale
rio. augustinꝰ in dño salutē. Cū diutino
lestē habere. quod aliquotiens scripserim.
& nulla tue sublimitatis rescripta merue
rim. repente epſtas tres tue benignitatis ac
cepi. Vnã non ad me solū datā p coepiscopū
meū uindemialē: et non longe p conpresbite
rū firmū duas. Cui uir sanctus nobisꝗ utabil
lo sciri potuisse familiarissima caritate
coniunctꝰ multa nobiscū de tua excellentia

colloquendo. & ueracciter insinuando qualem
te in xpī uisceribꝰ nouerit. non solū eas quas
memorat esse. uel quas ipse attulit. sꝫ etiā il
las quas ñ accepisse querebam litteras uiet.
Et ideo de te narratio et suauior nobꝰ erat. qa
ea dicebat que ipse non posset: nequidē me in
quirente rescribere. ne tuarū laudū qd̃ scã
scriptū prohibet fieri ꝓdicator. quanquam
et ego uerear hec ad te scribere. ne suspicionē
adulantis incurrā. dñe illustris et merito
prestantissime. atꝙ in xpī dilectione kᷓme
fili. Laudes itaꝙ tuas in xpõ siue magis inter
laudes xpī. uide quid in delectationis. et leti
cie fuit audire ab illo. qui nec fallere me pos
set propter fidem suā. et eas ignorare non pos
set ꝓpter amiciciā tuā. Sꝫ alia et ab aliis. et si
non tā multa uel certa: uerumtamen audiui
mꝰ fides tua quā sit sana et catholica. quā pia
expectatio futuroꝛ. que dei fiant̃ꝗ dilectio.
quā non sꝉpbe sapiat in excelsis honoribꝰ nec
sꝑet in incerto diuiciarū. sꝫ in deo uiuo. & diues
sis in opibus bonis. Quam sit domꝰ tua reꝗes
solatiūꝙ scãoꝛ. et tiᷓ impioꝛ. Quantꝙ t cure
sit neꝗis insidiet̃ menbris xpī. cooptus uelami
ne nominis xpī. siue in uestibꝰ eius. siue in re
certioribus inimicis. Quantꝙ sis eorūdem inu
micoꝛ saluti prouidꝰ. infest̃ erroꝛi. hec atꝙ
huiusmodi ut dixi. & ab aliis solemꝰ audire. Sꝫ ñ ea
p supra scriptū fitē plura et ꝑestantiora cognoui
mus. Porro autē de pudicicia coniugali. ut eã
quoꝙ in te laudare & amare possemꝰ. nunquid
audiremꝰ ñ ab aliq interiore familiari tuo. qui
uitã tuā non in suꝑficie. sꝫ penitꝰ nosset. De hoc
itaꝙ bono tuo dei dono. meꝙ delectat familia
rius & aliquanto diutiꝰ loqui tecū. Scio me non
ē onerit̃. si aliꝗd ꝑmissum mitto. qd̃ legendo
diutius sis nobiscum. Nam et hoc compᷓi. qd̃
inter tuas multas magnasꝙ curas. facile ac li
benter legas. nꝛisꝙ opusculis etiā que ad alios
conscᷓpsimꝰ. siqua in manꝰ tuas uenire potuit.
admodū delecteris. Quantomagis qd̃ ad te
scribitᷓ. tanquā presenti loquar. et aduertere
dignaberis attentiꝰ. & accipe gratiam. Ab hac
ᷓ epſta ꝑge ad librū quē simul misi. q tue re
uerentie & cur conscriptꝰ sit. et cur ad te po
tissimum missus. ipse suo pᷓncipio comodiꝰ

Goliath
phylisteus

S

13

Veniens ad philisteum cum Goliat phyli breuisq; stature. funda lapide et baculo

Fpls
tibus.

David

Goliath

dore ach
ladiu go

Inde ad regē transiuit celegiscu dū psentareē.
timens necōgnitus occideret. facie sua cora
achis mutauit seq; uesanu esse simulauit.

hac arte elapsus. inspelu
latuit. Quo audito. sūt eu
nēt. multiq; diuersi

David

Achimelet
sacer
dos.

achis:
rex.

Condisti dauid de deserto pharan cū oдrīgentis
gladio geht et uindicata se de nabal carmelo

Cūq; saul psequens dauid cassra inerat eēt
achile. surrexit dauid clā nocte assūpto sci
ingressus tentorium inuenit saul rabner riuil
cōs outē collēsq; cyphū et hasta que eraut

ISIO

YSAIE FILII AMOS

s quam uidit sup iudam & hierlm indieb; ozie. ioatha.
achaz. ezechie. regum iuda. Pro iuda inquo signifi_
cantur due trib; lxx. & theodotio posuere iudeam.
que totam terra duodecim tribuu ostendit. Et p eo
quod nos exhebreo uertim̄. sup iudam & hierlm. illi
interpretati sunt. contra iudeam & hierlm. Symma
chus more suo manifestius. deiuda & hierlm. ut nec
ꝓspera nec aduersa uelit titulo demonstrari. ſ ea que
deiuda & hierlm inuttramq; parte ꝓphicus sermo
ꝑdixerit. Ergo ysaias principalit̄ deduab; loquitur
tribub; iuda & beniamin. exceptis decem que insa
maria erant & uocabantur ephaim & iſrł & quas
sub ozia rege iuda & hierlm. phul. rex assyriorum
uastare iam ceperat. Deniq; quinquagesimo & ſcđo
imperii eī anno regnante apud samariam phacee fi
lio romelie. uenit tegladh phalassar rex asyriorum.
& cepit ahion & abel. domū maacha. & ianuę & cedeſ.
& asor. & galaad & galileam. omnē terrā neptalim
& transtulit eos inassyrios. Exquo ostenditur uici
na euersione samarie incōmotionē duarū tribuum
hec uniuersa narrari. Ozias aut ipse ē qui & azarias
duplici nomine. Et uno ꝗdem atq; eodem t̄pore. ysa
iath. osee. iobel. & amos ꝓphasse. exregib; qui ponunt̄
intitulo cognoscim̄. ſ ꝓincipali

13 VI

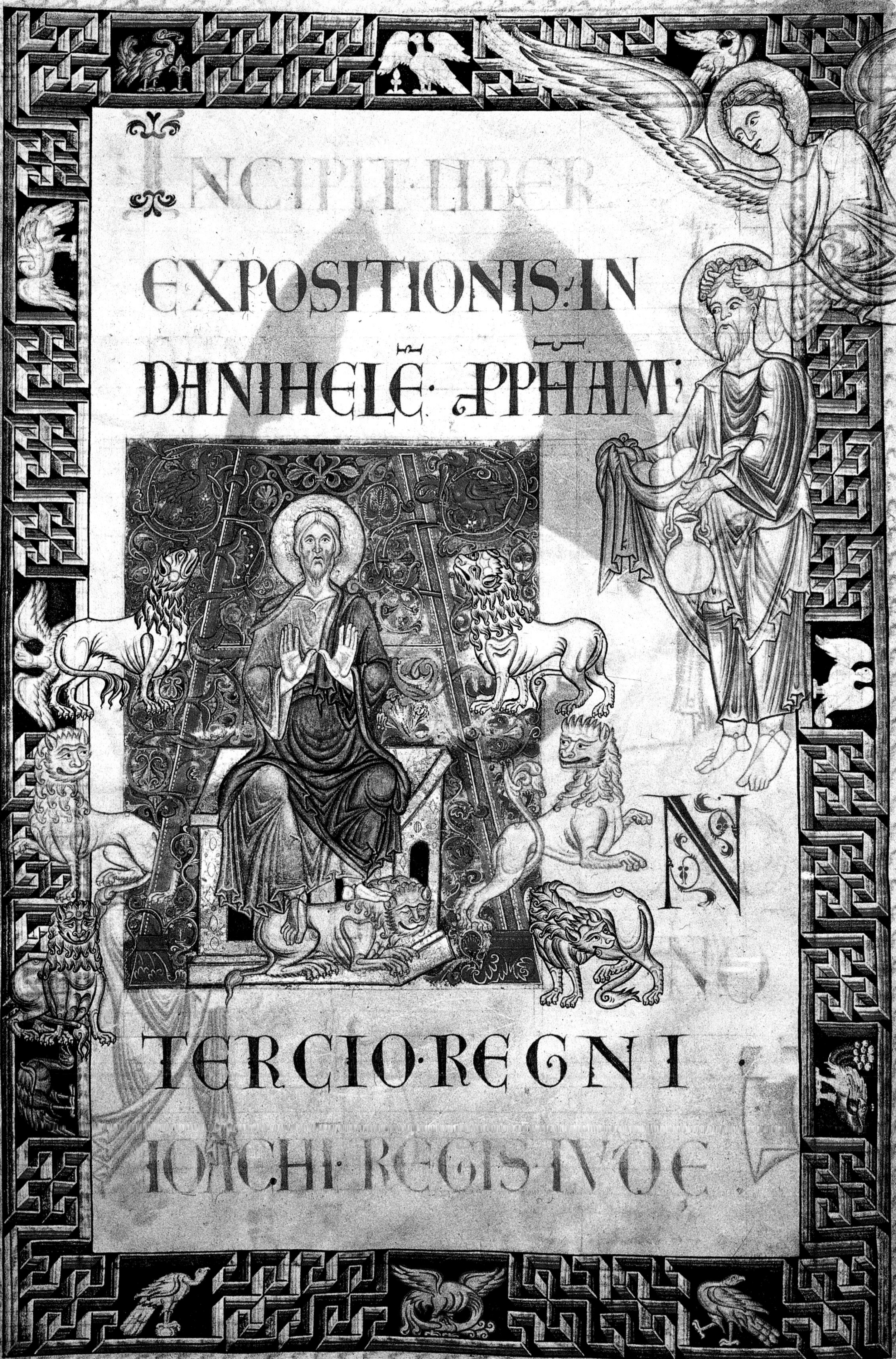
INCIPIT LIBER
EXPOSITIONIS: IN
DANIHELĒ· PPHAM
N
TERCIO·REGNI
IOACHI·REGIS IVDE

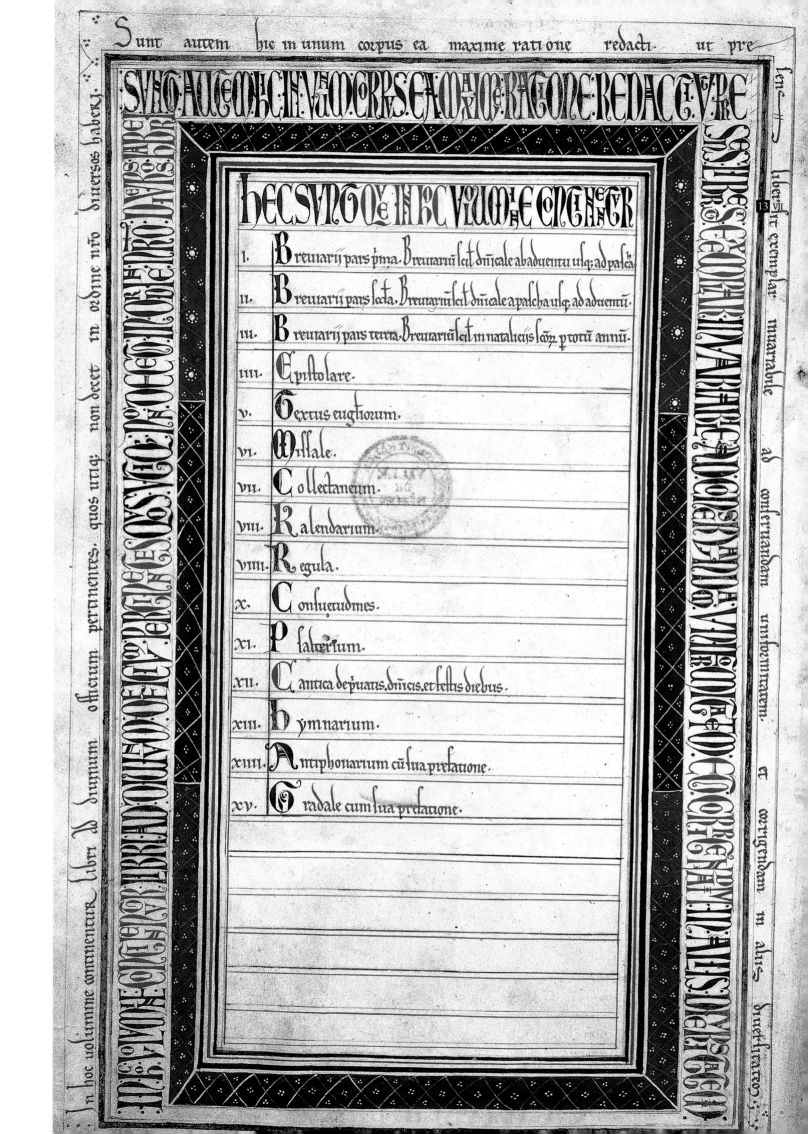

SVNT AVTEM HIC IN VNVM CORPVS EA MAXIME RATIONE REDACTVR

HEC SVNT QVE IN HOC VOLVMINE CONTINENTVR

I.	**B**reuiarij pars pma. Breuiariu̅ scit do̅icale ab aduentu usq; ad pasca	
II.	**B**reuiarij pars scda. Breuiariu̅ scit do̅icale a pascha usq; ad aduentu̅	
III.	**B**reuiarij pars tercia. Breuiariu̅ scit in nataliciis sco̅r p totu̅ annu̅	
IIII.	**E**pistolare	
V.	**S**extus euglioru̅	
VI.	**M**issale	
VII.	**C**ollectaneum	
VIII.	**K**alendarium	
VIIII.	**R**egula	
X.	**C**onsuetudines	
XI.	**P**salterium	
XII.	**C**antica depuatis. do̅icis. et festis diebus	
XIII.	**H**ymnarium	
XIIII.	**A**ntiphonarium cu̅ sua prefatione	
XV.	**G**radale cum sua prefatione	

ciare uscp mane. scelens
arguemur. Dmc tci.
Incipit prefatio sci ihero
nimi prorin libs salomonis

hromatio
et heliodoro
epis. hiero
nimus. Iun
gat epla quos iungit sa
cerdotium. immo carta

La bibliothèque

La construction de grandes bibliothèques à l'extérieur du cloître est à l'origine une conséquence directe de l'introduction vers 1450 de l'imprimerie à caractères mobiles. Cela ne veut pas dire pour autant que des bibliothèques indépendantes n'aient pas existé dans les siècles précédents, mais il s'agissait de salles de dimensions plus modestes et situées dans l'aile orientale du cloître. Les collections de livres toujours plus volumineuses de la fin du XIIe et du XIIIe siècle dépassaient la capacité de l'armoire du cloître ; pour y remédier, la solution la plus courante – nous en avons maints exemples – consistait à diviser en deux l'espace réservé à la sacristie afin de créer une pièce pour les livres.

Dans certains cas, cette solution était insuffisante et il fallait trouver toujours plus de place pour ranger les volumes. Dans de nombreux monastères, on utilisa l'espace situé sous l'escalier de nuit (pl. 11 I C); ailleurs la bibliothèque fut agrandie vers le sud, empiétant sur une partie de la salle capitulaire. Cette solution beaucoup plus rare se retrouve toutefois en Angleterre à Furness et Fountains, où les deux travées qui flanquent l'entrée du chapitre ont été cloisonnées et transformées en deux "réserves de livres" assez vastes. La construction d'une pièce à part, spécialement conçue pour abriter les livres du monastère, reste une solution inhabituelle, sauf peut-être dans les abbayes scandinaves, car on connaît plusieurs exemples de bibliothèque indépendante construite entre la sacristie et la salle capitulaire à Løgum et Øm,

au Danemark, et à Herrevad, en Suède. Des exemples intéressants sont fournis par les abbayes de Cleeve en Angleterre, Chorin et Lehnin en Allemagne, dans lesquelles la bibliothèque est également prise entre la sacristie et la salle capitulaire.

Au cours des XIVe et XVe siècles, la taille des collections augmente encore de façon considérable dans un grand nombre de monastères. Ce phénomène s'explique de différentes façons – qui varient en fonction du lieu – mais les principales raisons sont les donations, les besoins en matière d'enseignement universitaire et la chute du coût de la production des ouvrages. Certes les livres restent des denrées rares, mais ils sont beaucoup moins onéreux qu'au siècle précédent. Dès le début du XVe siècle, les moines achètent leur livres, comme le font leurs contemporains, auprès de marchands. C'est l'époque où la culture européenne commence à se transformer en une culture littéraire – comme l'a dit un auteur, on entre dans "l'âge du livre" – et le Chapitre Général ne pouvait ignorer une tendance qui s'imposait, de même qu'il ne pourra, deux siècles plus tard, ignorer l'éclosion des universités.

Il n'est pas étonnant dans ce contexte de trouver un certain nombre de statuts édictés au XVe siècle, dans lesquels le Chapitre Général incite les abbés à mettre en place et à assurer l'entretien de grandes bibliothèques, car les bibliothèques, nous dit-on, sont le véritable "trésor des moines" (*thesaurus monachorum*). Il n'empêche que ces vastes "trésors", aussi admirables qu'ils puissent être, posent encore une fois le problème pratique de l'espace. Et là encore les solutions adoptées vont être dictées par la situation de chaque abbaye. Il semble toutefois que de nombreux monastères ont choisi l'aile occidentale, laissée à l'abandon, pour résoudre ce problème. C'est ainsi qu'à Marienfeld une partie du réfectoire des convers fut transformée en bibliothèque en 1403-1404 et une solution similaire fut adoptée à Altzelle au siècle suivant. Dans l'abbaye portugaise d'Alcobaça, lorsque le dortoir des moines fut divisé à la fin du XVIe siècle en chambres individuelles, plusieurs pièces furent réservées pour ranger les livres et les archives ; cette solution ne fut abandonnée qu'au milieu du XVIIIe siècle après la construction d'une nouvelle bibliothèque.

Cîteaux n'adopta pas une solution aussi pratique. Les 1200 ouvrages répertoriés dans le catalogue de 1480 étaient disséminés dans tout le monastère ; l'ensemble des livres qui se trouvaient dans le chœur, l'église, le cloître, le noviciat, l'infirmerie et les appartements privés de l'abbé dépassait la collection rangée dans la bibliothèque.

Un statut de 1459 demande également aux abbés de répertorier en bonne et due forme leurs collections – "ils devront avoir un inventaire de tous les livres" – et les remarquables catalogues des bibliothèques de Cîteaux et de Clairvaux sont les meilleurs témoignages de la façon dont cette injonction a été mise en œuvre. Le catalogue de Cîteaux fut compilé par l'abbé Jean de Cirey en 1480. L'auteur de celui de Clairvaux, dressé en 1472 sous l'abbatiat de Pierre de Virey, n'est pas l'abbé, comme on l'a souvent dit, mais le prieur Jean de Voivre.

Une "grande" bibliothèque en 1450 ne contenait en fait que cinq cents à mille livres, et la grande majorité des abbayes possédaient des collections bien plus modestes. Mais dans la seconde moitié du siècle on assiste à une véritable explosion, traduisant l'accueil particulièrement enthousiaste que les moines cisterciens ont réservé à l'imprimerie. Ils n'étaient pas les seuls dans ce cas, car les collections de livres des autres ordres ont également connu une croissance rapide pendant cette période et tous étaient confrontés au même problème de place.

Nous l'avons vu, à Cîteaux les livres envahissaient jusqu'aux moindres recoins et il était matériellement impossible de trouver d'autres solutions d'appoint pour faire face au problème de place. C'est ainsi que dans les premières années du XVIe siècle, sous l'abbatiat de Jacques de Pontailler (neveu et successeur de Jean de Cirey), on entreprit la construction d'une magnifique bibliothèque pour répondre aux bouleversements qu'entraînait l'introduction de l'imprimerie (pl. 14 II A). Il est possible d'attribuer le projet à Jean de Cirey, même si les annales de Cîteaux compilées dans les années 1730 par l'archiviste Nicolas Cotheret font remonter la "construction" de l'édifice à 1509, huit ans après la prise de fonction de Jacques de Pontailler en 1501, mais ce terme doit être pris ici dans le sens d'achèvement.

La bibliothèque de Cîteaux n'est pas le premier édifice de ce type. A Clairvaux Jean de Cirey lança en 1495 les travaux de la grande bibliothèque, qui fut terminée en 1503 sous l'abbatiat de son successeur, Jean Foucaud. Elle était implantée au nord du petit cloître et des récits de l'époque témoignent de la beauté de l'édifice. Voici la description qu'en donne le secrétaire de la reine de

Sicile, qui visita l'abbaye au mois de juillet 1517 : "L'édiffice de ladicte librairie est magnificque et massonné, et bien esclairé de deux costez de belles grandes fenestres, bien vitrées, ayant regard sur ledict cloistre et cimitière des Abbez. ... Le devant d'icelle librairie est moult richement orné et entaillé par le bas de collunnes d'estranges façons et par le hault de riches feuillaiges, pinacles et tabernacles, garnis de grandes ymaiges, qui décorent et embelissent ledict édifice. ... Ladicte librairie est toute pavée de petits carreaulx & diverses figures".

S'il ne reste malheureusement plus rien de cette magnifique bibliothèque, celle de Cîteaux n'a pas subi le même sort.

Le bâtiment de la bibliothèque de Cîteaux occupait pratiquement tout le côté nord du petit cloître (appelé aussi cloître de l'infirmerie). On retrouve dans cet édifice à étage (pl. 14 II A) les mêmes dispositions qu'à Clairvaux : la bibliothèque, à laquelle on accédait par un escalier en colimaçon disposé à l'angle sud-ouest, était au premier et surmontait les six cellules de copistes (dont nous avons déjà parlé dans la partie sur le *scriptorium* et la salle des moines) aménagées au rez-de-chaussée. L'escalier débouchait dans un minuscule vestibule, dont le mur ouest était percé d'une modeste porte ouvrant dans la "petite bibliothèque"; cette salle devait surmonter le passage reliant les cellules des copistes à la partie orientale de l'église.

La bibliothèque proprement dite, qui occupait tout l'étage, était une salle spacieuse de 28 mètres sur 8, couverte de six voûtes sur croisée d'ogives retombant sur des culots nus et éclairée par six grandes fenêtres percées dans les murs nord et sud. Sur le mur est, on peut encore voir en grosses lettres gothiques, jaunes sur fond bleu, l'inscription *Divinarum humanarumque rerum cognitio* ("La connaissance [ou l'investigation] des choses divines et humaines") – une devise plus humaniste que monacale –, et au-dessus à gauche, le mot *Theologia*. Cette inscription permettait tout simplement d'indiquer l'emplacement des ouvrages théologiques. On peut supposer que d'autres mots, couvrant les différents domaines de la connaissance, étaient écrits sur les autres murs. Dans leur *Voyage littéraire*, Edmond Martène et Ursin Durand, qui visitèrent Cîteaux en 1710, mentionnent de belles collections de livres imprimés traitant des sujets les plus variés et sept cents ou huit cents manuscrits, en grande partie des écrits des Pères de l'Eglise.

Des bibliothèques aussi spectaculaires ont été bâties ailleurs qu'en France, mais toujours dans des abbayes qui disposaient de moyens substantiels. En Allemagne, par exemple, la splendide bibliothèque d'Himmerod date du début du XVIe siècle ; celle de Kaisheim fut commencée sous l'abbatiat de Georg I Schmidlin (1458-1479) et achevée au début du siècle suivant par Georg II Kastner (1490-1509) ; la bibliothèque de Salem fut construite entre 1494 et 1510 pendant l'abbatiat de Johann II Schapffer. Dans tous ces magnifiques édifices, on peut suivre l'évolution d'une pièce voûtée, où les livres étaient simplement entreposés, à une véritable bibliothèque, au sens moderne du terme. Cette tendance va continuer, jusqu'au XVIIIe siècle bien avancé, dans les maisons les plus prospères. L'exemple le plus remarquable est certainement le grandiose édifice néo-classique construit à Vau-

Le logement
de l'Abbé à Tintern
au XIIIe siècle.

celles en 1760 par dom Jacques-Christophe Ruffin, l'avant-dernier abbé, pour abriter une collection de plus de quarante mille livres et manuscrits triés sur le volet (pl. 14 II B), un nombre qui semble pourtant ridicule en comparaison avec la collection de près de quatre-vingt-dix mille volumes que possédait Salem en 1768.

Le logis abbatial

L'abbé, qui est le supérieur spirituel et temporel de l'abbaye (ses fonctions ont déjà été décrites dans le chapitre consacré aux membres de la communauté), est investi d'une autorité absolue. Il est par conséquent à la merci des tentations du pouvoir, et c'est pour cela que saint Benoît lui enjoint d'exercer sa charge avec humilité et de ne jamais perdre de vue que les actions qu'il aura entreprises ici-bas seront soumises au redoutable jugement de Dieu. Dans la pratique, l'abbé n'atteignait pas toujours à cet idéal, car il n'était en fin de compte qu'un homme, même s'il n'était plus un simple moine. Son pouvoir était accompagné d'énormes responsabilités : il devait veiller à la santé spirituelle et physique des moines de sa communauté et s'occuper de l'abbaye et de ses relations avec le monde extérieur.

En ce qui concerne les aspects matériels de la vie de l'abbé, les cisterciens s'en tenaient, comme pour bien d'autres coutumes, aux prescriptions de la *Règle de saint Benoît*. Le supérieur devait coucher dans le dortoir et prendre ses repas avec les hôtes à sa table, dans l'hôtellerie. Afin de répondre à ces devoirs d'hospitalité, la nourriture de l'abbé et des hôtes était préparée dans une autre cuisine que celle de la communauté par deux cuisiniers choisis chaque année parmi les frères. En l'absence d'hôtes, l'abbé devait partager sa table avec au moins deux moines.

Si la seconde coutume est encore pratiquée de nos jours, le couchage de l'abbé a subi des modifications dès le Moyen Age. Il est impossible de savoir quand, où et comment se sont faits ces changements – là encore l'évolution n'a pas été identique partout – mais les textes et les recherches archéologiques permettent de reconstituer en partie cet épisode de l'histoire des abbayes cisterciennes. Il n'existe pas de règle générale qu'on puisse appliquer avec certitude dans tous les sites, mais on peut retracer une évolution logique : du dortoir on passe à la chambre privée située à proximité, puis de la chambre à une suite (salle de réception, chambre d'hôte, chambre de l'abbé, latrines…) et enfin à une structure distincte – la maison de l'abbé avec des chambres à l'étage, une chapelle, une cuisine et des communs (buanderie, réserves et dépenses). Cette maison pouvait être une nouvelle construction conçue pour cet usage ou – ce qui semble avoir été le cas le plus fréquent – une structure existante remaniée. On choisissait souvent les infirmeries, car ces bâtiments complètement indépendants (ou presque) étaient implantés légèrement à l'écart du cloître et devaient, dans beaucoup de cas, être remplacés par des structures plus vastes et modernes. Il est donc difficile d'identifier une évolution type, puisque chaque abbaye devait choisir les solutions les mieux adaptées à sa situation.

Aux XVIIe et XVIIIe siècles, on entreprit la construction de nombreux logis ou palais abbatiaux, mais il ne faut pas oublier que le système de la commende avait été introduit bien avant cette période en France, Ecosse, Irlande, Hongrie, Italie, Espagne et ailleurs. Ces résidences, la plupart somptueuses, n'ont rien de cistercien ; les abbés n'étaient plus régulièrement élus et leurs maisons – entourées parfois de chenils, d'orangeries, de jardins réguliers, de fontaines, de bassins et de miroirs d'eau – ressemblaient plutôt aux châteaux ou aux pavillons de chasse auxquels ces seigneurs étaient habitués. Ainsi depuis plusieurs siècles nombre d'abbayes se trouvaient aux prises avec le système de la commende et voyaient leurs bâtiments tomber en ruine par manque d'entretien, tandis que l'abbé titulaire se réservait une bonne partie des revenus pour son usage personnel. Les fonctions monastiques, telles que le chapitre, étaient parfois reléguées dans des lieux plus réduits et les bâtiments traditionnels transformés. L'abbaye de Quincy dans l'Yonne en fournit un bon exemple : les deux extrémités du bâtiment des moines furent démolies et la partie centrale – où se trouvait la salle capitulaire – fut aménagée pour le prieur, qui jouait le rôle de supérieur à l'époque. Les fenêtres furent agrandies et les parements intérieurs revêtus de boiseries classiques. Le nouveau toit en pavillon lancé sur le bâtiment lui donne l'aspect d'une construction complètement indépendante, alors qu'en fait il s'agit d'un édifice remanié, dont la forme et les fonctions d'origine ont été transformées radicalement et adaptées à une situation totalement nouvelle.

On ne sait pendant combien de temps les abbés se conformèrent aux prescriptions des *Ecclesiastica officia* qui leur demandaient de coucher dans le dortoir, ni même si cette pratique a jamais connu un quelconque succès, car il est attesté que dès le XIIIe siècle la plupart des abbés dormaient dans une cellule à part. Dans quelques abbayes, on peut encore voir à côté du dortoir une chambre, dont l'utilisation fait l'objet de nombreuses spéculations. Rien ne prouve qu'elle ait été destinée à l'abbé ; ce n'est là qu'une hypothèse parmi tant d'autres, car elle pouvait tout aussi bien être la chambre du sacristain ou celle du prieur. Il est fort probable qu'elle ait accueilli, selon les époques, différents officiers monastiques, mais nous ne pouvons donner plus de précisions pour telle ou telle abbaye en l'absence de preuves documentaires. A Valle Crucis, dans le nord du pays de Galles, on trouve une petite pièce à l'angle nord-est du dortoir, qui a été remaniée à de nombreuses reprises pour l'abbé (pl. 14 VI). Elle a été agrandie, des fenêtres ont été percées, une cheminée plus grande a été installée (mais le mitron cylindrique de la cheminée d'origine est toujours visible sur le toit), les combles ont été aménagés, les portes modifiées, puis à la fin du XVe siècle, on annexa et transforma une autre partie du dortoir (sans doute pour faire des appartements pour les hôtes de marque), et un escalier en bois, reliant la salle principale au cloître, fut construit. Après la dissolution des monastères, ces appartements furent transformés en maison à la fin du XVIe siècle avec des pierres de remploi en provenance de parties plus anciennes de l'abbaye. Ces innombrables adaptations reflètent indubitablement l'évolution des mœurs dans ce domaine, mais elles permettent également de retracer une partie de l'histoire de l'abbaye ; il n'est pas aisé de déterminer qui étaient les bénéficiaires de ces changements et on ne peut dater qu'approximativement l'époque à laquelle ils ont eu lieu.

Des maisons pour les abbés régulièrement élus existaient dès le XIIe siècle, bien qu'elles ne soient mentionnées qu'exceptionnellement. Il est intéressant de noter que saint Bernard disposait de sa propre chambre dans le *monasterium vetus*, les premiers bâtiments de Clairvaux avant la construction du grand monastère. Cette pièce, qui était apparemment exiguë, se trouvait en haut de l'escalier montant au dortoir. Le lit de l'abbé, disposé juste sous le toit près d'une fenêtre, était fait d'un cadre en bois et d'un chevet en pierre. Une deuxième fenêtre donnait dans l'église. Dans les années 1160 Aelred, le célèbre abbé de Rievaulx, disposait de sa propre maison – un bâtiment à étage long de plus de 30mètres avec une grande salle et des quartiers pour les domestiques – entre l'infirmerie et le dortoir des moines. C'est le Chapitre Général qui la fit construire en raison de l'état de santé de l'abbé, mais les successeurs d'Aelred continuèrent de l'utiliser, la remaniant en fonction des besoins, jusqu'à la fin du XVe siècle. L'abbé, qui avait alors besoin d'une résidence plus spacieuse, fit transformer l'infirmerie en l'une des plus grandes maisons abbatiales jamais construites en Angleterre.

Il est incontestable qu'à la fin du Moyen Age nombre d'abbés disposaient d'un logis à l'écart du reste de la communauté, même si l'identification et la datation de ces structures n'est pas toujours évidente. A Fontaines-les-Blanches en Indre-et-Loire, on trouve une maison du XIIIe siècle qui avait une salle centrale couverte de quatre voûtes sur croisée d'ogives et flanquée de chaque côté de plusieurs pièces ; on pense qu'il s'agit du logis abbatial. Un récit du XVIIIe siècle décrit "l'ancien logis de l'abbé", encore visible à l'époque, de l'abbaye de Pontigny; il avait quatre petites pièces dont une avec cheminée. Il n'en reste aujourd'hui pas la moindre trace ; quant à la date de construction, on ne peut rien avancer sinon que le logis était jugé "ancien" au XVIIIe, ce qui ne nous éclaire pas beaucoup.

Ailleurs le temps a été plus indulgent avec les vestiges archéologiques. Quand on décida vers 1200 de construire une nouvelle infirmerie à Furness, près de la frontière écossaise, l'ancien édifice, à l'est du bâtiment des moines, fut transformé en logis abbatial. L'ancienne infirmerie de Kappel en Suisse – le bâtiment le plus ancien qu'ait conservé l'abbaye – subit le même sort. A en juger par les ruines monumentales du logis abbatial à étage qui fut construit aux environs de 1230 à Kirkstall, cette maison était spacieuse et confortable. Le bâtiment, adossé à l'extrémité sud du dortoir, avait des communs pour les domestiques au sous-sol, tandis que la salle principale ou salle des hôtes occupait le rez-de-chaussée et des chambres privées étaient aménagées à l'étage ; ces deux étages disposaient de cheminées, de sièges sous les fenêtres et de couloirs. Une autre maison permettait d'accueillir l'abbé de Fountains lorsqu'il se rendait dans son abbaye-fille pour la visite annuelle. Le splendide logis abbatial à étage de Zinna dans le Brandebourg, construit en briques de couleur vernies, fut achevé vers 1435 ; la chapelle était ornée de fresques représentant des saints.

Des recherches menées récemment par Thomas Coomans [1] à Villers en Belgique ont permis de mettre en lumière avec beaucoup de précision l'évolution du mode de vie des abbés sur ce site. Les abbés logeaient dans une pièce aménagée au-dessus de la sacristie jusqu'à la fin du XIIIe siècle, époque à laquelle un logis abbatial indépendant fut construit au sud-est du cloître. Quelque 150 ans plus tard, le bâtiment fut agrandi, mais il semble que ce remaniement ne suffit pas, car au bout d'une dizaine d'années (1459-1487) l'infirmerie des convers fut transformée en une maison abbatiale plus vaste, complétée au XVIe siècle par un portique de style Renaissance. Puis, comme dans nombre d'abbayes, un palais abbatial classique fut édifié au début du XVIIIe siècle.

En Bohême, la résidence de l'abbé était généralement implantée à l'est du cloître – ainsi en était-il à Velehrad, Osek, Vyšší Brod, Zlatá Koruna, Zbraslav et Sedlec – et un passage couvert assurait la communication avec les bâtiments réguliers (il en subsiste un à Vyšší Brod). Habituellement, on prévoyait dans le mur d'enceinte une porte d'entrée et un chemin particuliers qui permettaient de se rendre directement au logis abbatial. Dans le couvent de Vallbona en Catalogne, la maison de l'abbesse était située à l'angle nord du cloître, d'où partait un chemin vers l'extérieur.

Ce survol permet déjà de se faire une idée du large éventail des solutions adoptées pour les résidences abbatiales. Cette diversité est généralement le résultat de coutumes et de conditions locales et il est par conséquent impossible d'établir une quelconque évolution avec précision. Il est rare de pouvoir identifier toutes les étapes qui ont permis de passer du dortoir à la chambre privée, et de la chambre au logis puis au palais abbatial. Et de toute façon, nos hypothèses actuelles – comme pour l'utilisation des autres pièces – ne sont pas

1. Thomas Coomans, Thèse de doctorat, Département d'Archéologie et d'Histoire de l'Art. Université Catholique de Louvain, Louvain-la-Neuve, 1996.

forcément aussi exactes qu'on voudrait bien le croire. Les abbayes n'ont jamais été des entités statiques, mais au contraire des ensembles complexes et dynamiques qui ont été sans cesse remaniés et adaptés. Qui plus est, les changements que connaissait la société à l'extérieur des monastères – et en particulier le développement de l'idée de vie privée à la fin de la période médiévale – ont aussi exercé une grande influence à l'intérieur de la clôture. L'abbé ou l'abbesse devaient, qu'ils le voulussent ou non, garder un œil sur le cloître et l'autre sur le monde, et ces différentes fonctions se retrouvent dans l'évolution de l'architecture du logis abbatial.

La prison

L a *Règle de saint Benoît* n'est pas un texte théorique, elle a été rédigée à partir de l'expérience d'un homme qui connaissait parfaitement la nature humaine et qui savait que les moines pouvaient faillir. Aussi "s'il se rencontre quelque frère opiniâtre, ou désobéissant, ou superbe, ou murmurateur, ou transgresseur habituel de la sainte règle en quelque point, ou contempteur des ordres de ses anciens, ceux-ci l'admonesteront en particulier une première et une seconde fois" (chapitre 23). La troisième fois, il sera réprimandé publiquement au chapitre et devra obtenir le pardon de ses fautes par une pénitence et une satisfaction convenables. Si tout cela ne suffit pas, des mesures plus sévères devront être prises : d'abord l'excommunication (au sens monastique et non ecclésiastique), puis – si le moine "est dur de cœur" – le châtiment corporel.

Diverses mesures d'excommunication,

plus ou moins sévères, existaient. Le moine coupable de fautes légères était privé de la participation à la table commune et devait prendre ses repas plus tard, en fait plusieurs heures après ses frères. En plus de cette mise au ban du réfectoire, le moine fautif ne pouvait chanter ni psaume ni antienne, ni réciter de leçon dans l'église. Si la faute était plus grave, le coupable était exclu du réfectoire et de l'église, et aucun frère ne pouvait lui tenir compagnie ni lui parler. Il était seul au travail et devait manger seul aussi, à l'heure déterminée par l'abbé. Sa nourriture n'était pas bénie, et de même ceux qui passaient près de lui ne pouvaient le bénir.

Si après toutes ces pénitences, le moine coupable ne s'amendait pas, l'abbé disposait encore de trois solutions. Premièrement, il pouvait faire battre le moine au chapitre. Si le châtiment corporel n'était pas plus efficace, il devait employer le remède des prières, les siennes et celles de tous les frères. Enfin, si le coupable ne se corrigeait toujours pas, on devait le chasser du monastère, "afin qu'une brebis malade n'infecte pas tout le troupeau".

Saint Benoît ne fait pas allusion aux prisons monastiques et on ne sait à quelle époque ces dernières ont fait leur apparition. Les autres ordres (par exemple Cluny) en avaient très certainement, et bien que les coutumiers cisterciens du XIIe siècle ne mentionnent pas ce bâtiment, les monastères de l'ordre devaient posséder des prisons au siècle suivant. Un statut de 1206 autorise les abbayes à construire une prison, puis en 1230 il est précisé que ces bâtiments doivent être "solides et bien clos". Néanmoins il est à noter que ces dates correspondent à une période agitée par les rébellions et insubordinations répétées des frères convers.

Dans la seconde moitié du XIIIe siècle, des peines de prison, parfois à vie, ont été infligées avec un certaine régularité à différentes sortes de criminels – voleurs, incendiaires, faussaires, meurtriers et "auteurs du vice inavouable". Certaines maisons avaient même le droit de prononcer la peine capitale. C'est ainsi qu'en 1302, Tintern s'est vu accorder le droit de pendre les malfaiteurs, et l'abbaye d'Aberconwy disposait de ses propres gibets à Maenan. A quelques milliers de kilomètres de là, les abbayes polonaises d'Obra et de Koprzywnica jouissaient – si l'on peut dire – de ces mêmes pouvoirs judiciaires. Ajoutons que Tintern possédait également un jeu de carcans et Basingwerk son propre pilori.

Il semble également que certaines abbayes passaient des accords avec les autorités séculières locales, qui leur permettaient d'utiliser leurs prisons. Par exemple, au XVe siècle Margam, dans le Sud du pays de Galles, avait le droit d'incarcérer les mécréants dans les cachots du château d'Ogmore (en échange l'abbaye devait rémunérer le geôlier) et Strata Florida avait passé le même type d'accord avec le château d'Aberystwyth. Ailleurs, les abbayes disposaient de leur propres prisons.

Pour replacer la question dans son contexte, il ne faut pas oublier que lorsqu'une personne entrait dans un monastère, elle devenait, par essence, la propriété du monastère. En outre certaines maisons n'étaient pas assujetties aux procédures juridiques normales, c'est-à-dire que, dans ce cas, les terres de l'abbaye n'étaient pas du ressort de la juridiction des autorités séculières. Ce n'était pas cependant une règle générale et il convient d'insister sur le fait que la situation était particulière à chaque pays, à chaque époque et à chaque abbaye. Là où ces coutumes étaient en vigueur, un moine ou une nonne coupables de crimes graves n'étaient pas soumis aux lois séculières de la région et n'étaient passibles de peines qu'à l'intérieur de la clôture.

Il convient également de signaler que les malfaiteurs séculiers qui commettaient des crimes dans le domaine de l'abbaye étaient eux aussi jugés et condamnés par l'abbé (qui avait alors les attributions d'un seigneur féodal). Ces délinquants purgeaient leur peine (de prison ou autre) dans l'enceinte de l'abbaye. Par conséquent, les cachots, carcans, piloris et gibets du monastère n'étaient pas réservés aux seuls religieux. Mais là encore les coutumes dépendaient du lieu et de l'époque et les relations précises entre l'abbaye, l'Eglise et le monde séculier dans le domaine de l'administration de la justice étaient souvent très compliquées.

La prison n'est pas construite selon un modèle architectural établi et son emplacement n'obéit à aucune règle. Ces structures ont évolué et se sont transformées au fil des siècles. Parfois, comme à Neath, il est difficile de savoir si la pièce ménagée sous l'escalier de nuit servait à enfermer des criminels ou des livres. Selon certains c'est cet emplacement qui aurait servi de prison dans plusieurs monastères français. Néanmoins, les cachots dans la porterie semblent assez fréquents ; il s'agit d'une sorte de tradition au Moyen Age – c'est là que se trouvaient les cachots dans les châteaux – et cette solution était utilisée à Tintern, où le portier remplissait les fonctions de geô-lier, et à Pontigny.

A Fountains les cachots étaient situés dans le sous-sol du logis abbatial (reconstruit au XIVe siècle) et on y accédait par une cour extérieure ainsi que par un escalier à vis qui descendait de la salle de l'abbé. Chaque cellule possédait ses propres latrines et un anneau en fer scellé au sol auquel on attachait les chaînes des prison-niers. Lors des fouilles entreprises au milieu du XIXe siècle, on a trouvé l'inscrip-tion *Vale libertas* (Adieu liberté!) sur le mur du cachot situé à l'extrémité sud. Des fers ont été trouvés à Strata Florida et à Roche ; ceux de Roche étaient munis d'un cadenas avec un barillet à double ressort et un trou de serrure rectangulaire.

En 1708, une prison pour laïcs était aména-gée dans un des bâtiments du *monasterium vetus* de Clairvaux, sur le premier site oc-cupé par Bernard et ses compagnons. Ironie du sort – si l'on pense que Clairvaux est aujourd'hui un établissement péniten-tiaire de haute sécurité –, cet édifice est tou-jours debout, quoiqu'en état de délabre-ment. Il se trouve à environ 300 mètres à l'ouest de l'abbaye, à l'intérieur de la clô-ture mais très éloigné du cloître. Rien ne permet de penser que cette structure du XIIe siècle ait été dès l'origine conçue comme prison et c'est même peu probable. Tout ce que l'on peut dire c'est qu'elle était réser-vée à cet usage en 1708.

L'infirmerie

Saint Benoît consacre le chapitre 36 de sa Règle aux frères malades, pour lesquels il prévoit des soins particuliers ainsi qu'un logement à part et un frère pour s'occuper d'eux. Cependant, dans ce domaine encore plus qu'ailleurs, l'interprétation de la Règle, les connais-sances médicales et l'architecture permet-tant de répondre à ces besoins ont considé-rablement évolué tout au long du Moyen Age et les changements sont attestés aussi bien par les documents cisterciens que par les vestiges des édifices.

La fonction essentielle de l'infirmerie était d'apporter des soins aux moines malades, sans jamais oublier qu'ils restaient avant tout des moines malgré leur état de santé. L'infirmerie était dirigée par l'infirmier, qui prenait toutes les décisions concernant ses malades mais devait obéissance à l'ab-bé. Si l'infirmier ne recevait pas d'ensei-gnement en médecine (les études médi-cales étaient interdites aux cisterciens, même lorsque les universités sont deve-nues plus courantes), il connaissait en revanche les plantes médicinales et leurs propriétés curatives. Il était entièrement maître dans son fief ; l'entrée dans l'infir-merie était strictement réglementée, par exemple personne ne pouvait déranger l'infirmier tant que celui-ci se trouvait auprès d'un patient. Si le portier cherchait l'abbé, il devait attendre sur le seuil et se manifester par un signe ou un son.

Le silence qui était imposé avec rigueur dans le reste de l'abbaye pouvait, sous cer-taines conditions, être moins strict dans l'in firmerie, de sorte que l'infirmier pût parler aux malades aussi souvent que nécessaire et mieux les soigner. L'infirmier était tenu de mener au sein de la communauté une vie monastique aussi régulière que le permettait sa charge ; il devait observer le grand silence de la nuit, à moins qu'un moine gravement malade n'eût besoin de lui. Il était autorisé à pénétrer dans la cuisine et le réfectoire autant de fois que nécessaire ; le samedi il lavait les pieds des malades qui le demandaient et secouait leurs vêtements. Si les malades étaient nombreux et capables de se servir à table sans assistance, l'infirmier pouvait rejoindre la communauté dans le réfectoire après avoir apporté la nourriture à ses patients. En revanche, lorsqu'il n'y avait qu'un seul malade, l'infirmier restait auprès de lui pendant les repas, ainsi que pour la *collatio*, complies et même vigiles, sauf si le prieur envoyait quelqu'un pour le remplacer.

Les coutumiers du XIIᵉ siècle nous apprennent que les malades étaient divisés en trois groupes : premièrement, les moines qui venaient de subir la saignée, qui étaient des malades temporaires (à l'exception des malheureux qui souffraient de complications et devaient être admis à l'infirmerie); le deuxième groupe, une sorte d'état intermédiaire, était composé des moines dont l'état de santé exigeait qu'ils fussent *extra chorum* (exclus du chœur) mais qui n'étaient pas suffisamment malades pour être transportés à l'infirmerie ; quant au troisième, il regroupait tous les moines qui séjournaient à l'infirmerie, de ceux qui souffraient de maladies graves et étaient alités jusqu'aux convalescents qui n'étaient pas encore complètement rétablis pour pouvoir réintégrer le chœur.

En ce qui concerne la première catégorie, dont les effectifs étaient les plus nombreux et les plus constants, nous avons déjà décrit le déroulement de cette opération dans la partie consacrée au chauffoir (voir le chapitre 8), puisque c'était là, d'après les *Ecclesiastica officia*, qu'avait lieu la saignée. Pour se remettre de cette épreuve, les moines s'allongeaient dans le dortoir ou s'asseyaient dans le cloître ou la salle capitulaire. Ils récitaient un office de vigiles plus court dans l'infirmerie ou la salle capitulaire et assistaient – sans participer au chant – aux autres offices dans l'arrière-chœur. Ils étaient également autorisés à dormir plus longtemps.

La deuxième catégorie, les malades placés *extra chorum*, regroupait tous les cas plus ou moins indéterminés. Par exemple, si un frère souffrait d'une maladie qui ne pouvait être guérie par des séjours prolongés à l'infirmerie, il devait signaler son état au chapitre. L'abbé décidait alors quelle place le moine occuperait dans l'église ainsi que les chants, la lecture et le travail qui convenaient à son état de santé. En revanche, lorsque la maladie n'était pas encore identifiée, le moine était exclu du chœur pendant un jour ou deux ; si l'on ne constatait aucune amélioration, l'abbé pouvait décider de l'envoyer à l'infirmerie. Toutes les fois qu'un frère quittait le chœur pour des raisons de santé, il devait demander pardon au chapitre suivant, même si c'était l'abbé qui lui avait enjoint de rester *extra chorum*. Tant qu'il était exclu du chœur, il devait suivre les mêmes règles que les moines qui venaient de subir la saignée.

Le troisième groupe était composé des moines vraiment malades, qui étaient admis à l'infirmerie. L'infirmier allait prendre les affaires du malade dans le réfectoire et le dortoir, et ce dernier restait à l'infirmerie jusqu'à son complet rétablissement. Lorsque le moine pouvait retourner dans le chœur, c'est-à-dire à la vie normale, l'infirmier ramenait ses affaires à leur place.

Les malades étaient autorisés à parler avec l'infirmier, mais seulement si c'était absolument nécessaire et même alors ils devaient le faire à voix basse et dans un lieu déterminé. Toutefois, les moines qui contractaient soudainement une maladie grave, telle qu'une fièvre, pouvaient parler, à voix basse, avec l'infirmier aussi souvent que nécessaire. Lorsque le malade était suffisamment rétabli pour pouvoir se lever, il devait de nouveau observer la règle du silence car, bien que ses devoirs fussent limités, il était toujours soumis à la discipline monastique. Ces moines ne pouvaient se rendre à l'église que pour les offices et ils ne devaient pas déambuler dans le cloître. En outre, si la maladie dont souffrait un moine n'était pas d'ordre digestif – par exemple s'il avait un abcès –, son régime n'était pas modifié et il devait garder le jeûne avec le reste de la communauté. Tant qu'aucun diagnostic n'était établi, le moine ne pouvait ni travailler ni lire ; ensuite, les malades reprenaient ces deux activités, mais en suivant des heures fixes et non leur bon vouloir.

L'infirmerie fonctionnait un peu comme un mini-monastère[1]. Dans la mesure du possible, le silence était observé et la célébration des offices se déroulait exactement comme dans la communauté. L'infirmier allumait le cierge pour les matines, prenait les livres nécessaires pour l'office dans l'église et les ramenait ensuite. Il devait choisir le frère le plus qualifié pour chanter les heures et faire la lecture. Les moines qui le pouvaient assistaient à la messe et aux offices de la communauté, à l'exception des vigiles qui étaient chantées dans l'infirmerie à la même heure que dans l'église. Le dimanche après tierce, l'infirmier amenait de l'eau bénite dans l'infirmerie et le soir avant complies il rangeait tous les livres dans la bibliothèque du cloître. Après le chapitre de la communauté, il informait les malades des moines, vivants ou morts, pour lesquels on devait offrir des prières, mais il lui était interdit de parler des autres affaires discutées au chapitre. Dans la mesure où leur état de santé le permettait, les malades étaient censés participer autant que possible à la vie communautaire : ils se rendaient au chapitre le premier dimanche de carême pour recevoir leur livre, se déchaussaient dans l'infirmerie après laudes le vendredi saint (à l'heure où le reste de la communauté faisait de même dans le dortoir), assistaient aux enterrements dans le cimetière et participaient aux activités quotidiennes, et même aux travaux saisonniers, par exemple lors de la moisson lorsque tous les bras étaient nécessaires. Comme nous l'avons dit au début, les moines qui étaient dans l'infirmerie, bien que malades, restaient avant tout des moines.

L'emplacement réservé à la salle des malades dans les premiers monastères cisterciens n'est pas vraiment connu. L'infirmerie n'est pas mentionnée dans la liste des bâtiments que les moines doivent impérativement trouver lors de la fondation. Pourtant les *Ecclesiastica officia* nous

1. David N. Bell, "The English Cistercians and the Practice of Medicine", *Cîteaux, comm. cist.,* t. 40, 1989, p. 139-74 ; *id.,* "The Siting and Size of Cistercian Infirmaries in England and Wales", in *Studies in Cistercian Art and Architecture,* Vol. 5., Kalamazoo, (à paraître)

disent que l'infirmier peut se rendre dans la cuisine et dans le réfectoire pour prendre ce dont il a besoin, ce qui permet de penser qu'une structure devait être prévue pour les malades et les blessés, mais nous ne pouvons pas être plus précis. C'était peut-être une construction en bois, remplacée par la suite par les magnifiques infirmeries en pierre du XIIIe siècle, ou bien une salle à part dont la fonction première n'a pu être retrouvée par manque d'indices architecturaux.

Quoi qu'il en soit, au XIIIe siècle les cisterciens entreprirent la construction d'infirmeries spacieuses en pierre, telles que les splendides édifices qui sont conservés à Ourscamp et Eberbach, ainsi que d'autres tout aussi magnifiques en brique, comme à Aduard au Pays-Bas. L'infirmerie d'Eberbach fut construite vers 1220 ; longue de 38 mètres et large de 16 mètres, elle était divisée en trois vaisseaux de huit travées et couverte de voûtes d'arêtes. Une petite chapelle rectangulaire fut greffée au sud au cours du XIVe siècle. Des ruines exceptionnelles sont visibles à Furness (pl.14 I) et Fountains, et des fouilles ont permis de trouver un exemple très intéressant à Beaulieu (Hampshire). Cîteaux possédait deux infirmeries à l'est du cloître des moines : l'infirmerie ordinaire, un modeste bâtiment à étage avec un jardin clôturé, et la grande infirmerie (à laquelle la littérature postérieure a donné le nom peu engageant de "salle des morts"), un édifice de trois vaisseaux qui mesurait 52 mètres de longueur et qui était encore debout au début du XIXe siècle.

Ces structures monumentales sont toutes implantées à l'est du cloître et offrent les mêmes dispositions : une grande salle, une "cuisine du gras" (où l'on préparait la viande), un réfectoire, une chapelle et des latrines. Dans les grandes abbayes, cet ensemble ouvrait parfois sur son propre cloître (il s'agissait, nous l'avons vu, d'un mini-monastère) et, par égard pour les malades, une galerie couverte reliait habituellement l'infirmerie à l'église ou au grand cloître. A Fountains, le jardin des simples a disparu depuis plusieurs siècles mais on peut toujours voir le chemin qui y menait.

Les malades étaient autorisés à manger de la viande – tout un luxe –, qui était toujours préparée dans la cuisine du gras et non dans la cuisine régulière du monastère. Ceux qui n'étaient pas trop faibles prenaient leurs repas dans le réfectoire mitoyen à la cuisine, dit réfectoire de miséricorde (du latin *misericordia*). Comme le régime carné s'imposa de plus en plus à partir du XIVe siècle, un certain nombre d'abbayes firent agrandir ce réfectoire, tandis que dans d'autres, comme à Forde, Furness, Kirkstall et Jervaulx, il fut entièrement reconstruit.

La salle principale de l'infirmerie – d'abord un vaste espace non compartimenté impressionnant – était éclairée par de grandes fenêtres qui permettaient également d'aérer la pièce. Cette salle pouvait être chauffée en hiver. Dans les premières infirmeries, comme à Beaulieu et Waverley, un foyer était disposé au centre de la pièce (d'autres cheminées ont été ajoutées depuis); puis avec le développement des cheminées au XIIIe siècle, on remplaça ces foyers par des cheminées adossées, comme celles que l'on peut voir à Fountains, Furness et Jervaulx.

A la fin du XIVe siècle, la notion de vie privée s'impose et ces grandes salles vont suivre la même évolution que les dortoirs et seront divisées en chambres individuelles. Les abbayes anglaises – Fountains, Jervaulx, Kirkstall, Meaux, Tintern et Waverley – nous ont laissé des preuves archéologiques et documentaires incontestables ; la chronique de Meaux précise même qu'on ne doit accueillir qu'un seul moine par chambre. La division de l'espace entraîna cependant une réduction importante du nombre de lits ; mais comme ces remaniements coïncidèrent à peu de choses près avec l'épidémie de peste noire, alors qu'on avait un besoin plus pressant de tombes que de lits, et que la population de beaucoup d'abbayes ne retrouva jamais son niveau antérieur, la diminution de l'espace ne se transforma pas en problème architectural.

Au XIIe siècle, l'infirmier, tout comme l'abbé, devait coucher dans le dortoir avec le reste de la communauté. Cependant avec l'augmentation de la population monastique et l'importance croissante des infirmeries, cette disposition fut vite dépassée et l'infirmier s'installa dans une chambre à part. A Jervaulx, il disposait de deux pièces: un séjour avec une cheminée et une chambre à coucher avec des latrines. A Roche, la maison indépendante datant du XIIIe siècle, dont on peut voir les vestiges à côté du logis abbatial, semble avoir été celle de l'infirmier.

Les frères convers avaient leur propre infirmerie, tout comme les moines. Celle de Fountains a été construite non loin de quatre grands égouts, qui assuraient une parfaite évacuation, et mesurait 30 mètres sur 20. Des bandes visibles au sol indiquent que la salle fut divisée à une époque tardive en chambres individuelles. Des dispositions similaires se retrouvent à Roche, où chaque chambre disposait d'une cheminée adossée au mur.

L'ancienne infirmerie de la prospère abbaye d'Orval fut remplacée en 1761 par un bâtiment immense, avec sa propre chapelle et sa cuisine. La nouvelle infirmerie, qui pouvait accueillir environ 120 personnes, avait trois services : un pour les moines profès, un autre pour les frères convers et le troisième pour les nombreux domestiques et employés de l'abbé. Comme nous allons le voir dans la partie consacrée à la zone de la porterie, les cisterciens ne s'intéressaient pas seulement à la santé de leurs frères, puisqu'ils dirigeaient aussi des hôpitaux pour laïcs aux alentours de leurs abbayes.

Le cimetière

Les *Ecclesiastica officia* décrivent de façon précise les dispositions à prendre lorsqu'un moine est à l'agonie, puis lorsqu'il meurt. Les instructions sont longues et minutieuses, ce qui n'a rien de surprenant puisque la mort était, en fin de compte, le moment auquel le moine s'était préparé pendant toute sa vie. C'était la transition heureuse de ce monde de péché et de souffrance à la béatitude éternelle de l'au-delà. On comprend donc pourquoi l'heure du passage était entourée d'une telle solennité.

Lorsqu'un moine ou une moniale (car ce que nous allons décrire s'applique à tous les cisterciens, qu'ils soient hommes ou femmes) est à l'agonie, on frappe la *tabula lignea* à coups redoublés et on sonne la cloche du monastère à quatre reprises. A ce signal, tous les frères, où qu'ils se trouvent, accourent au chevet du moribond pour assister aux derniers rites – onction, confession et absolution, et viatique – et à son départ joyeux vers le Paradis. Pour cette cérémonie, on dépose par terre, sur des cendres formant une croix, la natte du moine recouverte d'un drap grossier sur laquelle repose le moine. Cette coutume n'est pas spécifique aux cisterciens et remonte aux premiers siècles, car saint Martin lui-même disait à ses disciples qu'un chrétien doit mourir dans de la bure et la cendre.

Lorsque le mourant a rendu son dernier soupir en présence de ses amis et de ses frères, la communauté se retire ; puis le corps est transporté dans une salle proche de l'infirmerie – la salle des morts – et déposé sur une pierre (à Clairvaux la pierre où fut déposé le corps de saint Bernard devint un objet de vénération). En l'absence de salle des morts, cette cérémonie avait lieu dans l'infirmerie. Le corps est ensuite déshabillé, minutieusement lavé des pieds à la tête avec de l'eau chaude, puis revêtu de la tunique et de la coule cisterciennes. On le porte en procession jusqu'à l'église, où il est placé sur une civière dans le chœur. S'il reste suffisamment de temps pour célébrer l'office des morts, l'enterrement a lieu le jour même ; sinon le corps, veillé par des membres de la communauté psalmodiant à voix basse les offices et le psautier, passe la nuit dans l'église, et les obsèques sont célébrées le lendemain.

Après l'office, on sort par une porte percée dans le mur du transept du côté opposé au cloître – cette porte des morts est encore visible dans de nombreuses églises – pour se rendre dans le cimetière contigu à l'église.

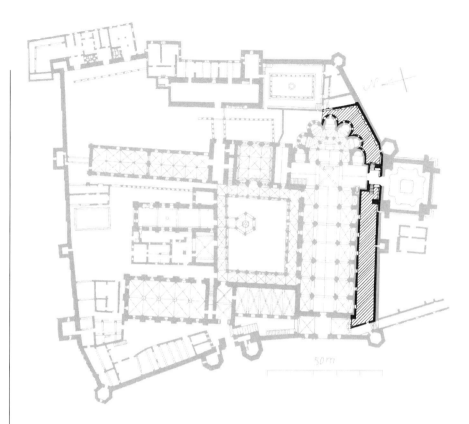

Là le corps est délicatement déposé – selon un rituel précis – dans une fosse, sans cercueil. Le visage du mort est caché par le capuchon de la coule. L'infirmier doit descendre dans la fosse pour recevoir le corps et l'arranger convenablement. Toute la communauté assiste à la cérémonie, y compris les moines malades si rien ne s'y oppose. Dans la plupart des grandes abbayes, on creusait toujours une fosse pour le mort suivant et jusqu'au XVIIe siècle les tombes étaient anonymes. C'est à cette époque que fut introduite la coutume de marquer l'endroit d'une croix en bois sur laquelle on inscrivait le nom du moine et l'année de sa mort. Les moines – et plus spécialement les frères convers – mouraient parfois loin de leur abbaye. Dans ce cas, le corps était, si possible, ramené solennellement en communauté et on célébrait alors les mêmes

Le cimetière à Poblet.

obsèques. Il pouvait parfois s'écouler plusieurs jours, ou bien plus, avant que le corps n'arrivât à l'abbaye. C'est probablement de telles coutumes qui ont incité les compilateurs des *Ecclesiastica officia* à préciser que le corps doit être déposé dans le chœur "sauf si l'odeur est trop forte pour qu'on puisse le placer dans l'église". On le voit, les *Ecclesiastica officia* étaient on ne peut plus pratiques.

Le cimetière était normalement situé contre l'église, du côté opposé au cloître, et parfois légèrement à l'est. Certains grands monastères avaient plusieurs cimetières – ou des divisions – réservés aux différents groupes de la communauté ; les moines et les frères convers, qui avaient vécu chacun de leur côté, étaient aussi séparés après la mort. Quant aux abbés, ils étaient souvent inhumés sous le cloître, entre la salle capitulaire et l'église, ou bien dans la salle capitulaire ou dans l'église.

Les laïcs qui rendaient l'âme dans l'abbaye – et étant donné l'hospitalité cistercienne, ils pouvaient être nombreux – étaient enterrés dans le cimetière des laïcs. Un statut ancien autorise les moines à demander que deux amis ou parents, et leurs épouses, soient inhumés dans ce cimetière. C'était en effet considéré comme un privilège, car un monastère était certainement l'endroit sur terre, s'il en est, le plus proche du ciel.

Généralement le cimetière n'était pas très grand et la place devait manquer lorsque des épidémies ravageaient le pays. En fait, au Moyen Age la pratique la plus répandue consistait à laisser les corps en terre pendant un certain temps. Ensuite on les exhumait et on déposait les ossements dans une fosse prévue à cet usage ou dans un ossuaire près du cimetière, qui pouvait prendre parfois la forme d'une crypte surmontée d'une chapelle.

Nous l'avons déjà dit, la plupart de ces cérémonies et coutumes n'étaient pas typiquement cisterciennes. Tous les ordres monastiques suivaient à peu près les mêmes rituels, car partout la mort était le moment le plus important de la vie du moine. Nous n'avons donné qu'un récit succinct de cet événement majeur et nous conseillons à tous ceux qui voudraient approfondir la question de se plonger dans les *Ecclesiastica officia*, où ils trouveront une formidable mine d'informations.

Bâtiments divers

Saint Benoît recommande que le monastère soit établi de manière que "l'on y trouve toutes les choses nécessaires, c'est-à-dire de l'eau, un moulin, un jardin, une boulangerie et des officines, pour que l'on puisse exercer au-dedans les divers métiers, en sorte que les moines n'aient aucune nécessité de courir au-dehors ; ce qui n'est aucunement avantageux à leurs âmes" (chapitre 66).

Les structures que nous venons de décrire – noviciat, bibliothèque, infirmerie, cimetière, etc. – et les fonctions qu'elles remplissaient ont un caractère à peu près universel dans les abbayes cisterciennes, mais ce ne sont pas là les seuls aménagements requis par le mode de vie cistercien et par les activités qu'exerçaient les moines. Un examen, même rapide, des plans tardifs fait apparaître toute une panoplie de jardins – grands et petits, clôturés ou non –, vergers, bassins et viviers, ainsi qu'une multitude d'autres structures utilitaires en fonction de l'époque et du lieu. On trouve des écuries, des étables pour les bêtes de trait, des chenils pour les chiens de garde, divers enclos à moutons et à cochons, et des ruches. Beaucoup de monastères avaient également un colombier (pl. 14 III), car les pigeons et autres palombes fournissaient au Moyen Age une viande nourrissante et peu coûteuse pendant les périodes de disette hivernale. Certes, dans les premiers temps la viande n'était autorisée que pour les seuls malades et ce n'est qu'à partir du XIVᵉ siècle que les choses vont changer ; néanmoins, même s'ils n'avaient pas le droit de les manger, les moines pouvaient élever les oiseaux pour les vendre. On pouvait également trouver quelque part dans l'enclos de l'abbaye un lavoir, car à certaines époques de l'année les lessives devaient être impressionnantes.

Ajoutons à cela les nombreux bâtiments extérieurs destinés à la préparation de nourriture et de boissons, pour les moines, les frères convers, les hôtes et les indigents qui venaient demander l'aumône. Au XIIIᵉ siècle, l'abbaye de Villers en Brabant cuisait chaque semaine 2100 miches de pain qu'elle distribuait aux pauvres. Les abbayes devaient donc disposer d'une boulangerie, d'une brasserie, d'une malterie et, certaines, d'une glacière, qui permettait de conserver la nourriture en plein été. Les glacières pouvaient être des sortes de grottes aménagées dans les collines, dont l'intérieur était recouvert de pierres soigneusement dressées, le tout fermé par une porte solide pour empêcher la chaleur et les bêtes d'entrer. Il subsiste à Clairvaux une glacière en forme d'œuf dans la colline qui se trouve près de la deuxième porte, et

à Longpont on connaît deux structures de ce type. L'une d'elles est en parfait état, alors qu'il ne reste qu'une moitié de la seconde, laquelle a été transformée en une niche avec une statue du Christ qui donne aujourd'hui sur la *rue de la Glacière*.

Outre les différentes granges dirigées par les frères convers à l'extérieur de l'enceinte, une ferme ou grange – *grangia intra muros* – était en général aménagée à l'intérieur de l'enclos abbatial (pl. 14 IV C-D). Elle se trouvait soit à côté de la porterie, pour en faciliter l'accès, soit plus près des champs, auquel cas on y parvenait par une autre porte prévue plus loin dans le mur d'enceinte. Ces bâtiments – dont certains sont immenses – ont été parfois pris à tort pour des granges dîmières. Silvacane dans le Midi de la France, Vauluisant en Bourgogne et Buckfast dans le Devonshire possèdent toutes trois des granges près de l'église, tandis qu'à Clairvaux la grange de l'abbaye – un vaste hangar de cinq vaisseaux – se trouvait dans la partie la plus occidentale de l'enceinte, près de la deuxième porte.

Il fallait également prévoir des ateliers et bâtiments à usage industriel, qui permettaient de pourvoir aux différents besoins de l'abbaye et qui étaient indispensables pour l'exploitation agricole : moulins, forges, ateliers de tissage et tanneries où s'activaient forgerons, maréchaux-ferrants, charrons, tonneliers, tisserands et cordonniers. La forge de Fontenay est un remarquable exemple de ce type de structure : à l'origine un moulin, le bâtiment fut agrandi au XIIIᵉ siècle pour accueillir la forge. Des moulins de toute sorte sont également très courants : moulins à céréales, moulins à huile, moulins à foulon. A Beaulieu comme à

Fountains, en Angleterre, un bâtiment a été identifié comme étant un atelier de tissage, ce qui n'a rien d'étonnant puisque l'élevage de moutons était la principale activité des abbayes anglaises. L'économie de chaque monastère devait dicter la construction d'autres ateliers et bâtiments à usage industriel adaptés à chaque situation.

On a tendance à penser que si la construction d'un édifice est soignée – pierre de taille de qualité, chapiteaux ou culots sculptés de motifs géométriques ou de feuillages, rebords des baies aux arêtes abattues –, c'est qu'il a été conçu pour une activité "noble" et qu'il s'agit donc sinon d'un oratoire, du moins d'une maison d'habitation. En partant de cette idée fausse, on a conclu que certains bâtiments à usage industriel ou agricole étaient des chapelles, des maisons abbatiales, des hôtelleries…, sans examiner les caractéristiques fonctionnelles de l'édifice (sur des photographies, la forge de Fontenay a été à plusieurs reprises confondue avec l'église abbatiale).

L'abbaye de La Trappe, célèbre pour l'ardeur de l'abbé à qui l'on doit la réforme du XVIIe siècle, ne conserve qu'un seul bâtiment médiéval et non des moins impressionnants. Implanté juste au nord des bâtiments réguliers (l'ensemble est moderne mais a été reconstruit sur l'emplacement médiéval), cet édifice s'élève sur deux niveaux, surmontés par l'étage des combles où une splendide charpente reçoit la couverture du toit (pl. 14 IV A). L'appareil en grès rouge local avec çà et là des pierres calcaires gris clair est du plus bel effet. Le rez-de-chaussée est divisé en deux salles voûtées de croisées d'ogives ; la plus spacieuse présente trois colonnes centrales et, adossées

au mur, des colonnes alternées de section octogonale et cylindrique (pl. 14 V). Après le Moyen Age, il a été utilisé successivement comme grenier, pour stocker des pommes, comme pressoir à cidre, pour les réunions du *Definitorium* de la Stricte Observance et comme boulangerie, sans qu'on sache au juste quelle était sa fonction première. En raison du soin, voire de la recherche, apporté à la construction et aux détails architecturaux de cet édifice spacieux (pl. 14 IV B), certains ont avancé qu'il s'agissait du premier oratoire, tandis que d'autres pensent que c'était l'hôtellerie. Cependant l'origine industrielle du bâtiment est fortement corroborée par plusieurs éléments : il est implanté tout près du bief d'un moulin (aujourd'hui condamné) et le moulin (auquel on devait accéder à l'origine par une porte) fonctionnait sur ce cours d'eau encore au XIXe siècle. Qui plus est, de l'extérieur la ressemblance avec le moulin à céréales de l'abbaye de Fountains est frappante.

Il ne fait aucun doute que d'autres bâtiments – ou du moins certaines parties – subsistent mais n'ont pas encore été identifiés. Les structures à usage industriel ou agricole ont souvent été épargnées par les grandes campagnes de reconstruction menées par les moines ainsi que par les révolutions et les vicissitudes post-monastiques, en raison précisément de leur fonction utilitaire. Les moulins et les granges, qu'ils soient utilisés par des cisterciens ou par des laïcs, n'ont pas besoin de subir de transformations majeures pour continuer à donner satisfaction. Ce sont plutôt les progrès technologiques de l'agriculture au XXe siècle qui ont rendu ces bâtiments obsolètes, les condamnant du même coup à l'oubli et à la ruine, mais beaucoup restent encore à découvrir et pour cela il nous faut approfondir notre connaissance de l'environnement cistercien qui les a vu naître.

L'hôtellerie, la porterie et le mur d'enceinte

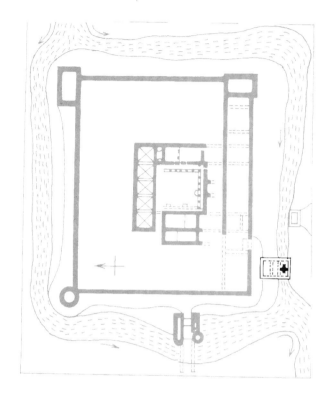

La porterie à Falkenau.

D'un point de vue économique, un monastère médiéval fonctionnait un peu comme un manoir, mais ses dispositions topographiques étaient plutôt celles d'une ville du Moyen Age. Ainsi, de même qu'une citadelle disposait de trois niveaux de défense – les remparts, les cours extérieures du château et le donjon –, de même le monastère avait trois niveaux de ce qu'on pourrait appeler sécurité spirituelle. Le mur d'enceinte correspondait aux remparts, l'enclos, domaine privé des moines, aux cours extérieures du château, et l'église au donjon.

Sur le plan de Saint-Gall, le monastère n'est pas entourée par une clôture, et rien ne permet de dire que des murs d'enceinte aient été construits autour des abbayes cisterciennes du XIIe siècle. Il semblerait plutôt que la fixation définitive des limites du domaine monastique au XIIIe siècle et les troubles du XIVe ont contraint les moines d'élever des murs pour délimiter et protéger leur terres, quand les fossés, les cours d'eau et autres frontières naturelles ne constituaient plus une protection suffisante. Le mur de Fountains, très haut et solide – de près de quatre mètres de hauteur, il entourait un domaine d'un peu plus de vingt-huit hectares –, s'élevait à l'est, au sud et à l'ouest de l'abbaye tandis qu'au nord un rocher formait une barrière naturelle. Il fut construit en partie avec des moellons de remploi d'un bâtiment démoli dans les années 1220, quelque quatre-vingt cinq ans après l'installation des moines. De tels murs, s'ils n'arrêtaient pas tous les visiteurs indésirables, étaient certainement dissuasifs.

Ils remplissaient par ailleurs une autre fonction, peut-être tout aussi importante, qui était de délimiter "l'espace sacré" – le retrait symbolique du monde – et permettaient d'un point vue plus pratique de marquer le domaine qui appartenait au monastère. Nous l'avons déjà dit, les abbés cisterciens étaient, en particulier à la fin du Moyen Age, sans cesse occupés par des procès concernant la propriété des terres ; par conséquent la démarcation était un élément vital. Les dimensions moyennes des enclos des abbayes anglaises étaient d'environ dix hectares, mais ceux de certains monastères, comme Rievaulx, étaient presque quatre fois plus grands, tandis que d'autres – en particulier les maisons de moniales – avaient des propriétés beaucoup plus modestes.

Logiquement, le mur ne pouvait être élevé qu'une fois que les limites définitives du domaine avaient été établies, et d'ailleurs les exemples les plus anciens encore debout datent en général du XIIIᵉ siècle. Les murs d'enceinte pouvaient être renforcés ou fortifiés au gré des troubles sociaux et politiques – comme à Clairvaux au XIVᵉ siècle –, mais ils n'ont jamais pu constituer un rempart suffisant contre les exactions d'une certaine soldatesque. En outre, toutes les abbayes n'étaient pas protégées par de tels murs, et le seul moyen dans ce cas de défendre les frontières monastiques contre les voisins avides était de conserver précieusement les actes de donation et de vente.

Généralement l'entrée de l'enclos monastique était gardée par au moins deux porteries : une, ou plusieurs, dans le mur d'enceinte (pl. 14 VIII A), puis une autre – plus importante – à proximité des lieux réguliers, reliée à la première par un passage couvert. De la rivière, on pouvait également accéder au monastère directement par une porte, lorsque les dispositions topographiques l'exigeaient, comme à Tintern. Les porteries étaient des édifices majeurs, aussi bien matériellement que symboliquement, et la porterie, avec l'hôtellerie toute proche, faisait partie des cinq structures indispensables pour l'installation des moines cisterciens sur un nouveau site. De prime abord cela peut sembler étrange, car on pourrait croire qu'il ne s'agit pas de bâtiments essentiels à la vie monastique. Il n'en est rien ; en fait, la porterie et l'hôtellerie font pour ainsi dire partie de la *Règle*, puisque saint Benoît insiste sur le devoir d'hospitalité – "On recevra comme le Christ lui-même tous les hôtes", dit-il au chapitre 53 – et sur la séparation entre le cloître et le monde.

Le moine responsable de la porterie et de ses environs était le portier (*portarius*) qui, comme le dit saint Benoît, devait être "un sage vieillard qui sache recevoir et rendre une réponse" et dont la maturité l'empêchât de profiter de sa situation. Il était, en effet, en contact permanent avec le monde extérieur et ce n'étaient pas uniquement des hommes qui venaient frapper à la porte du monastère. La *Règle* veut que le portier ait un logement près de la porte, mais les *Ecclesiastica officia* l'autorisent – s'il le désire et uniquement l'été – à se reposer dans le dortoir commun après prime ou none. Dans ce cas, son assistant – le sous-portier (*supportarius*) – devait monter la garde à sa place, car cette zone était bien trop stratégique pour être laissée sans surveillance.

Les chapitres précédents ont permis de montrer que les bâtiments entourant le cloître, bien qu'offrant une grande diversité, étaient disposés suivant un plan relativement prévisible. La zone de la porterie est beaucoup plus complexe et, ce qui ne facilite pas notre tâche, de rares exemples ont été étudiés ; d'une part parce que l'importance de la fonction d'interface de ces zones entre les moines et le monde extérieur n'a été vraiment reconnue que récemment, et d'autre part parce que beaucoup ont été radicalement transformées ou tout simplement rasées à la suite de la désaffectation des monastères. Par exemple, la porterie intérieure de l'abbaye de Beaulieu, dans le Hampshire, servit de manoir après la dissolution des monastères. Et ce n'est pas un cas unique, car dans ces périodes troubles la transformation de porteries, de tous les ordres monastiques, en de confortables résidences devint une pratique courante, quand les bâtiments n'étaient pas démolis sans autre forme de procès. Qui plus est, on trouve dans cette zone certaines constructions – debout ou enfouies sous terre – très modestes, dont la fonction n'est pas évidente.

L'ensemble de la porterie permettait de répondre aux différents besoins de ceux qui venaient frapper à la porte du monastère : pèlerins, marchands, hôtes, pauvres et infirmes. Il faisait également office de "centre de tri" en fonction de la situation et de l'origine sociale des visiteurs, car le Moyen Age ne pouvait concevoir qu'on logeât sous le même toit des nobles et des paysans.

Les porteries en pierre qui sont parvenues jusqu'à nous sont pour la plupart des bâtiments à étage avec deux portes ouvrant sur des passages voûtés, l'un pour les piétons et le deuxième pour les véhicules. L'étage est toujours occupé par une ou plusieurs pièces réservées au logement du portier, et un escalier débouchait sur une porte près de l'entrée principale. Etant donné qu'on n'accordait pas toujours l'accès à tous ceux qui frappaient à la porte du monastère – et en aucun cas aux femmes –, la porterie avait normalement une chapelle. Ainsi en était-il à Beaulieu, Meaux et Whalley, en Angleterre, et, en France, aux Echarlis la chapelle fut rajoutée par la suite (pl. 14 VIII B). Ailleurs la chapelle se trouvait *ante portas*, en face de l'entrée principale, comme à Clairvaux et Morimond. Rien qu'en Angleterre, on trouve des ruines de cet édifice à Fountains et Furness, et sa présence est attestée par des

documents à Byland et Meaux ; quant à celles de Coggeshall, Rievaulx, Tilty, Hailes et Merevale, bien que leur architecture ait été transformée, elles sont encore utilisées à l'heure actuelle comme églises paroissiales ; enfin Kirkstead conserve intacte la ravissante chapelle de la porterie du XIIIe siècle, placée sous le vocable de saint Léonard. A Poblet en Catalogne, une chapelle dédiée à sainte Catherine est toujours debout à proximité des ruines d'un hôpital pour les pauvres. Pour passer à des choses moins gaies, ajoutons que la porterie abritait parfois les cachots de la prison monastique – dont nous avons déjà parlé – et le portier pouvait, comme à Tintern, remplir les fonctions de geôlier.

L'hôtellerie, qui se trouvait dans la même zone, avait un dortoir, une cuisine et un réfectoire, et pouvait être de fort belles proportions. C'était le domaine de l'hôtelier (*hospitalis*). A Fountains on trouvait deux hôtelleries, toutes deux construites dans les années 1160 par l'abbé Richard et réservées aux hôtes de marque. Chacun de ces édifices comprenait des suites indépendantes à chaque étage, avec une salle chauffée par une cheminée, une chambre à coucher et des latrines privées qui s'évacuaient dans la rivière. Les suites à l'étage étaient plus confortables que celles du rez-de-chaussée. L'hôtellerie occidentale était plus petite que celle située à l'est, mais les deux constituent de superbes exemples d'architecture domestique anglaise du XIIe siècle dans un cadre cistercien. A Furness il ne reste pratiquement rien de l'hôtellerie du XIIe siècle, en revanche à la base d'une belle porte on trouve un seuil en pierre sur lequel est gravée la grille d'un jeu de morpion, témoin touchant des passe-temps auxquels pouvaient se livrer ces hôtes du Moyen Age.

Les visiteurs de marque étaient autorisés à assister aux offices dans le fond de la nef de l'église abbatiale, mais ils ne pouvaient communier que s'ils tombaient malades pendant leur séjour dans le monastère. Dans ce cas, le prieur envoyait un prêtre à leur chevet, et si le malade était à la dernière extrémité, des dispositions étaient prises pour célébrer l'enterrement dans le cimetière de l'abbaye.

Dans le premier siècle de la fondation de l'Ordre, la table de l'abbé, où ce dernier prenait ses repas avec des hôtes triés sur le volet, se trouvait dans l'hôtellerie. Mais, nous l'avons vu plus haut, l'abbé ne tarda pas à avoir sa propre maison (celle de Fountains remonte aux années 1160), avec sa propre salle et une table des plus raffinées, où il recevait les visiteurs distingués avec tout l'apparat digne de leur rang.

Il est bien évident que l'hôtellerie ne pouvait se passer de latrines. Celle de Kirkstall avait au XIIIe siècle deux ensembles de latrines, chacun avec trois cuvettes munies de sièges en bois et reliées au système principal d'évacuation. Les égouts passaient ensuite sous les latrines des convers et celles des moines avant de se déverser dans la rivière Aire. L'emplacement exact de l'ensemble de la porterie de Pontigny n'a toujours pas été identifié, mais on trouve dans un document de 1241 un passage énigmatique qui fait un tableau détaillé des égouts de l'hôtellerie. D'après ce texte, un malade de l'infirmerie des pauvres qui souffrait d'une fièvre délirante tomba dans les latrines et fut entraîné dans des profondeurs fétides par un torrent d'eau froide, à travers des passages étroits,

voûtés et tortueux jusqu'au lendemain matin, où on le retrouva près d'une poterne, encore dans l'eau mais miraculeusement guéri de sa fièvre.

Dans cette zone, on trouvait souvent une infirmerie pour les laïcs – le document précédent l'atteste – où étaient soignés les malades et les pauvres qui venaient chercher assistance auprès de l'abbaye. Des recherches récentes en Angleterre ont permis de mettre en lumière l'œuvre remarquable menée par les cisterciens pour apporter des soins médicaux aux pauvres de la région, et à ce jour on a recensé vingt-six infirmeries ou hospices au Royaume-Uni. Et il en reste certainement d'autres à découvrir. De l'autre côté de la Manche, des hospices existaient à Gimont, dans le Sud-Ouest de la France, à Villers en Brabant (une magnifique fondation dirigée par un frère convers), à Buch en Saxe, à Halberstadt en Brandebourg et dans bien d'autres lieux. Certes, l'extension de l'assistance médicale dans les villes rendait la présence des hôpitaux monastiques moins indispensable, mais les abbayes cisterciennes étaient établies loin des centres urbains, dans les campagnes où la maladie, la misère et les accidents faisaient peut-être plus de ravages. C'est ainsi qu'en Angleterre certaines abbayes soignaient encore les populations locales à la veille de la Dissolution des monastères, au XVIe siècle, et en France cette situation dura dans certains cas jusqu'à la Révolution.

C'est à la porterie que se faisait la distribution des aumônes sous la surveillance étroite du portier. Les *Ecclesiastica officia* précisent qu'on doit toujours y trouver du pain, puis un statut du Chapitre Général de 1185 ajoute que les indigents doivent également recevoir des vêtements et des souliers. On sait qu'aux XIIIe et XIVe siècles la tannerie de Meaux, dans le Yorkshire, fournissait vingt peaux tannées pour faire des chaussures pour les pauvres et une quantité considérable de drap en laine foulé. Au XIIIe siècle, à Villers en Brabant, renommée pour les soins qu'elle prodiguait aux pauvres, il sortait chaque semaine de la boulangerie de l'abbaye 2100 miches de pain qui étaient distribuées aux nécessiteux. On sait aussi avec certitude que pendant les périodes de famine, les moines partageaient tous ce qu'ils avaient avec leurs voisins. Même ceux qui n'étaient pas d'ardents défenseurs de l'Ordre – comme Gérard de Galles – louaient la charité des cisterciens. Il ne fait aucun doute que, quelque fût l'époque et le lieu, le devoir de faire l'aumône était rempli par les moines de l'Ordre avec le plus grand sérieux. Au lendemain de la Dissolution, en Angleterre, et de la Révolution, en France, il n'est pas rare de voir les populations locales implorer les autorités pour que soient épargnées certaines abbayes, particulièrement compatissantes et généreuses.

Tout ce que nous venons de dire montre bien que l'ensemble de la porterie ne suivait pas une disposition ordonnée mais s'étoffait au gré des circonstances. L'abbaye de Maulbronn fournit un exemple très intéressant de l'aspect hétéroclite de cette partie de l'enclos monastique. La porte extérieure de l'abbaye, une structure du roman tardif ou du gothique primitif qui était jadis fermée par un pont-levis, ouvrait sur une zone comprenant une hôtellerie, des écuries, une chapelle et un *Kaminhaus*. Ce dernier bâtiment, comme son nom l'indique ("pavillon de la cheminée"), était chauffé par une cheminée centrale et relié à la porterie intérieure.

Le pont-levis de Maulbronn rappelle par ailleurs qu'au cours des périodes agitées les porteries pouvaient être fortifiées. Cependant il fallait pour cela avoir l'accord des autorités séculières, car les fortifications ne faisaient pas partie du domaine strictement privé. Des ouvrages remarquables de ce type sont visibles à Casamari près de Rome – où l'on avait construit en plus une terrasse pour faire le guet – et à Longpont, dont la porterie fut cantonnée d'échauguettes au XIVe siècle (les tours supplémentaires, qui font ressembler aujourd'hui l'édifice à un mini-château sorti tout droit de Disneyland, ont été greffées au XIXe siècle). En Angleterre, le crénelage des porteries et des murs d'enceinte n'était pas rare au XIVe siècle, mais là comme partout ailleurs les abbés devaient demander un permis avant d'entreprendre les travaux. Ces fortifications donnaient aux monastères un aspect impressionnant de l'extérieur, repoussant ceux qui constituaient une menace. Mais elles ne laissaient pas vraiment deviner la charité qui faisait partie intégrante de la tradition cistercienne.

14

Furness. L'infirmerie.

A. Cîteaux. La bibliothèque
(achevée en 1509).
B. Vaucelles. Ruines
de la bibliothèque (1760).

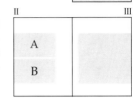

Port-Royal. Le colombier.

A. Chorin. Grange céréalière.
B. La Trappe. Porte sur le mur sud-est
d'un bâtiment à usage industriel
relié jadis au moulin. C. La Trappe.
Intérieur du bâtiment à usage industriel.
D. Lehnin. Grange céréalière.

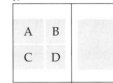

La Trappe. Extérieur du bâtiment
à usage industriel.

Valle Crucis. Logis abbatial dans l'angle
formé par le bras nord du transept
et le dortoir des moines.

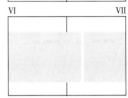

Villers-en-Brabant. Hôtellerie.

A. Beaulieu (Hampshire).
Porterie extérieure.
B. Les Echarlis. Porterie : à droite,
la chapelle ajoutée par la suite.

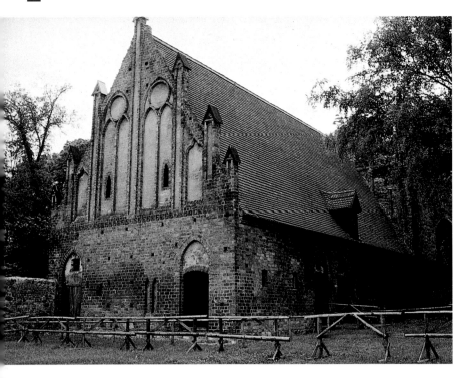

Conclusion

De même que les premiers cisterciens ne pouvaient retrouver l'idéal parfait des pères du désert, de même toute tentative de recherche de l'architecture originelle typiquement cistercienne est vouée à l'échec – en particulier parce que l'architecture, qui n'était pas définie dès le départ ni d'ailleurs par la suite, a évolué tout au long de l'histoire de l'Ordre. Chaque époque est guidée par un regard et une perception particulières, par une pensée et des aspirations, une expérience et une histoire personnelle qui lui sont propres. Et chaque époque voit, interprète et agit, mue par ces mêmes facultés. Quoi de plus naturel, les intentions ont leur propre réalité et le résultat final est souvent bien supérieur aux réalisations reposant sur des faits scientifiquement prouvés, dénués d'âme et d'émotion. Ces deux qualités se dégagent de l'architecture cistercienne, mais d'où provient cette alchimie ?

Pour beaucoup, l'architecture cistercienne est définie par la simplicité des lignes, la nudité des murs en pierre, le tracé en plein cintre des arcs et la continuité des espaces. Cette perception n'est pas fausse, mais peut s'appliquer à nombre d'édifices non cisterciens. Il existe cependant un élément – ou plutôt un ensemble d'éléments – qui permet d'identifier un édifice comme "cistercien". Une description digne de ce nom devrait couvrir l'éventail extrêmement riche et varié des solutions existantes, tout en faisant ressortir le contexte dans lequel ces bâtiments ont vu le jour. Comme nous avons eu l'occasion de le voir tout au long de cet ouvrage, la réalité des constructions témoigne d'une diversité bien plus subtile, complexe et intéressante qu'on ne le croyait jusqu'ici. Quelles conclusions pouvons-nous tirer de toutes ces observations ?

✦ Tout d'abord il apparaît que **nous ne pouvons pas définir un style architectural d'après les commentaires faits au cours du Chapitre Général**. Il est difficile de donner une définition de l'architecture cistercienne en l'absence de règles décrivant ce que cette architecture devait être. Les remarques sporadiques dans ce domaine, concernant le plus souvent une abbaye ou un bâtiment particuliers, indiquent peut-être des tendances mais peuvent difficilement être érigées en théorie. Nous savons ce que le Chapitre Général (ou du moins les abbés présents à une session donnée) ne voulait pas – lorsqu'un abbé était allé trop loin –, mais nous ne savons pas vraiment ce qu'il voulait, dans la mesure où aucune directive n'a jamais été promulguée.

Lorsque l'on parle de l'histoire des cisterciens, on fait la plupart du temps référence à l'institution, alors qu'il s'agit également de l'histoire d'individus. Et les opinions ou les actions d'un individu ne sont pas forcément représentatives de tous les autres membres de l'Ordre. L'autonomie était – et c'est encore le cas aujourd'hui – l'un des principaux fondements de la prise de décision au sein de chaque abbaye. On a trop souvent considéré saint Bernard comme la seule voix de l'Ordre, mais, bien qu'il ait exercé une grande influence, ses opinions et sa vision ne reflétaient pas forcément les opinions et la vision de tous les autres. A la tête de ce corps immense et dispersé – on serait tenté de dire informe –, le Chapitre Général s'est efforcé de guider l'ensemble dans une même direction, mais il était lui-même pris dans la complexe toile politique, aussi bien ecclésiastique que séculière, du Moyen Age.

✤ Il ressort de l'étude des édifices que **l'architecture et l'art cisterciens traduisent différentes formes d'expression ; aucun modèle connu n'était érigé en idéal.** Les exemples reflètent toute la diversité des régions dans lesquelles se sont installés les moines et les moniales, des matériaux disponibles et des styles caractéristiques de l'époque et du lieu. La plupart des constructions qu'on considère aujourd'hui comme "typiquement cisterciennes" doivent en fait beaucoup au style bourguignon de la fin du XIe siècle et du début du XIIe On ne peut trouver nulle part – pas même en Bourgogne, berceau des cisterciens – deux abbayes identiques. L'autonomie, un des fondements essentiels de l'Ordre, s'applique également à l'architecture. Les bâtisseurs ont fait preuve d'une grande liberté dans la conception comme dans la construction, et ce jusqu'aux moindres détails. Tout naturellement, le style architectural de l'époque de plus grande expansion de l'Ordre – le roman tardif avec quelques touches du gothique naissant – a été adopté et adapté dans la plupart des premiers bâtiments cisterciens construits en Bourgogne et dans les maisons-filles, puis il a été transplanté dans des régions éloignées où les cisterciens fondaient de nouvelles abbayes. Cependant nous ne pouvons pas définir un style en comparant les constructions bourguignonnes avec celles que l'on trouve ailleurs. A partir de la deuxième génération, l'influence des styles locaux devient aussi importante que celle du style importé et on assiste à un échange dans les deux sens – les éléments bourguignons trouvent leur place dans les églises paroissiales de la région et les traditions locales sont intégrées aux nouveaux bâtiments cisterciens. En outre, le temps et l'évolution des techniques vont donner sans cesse naissance à de nouveaux dessins d'abbayes cisterciennes. L'unité n'est pas synonyme d'uniformité.

✤ Troisièmement, nous pouvons nous demander ce qui guidait l'abbé lorsqu'il devait faire des choix pour construire les bâtiments de la communauté. Un élément clé, en étroite relation avec le mode de vie cistercien, se cache *derrière* l'architecture : **le silence prescrit par la Règle.** Pour saint Benoît, le silence est primordial, car il permet aux moines de se libérer des distractions qui occupent la plupart du temps les esprits et les langues de ceux qui vivent à l'extérieur de la clôture. Lorsque l'on vit dans le silence, la réflexion sur "des choses d'une plus grande importance", comme le dit si bien saint Bernard, peut alors surgir. La vie cistercienne est entièrement tournée vers la voie qui mène à la restauration en soi de l'image perdue de Dieu et au salut de l'âme. Les moines n'entreprennent pas ce travail ardu tout seuls mais en communauté. Cela peut nous sembler paradoxal, mais c'est là le cœur de la voie cénobitique ; la solitude nécessaire pour atteindre cet objectif est une solitude intérieure, précieusement cultivée en présence des autres frères. Aussi le cadre de vie est-il un instrument servant à édifier les moines au même titre que les livres et les sermons.

Dans le langage courant, le silence décrit une situation sonore, mais nous pouvons étendre cette notion au domaine visuel. Dans nos sociétés contemporaines, nous sommes constamment bombardés (et même "agressés") par des images rivalisant les unes avec les autres pour attirer notre attention, des images toujours plus grandes, étalant des couleurs toujours plus éclatantes, et des photographies tape-à-l'œil et spectaculaires. Lorsqu'un certain seuil est atteint, cette profusion d'images devient un "bruit visuel" qui peut entraîner une diminution de notre perception visuelle générale. Rares sont les personnes qui sont capables de voir, enregistrer, digérer, interpréter et tirer parti du monceau d'images auquel est confronté le citoyen moyen au cours d'une journée (et peut-être ne le souhaitent-elles pas !). Pour ne pas être submergés par ce raz-de-marée visuel, nous filtrons les impacts, mais cette opération n'est pas sélective et nous finissons tout simplement par voir moins bien tout ce qui nous entoure. Parmi les visiteurs qui se rendent dans une abbaye cistercienne, certains sont apaisés par la simplicité des lignes et l'absence d'images, revivifiés par la neutralité du cadre, tandis que d'autres

sont déçus parce qu'il n'y a "rien à voir" – ni sculptures, ni vitraux peints, ni images, ni peintures. Leurs filtres quotidiens sont tellement épais qu'ils ont l'impression que l'édifice est vide, car il n'est pas rempli de grandes images hautes en couleurs. Lors d'une visite prolongée dans cet état d'esprit, les murs renvoient la personne à l'intérieur d'elle-même ; elle peut ensuite aller au-delà ou bien partir. Pour les moines et les moniales, le "silence" de l'architecture est plus qu'un simple apaisement, c'est une nécessité, car les bâtiments mettent en place les conditions favorables au travail spirituel qu'ils sont venus accomplir. La quiétude même des murs est édifiante. La simplicité des lignes, des fenêtres, des parements et des volumes est le reflet du silence imposé par la *Règle* et laisse le champ libre à la réflexion et à l'œuvre de Dieu.

❖ En règle générale, **les images figuratives et la couleur étaient quasiment absentes des bâtiments cisterciens.** Le décor – ou articulation – est plutôt architectural, à base de bandeaux et de moulures, de différentes largeurs, épaisseurs, profils ou matériaux, qui soulignent les lignes de l'édifice. Les surfaces traditionnellement sculptées – culots ou chapiteaux – sont ornées de motifs géométriques ou de feuillages. Les solutions varient à l'infini, les sculptures sont finement ciselées, souvent amusantes et probablement symboliques, comme nous l'avons vu dans la préface. Les sculptures figuratives ne sont pas complètement bannies, mais aux XIIe et XIIIe siècles leur présence est beaucoup plus rare que dans les bâtiments non cisterciens et ces représentations ont généralement une finalité morale, sans pour autant exclure les touches d'humour. Les têtes d'hommes ou d'animaux surgissent de ci de là ; on en trouve parfois près de la fontaine, comme pour mettre en garde les moines, qui se lavent les mains avant de se rendre au réfectoire, contre le péché de gourmandise ; parfois un diablotin se tapit dans un coin du cloître pour rappeler jour après jour aux moines qu'ils ne sont nulle part à l'abri de la tentation. Cependant ces exemples ne sont pas très abondants, et c'est d'ailleurs pour cela qu'on les remarque autant. De même les images peintes sont assez rares, ce qui explique l'impact puissant produit par la Crucifixion représentée dans le réfectoire. Chaque moine et chaque moniale puisait dans la *lectio divina* de nombreuses images servant de support à la réflexion, et les murs nus offraient une sorte d'écran sur lequel ils pouvaient projeter métaphoriquement leur film mental.

❖ Ce qui remplit les abbayes cisterciennes, ce sont **l'éclairage et le jeu de la lumière.** Les rayons du soleil animent le bâtiment pendant la journée, soulignant les reliefs et les concavités et mettant pleinement en valeur les détails architecturaux. Dans ce domaine, le silence joue un rôle primordial, car les paroles détournent l'attention et empêchent de saisir toute la subtilité du jeu de la lumière. Pour expérimenter dans toute sa plénitude le mouvement de la lumière et des ombres, il est nécessaire d'être présent toute la journée, du matin jusqu'au soir, été comme hiver.

Le moine assis dans la même stalle, aux premières loges pourrait-on dire, saisit dans toute sa splendeur l'effet lumineux produit par le lent déplacement de la lumière qui forme – à cause justement de la lenteur de la progression – une toile de fond idéale pour la vie contemplative.

Les photographies choisies dans ce livre illustrent ces cinq points. Les recherches à venir permettront de dégager de nouveaux éléments, car on est encore bien loin d'avoir fait tout le tour de la question. Il serait intéressant par exemple d'entreprendre une étude complète sur l'architecture cistercienne de la fin du Moyen Age et postérieure. Il s'agit en effet d'une période qui n'a pas bénéficié jusqu'à présent de recherches systématiques et objectives. Les bâtiments tardifs ne se distingueraient pas, selon certains, des constructions non cisterciennes contemporaines, mais je n'ai connaissance d'aucun travail qui ait étudié toutes les facettes de ce problème pour pouvoir émettre une assertion aussi catégorique. La décoration des églises cisterciennes à l'époque baroque aurait sans aucun doute scandalisé les fondateurs de l'Ordre. Toutefois, pour ce qui est du domaine contemplatif, il est impossible de comparer, en toute objectivité, le baroque et le roman (dans notre monde post-moderne), comme il serait vain de tenter de comparer l'efficacité de deux moyens de locomotion aussi différents que le cheval et l'avion – tous deux ont leurs avantages et leurs inconvénients, si l'on peut dire, mais il convient avant tout de définir le cadre de la comparaison. On peut se demander si les édifices cisterciens ont *vraiment* autant de décoration, de peintures, de sculptures et d'ornements que les autres bâtiments de l'époque, même lorsque les travaux ont été exécutés par les mêmes ateliers. Ne s'agit-il pas plutôt d'une version plus sobre des styles connus des abbés et des moines cisterciens qui ont commandé l'œuvre ? En l'absence de contexte, notre compréhension ne peut que rester limitée. On pourrait, par exemple, étudier les vitraux Renaissance, à l'intérieur et à l'extérieur des monastères cisterciens dans différents pays et en tenant compte des contextes respectifs, pour essayer de dégager cette relative sobriété : au niveau de la couleur, de l'iconographie, des dimensions et peut-être d'autres aspects restant à définir et qui tous reflètent l'esprit cistercien à cette époque.

Ne serait-ce que dans les exemples médiévaux, les comparaisons sont souvent faussées, car on a tendance à privilégier le roman tardif. Parmi les raisons permettant d'expliquer ce phénomène, trois méritent, nous semble-t-il, qu'on s'y arrête.

Nous commencerons par la plus évidente, qui est tout simplement que la plupart des abbayes cisterciennes ont été fondées aux XIIe et XIIIe siècles. Selon les régions, cette période correspond au roman tardif et au gothique naissant. Les bâtisseurs des abbayes cisterciennes – quelle que fût leur origine – s'inspiraient des édifices qu'ils voyaient autour d'eux et empruntaient des éléments çà et là. Aussi ont-ils souvent associé murs nus et croisées d'ogives, et sont donc restés fidèles à la simplicité visuelle du roman tout en tirant parti des avantages techniques et de la luminosité offerts par les procédés gothiques. Comme un grand nombre d'abbayes ont été construites à cette

époque, une grande partie de l'architecture cistercienne présente des caractéristiques du roman tardif et du premier style gothique. Lorsqu'une communauté décidait de reconstruire ses bâtiments au XIVe, XVIe ou XVIIIe siècle, elle faisait appel à l'art de bâtir de son époque. La question de style ne se posait même pas, ni celle du choix ; les bâtisseurs médiévaux étaient morts et enterrés et personne ne songeait à ressusciter des styles vieux de plusieurs siècles (l'imitation de l'architecture du temps passé est un phénomène spécifique de notre époque). Ce n'est pas en qualifiant les structures tardives de "non cisterciennes", alors qu'en fait ce que nous leur reprochons est de ne pas être romanes, que nous ferons des progrès dans ce domaine.

Deuxièmement, les goûts actuels nous portent plutôt vers la pureté du roman que vers l'exubérance baroque, et ce pour des raisons très diverses. L'histoire de l'art nous montre à maintes reprises que les périodes de grande simplicité – importance des lignes, pureté des couleurs, simplicité des matériaux, etc. – sont souvent suivies de périodes de splendeur, d'agitation, portées sur les couleurs voyantes et les juxtapositions spectaculaires, comme si ce qui avait été accumulé par une génération ou au cours d'un cycle devait être détruit, ou au moins remis en question, par ses successeurs. On constate le même phénomène, avec des cycles peut-être moins longs, dans le domaine de la mode (qui, mis à part les moines, n'a jamais passé en revue sa garde-robe avec consternation en se faisant cette réflexion ?). Sur les photographies d'intérieurs du XIXe siècle, on peut voir des tapis à motifs, des tissus à fleurs, des papiers peints décoratifs, plusieurs épaisseurs de rideaux ornés de dessins différents et des meubles dans les moindres recoins. Est-ce vraiment un hasard si de cette profusion est né le *Bauhaus* – et une grande partie de l'architecture postérieure – qui se caractérise par la simplicité, la pureté des lignes, les espaces transparents et l'utilisation parcimonieuse des couleurs (les murs blancs presque imposés de nos intérieurs en sont un infime héritage) ? De même, les photographies du XIXe siècle des édifices cisterciens dépouillés et simples que l'on admire tant aujourd'hui nous montrent des intérieurs éblouissants décorés avec du mobilier massif de couleur sombre, des peintures, des bannières, des sculptures et des palmiers en pots. Maintenant que cette décoration n'est plus au goût du jour – pour l'instant en tout cas – et que les abbayes cisterciennes ont été débarrassées des rajouts postérieurs, nous nous extasions devant la "simplicité originelle" de l'édifice, mais il est très instructif d'examiner la source de nos préférences "naturelles" dans le tourbillon de l'histoire.

Ce phénomène dépend également des conditions politiques et sociales. Si la démocratie est la forme de gouvernement qui apparaît aujourd'hui comme la plus souhaitable, la vie cistercienne n'était pas fondée sur les idéaux et les objectifs démocratiques. Une abbaye n'était pas une institution démocratique ; les moines et moniales étaient pour la plupart issus des classes sociales les plus aisées, les frères convers et les sœurs converses de la paysannerie, mais tous étaient soumis à la *Règle* et devaient obéissance à leur supérieur. Si par bien des aspects la vie cistercienne nous semble

admirable, en revanche certaines pratiques et comportements adaptés aux siècles passés pourraient nous révolter. Mais pouvons-nous vraiment juger les sites cisterciens et leur histoire à partir de nos conceptions modernes ? C'est là un point de départ bien périlleux, en particulier lorsque l'on étudie l'institution des convers, et pourtant encore trop fréquent. Nous devrions plutôt nous interroger sur l'origine de notre vision de la vie cistercienne et du "style cistercien". Souvent, et inconsciemment, elle est l'héritage du romantisme et du passéisme du XIXe siècle ou de théories néo-marxistes ; pour bien faire, il faudrait plutôt partir d'une connaissance précise de l'histoire médiévale et d'une compréhension profonde du mode de vie cistercien.

Lorsque l'on se rend dans un édifice cistercien, ce n'est qu'au bout d'un laps de temps – de préférence dans le silence – que l'on commence à s'imprégner de l'atmosphère du lieu, habitués comme nous le sommes à notre vie trépidante. Mais une fois le contact établi, ne serait-ce que pendant quelques secondes, nous en récoltons les fruits. Le silence est loin d'être vide, qui plus est chaque endroit est habité par un silence particulier, tout comme chaque pièce possède sa propre luminosité. La prise de conscience de cette **"plénitude du vide"** – dans un édifice, en communauté ou à l'intérieur de soi – constitue un pas essentiel qui nous met en face du paradoxe de notre propre vacuité/plénitude. Il est désormais possible d'expérimenter la richesse et la plénitude du silence, armes indispensables pour affronter le travail effrayant qui attend tous ceux qui prononcent les vœux de moine ou de moniale et qui consiste à polir le miroir terni de l'âme. Ceux qui choisissent de s'engager aussi loin dans la voie spirituelle ne sont pas légion, mais il est à la portée de quiconque se rendant dans une abbaye cistercienne de faire un petit bout de chemin. Bien qu'on en parle rarement en ces termes, c'est cela la "vie éternelle" de l'architecture, qui attire si puissamment des centaines de milliers de touristes chaque année. Pour certains les murs sont un symbole même de Dieu : solidité, silence, discrétion. On peut rester plus circonspect, les examiner avec curiosité ou tout simplement les ignorer, mais quelle que soit notre attitude ces murs sont toujours debout – *ein' feste Burg* – et il appartient à chacun d'en tirer ses propres enseignements.

Index des Abbayes cisterciennes citées

Index général

Z O D I A Q V E

La maquette est de Jean-Charles et Pascale Rousseau.

Photocomposition du texte par l'Abbaye N. D. de la Melleray (C.C.S.O.M., Loire Atlantique).

Les cartes et les plans sont du frère Noël Deney.

La sélection et le montage de toutes les planches, l'impression des planches couleurs ont été réalisés par les Ateliers de la Pierre-qui-Vire, l'impression des planches en gravure noire par l'Imprimerie du Centre (I.D.C., Loiret).

Reliure par la Nouvelle Reliure Industrielle (L.N.R.I., Yonne).

Directeur Gérant : Jacques Collin

ISSN 0763-7608
ISBN 2-7369-0234-3

Dépôt légal : 1515.10.97

CRÉDITS PHOTOGRAPHIQUES

Couverture, Claude Sauvageot.

Cahier 1, I-IIAB, III-VII, Terryl N. Kinder, IIC, VIII, Rainer Œfelein.

Cahier 2, I, IIB, B,M, Dijon-France, IIA, VI, Zodiaque, IIIA, Kunsthistorisch Instituut, Nijmegen, IIIB, IV ABCD, V, VII, Terryl N. Kinder, IIIC, Musée des Beaux-Arts, Dijon-France, VIIIAC, Abbaye de la Trappe, VIIIB, Abbaye de Tamié.

Cahier 3, I-VIII, Terryl N. Kinder.

Cahier 4, I, Zodiaque, II-XI, XIV-XVI, Terryl N. Kinder, XII-XIII, CADW (Welsh Historic Monuments).

Cahier 5, I, VI-IX, XI-XIII, Zodiaque, II-IV, XIV-XVI, T. N. Kinder, V, X, Dieuzaide-Zodiaque.

Cahier 6, I-XVI, Terryl N. Kinder.

Cahier 7, I, T. N. Kinder, II-IIIA, IVC-V, VII-XVI, Zodiaque, IIIB, V AB, VI, Dieuzaide-Zodiaque.

Cahier 8, I-II, IV-XV, T. N. Kinder,

III, Zodiaque, XVI, Jean-Charles Rousseau.

Cahier 9, I, Thomas Coomans, II, VI-VII, XII-XVI, Terryl N. Kinder, III-V, VIII-XI, Zodiaque.

Cahier 10, I, Hana Toušková II-III, Terryl N. Kinder, IV, Musée Condé, Chantilly / Giraudon V, VIII-X, XV-XVI, Zodiaque, VI-VII, XII-XIV, T. N. Kinder, XI, English Heritage.

Cahier 11, I, VB, VII-VIII, X-XI, Terryl N. Kinder, II-IV, VI, IX, XII, XIVB-XVI, Zodiaque, V A, C.N.M.H.S., XIII, The Governing Body of Christ Church, Oxford, XIV A, R.M.N., Gérard Blot.

Cahier 12, I, IV-VI, VIIB-IX, XVI, Zodiaque, II-III, VIIA, X-XV, Terryl N. Kinder.

Cahier 13, I, B.M. Auxerre, Terryl N. Kinder, II-VI, Zodiaque, VII-VIII, B.M. Dijon-France.

Cahier 14, I-IV AD, VI, VIII, Terryl N. Kinder, IVBC, V, Abbaye de la Trappe, VII, Thomas Coomans.